reinhardt

Werner Ryser

Klosterzelg

Friedrich Reinhardt Verlag

Alle Rechte vorbehalten
© 2012 Friedrich Reinhardt Verlag, Basel
Projektleitung: Beatrice Rubin
Lektorat: Richard Reschika
Umschlag: Foto Claude Giger
(Helvetia auf der Reise,
Skulptur von Bettina Eichin)
Umschlaggestaltung: Helga Halbritter
Druck: Reinhardt Druck, Basel
ISBN 978-3-7245-1853-2

www.reinhardt.ch

Das Tödlein

I.

Wenn sich Carmen Heyer an jenem 7. April nicht krankgemeldet hätte, wäre Jakob Amberg einiges erspart geblieben: eine Anklage wegen zweifachen Mordes, mehrere Monate Untersuchungshaft und schliesslich der Zusammenbruch seiner bürgerlichen Existenz.

Amberg war Redaktor der Zeitschrift «Dreiland», eines Magazins für Kultur und Gesellschaft, das von der Johann-Balthasar-Sartorius-Schenkung, einer gemeinnützigen Stiftung, herausgegeben wurde. Er konzipierte die monatlichen Ausgaben, beschaffte Artikel und Bildmaterial und akquirierte Inserate. Daneben blieb ihm genügend Zeit, Carmen, die Assistentin des Direktors der Stiftung, Paul Salvi, zu unterstützen, wenn sie überlastet war oder, wie an jenem 7. April, ausfiel.

So kam es, dass wegen einer gewöhnlichen Magen-Darm-Grippe, das Dossier «Klosterzelg» auf seinem Schreibtisch landete.

Klosterzelg, ein Bauernhof, liegt auf dem breiten Rücken eines Höhenzuges südwestlich von Basel. Seit mehreren Generationen waren die Peters Pächter des Hofes, der während des Zweiten Weltkrieges in ihren Besitz überging. Nach dem Tod des Vaters hatte ihn der Sohn, Karl Peters, übernommen, der zeitlebens mit einer Magd und einem Knecht im grossen, alten Fachwerkhaus wohnte. Er selbst blieb unverheiratet.

Während der vielen Jahre, in denen Peters den Hof bewirtschaftete, wuchs die Stadt und wucherte wie ein Krebsgeschwür in alle Richtungen. An den peripheren Hanglagen entstanden Überbauungen mit Einfamilienhäusern und teuren Eigentumswohnungen. In den späten 1950er-Jahren beschlossen die Behörden, Klosterzelg der Bauzone zuzuweisen. Der Wert des Landes stieg sprunghaft an und Peters wurde über Nacht zum Multimillionär. Allerdings nicht wirklich, denn er schlug sämtliche Angebote von Spekulanten und Investoren aus. Aber er wurde älter und hatte keine Nachkommen. Der Hof überforderte seine Kräfte. Er verkaufte nach und nach sein Vieh, setzte sich aufs Altenteil und begann nach einem Käufer Ausschau zu halten, der das Land nach seinem Tod übernehmen würde.

Schliesslich blieben zwei Interessenten, mit denen er ernsthafte Verhandlungen führte. Da waren einerseits die LIDA-Werke, ein multinationaler Lebensmittelkonzern, und andererseits die Johann-Balthasar-Sartorius-Schenkung, die über bedeutende Vermögenswerte verfügte.

Die LIDA-Werke beabsichtigten, aus dem Gut einen Park zu machen, den sie der Öffentlichkeit zur Verfügung stellen wollten. Geplant war ein Museum für zeitgenössische Kunst. Auf weiten Rasenflächen sollten sich Skulpturen namhafter Bildhauer harmonisch in die Landschaft einfügen.

Der Direktor der Sartorius-Schenkung, Paul Salvi, träumte schon seit Jahren davon, eine Überbauung für benachteiligte Familien zu realisieren. Er wollte soziologische, psychologische und architektonische Erfahrungen (in dieser Reihenfolge) so umzusetzen, dass wenigstens einmal Unterschicht-Kinder in einer Umwelt aufwachsen dürften, die sie nicht von vornherein als Gettoratten stigmatisiere. Das jedenfalls waren seine Worte. Salvis Leidenschaft, Lebensraum für sozial Schwache zu schaffen, war seinen Mitarbeitern nicht nur bekannt, sondern für sie auch gut sichtbar: als Modell aus Pappe und Sperrholz, das im Korridor vor seinem Direktionsbüro stand. Aber niemand von den rund sechzig Mitarbeitenden der Stiftung, nicht einmal Carmen Heyer, wusste, dass er dafür Klosterzelg, das als exklusive Wohnlage galt, im Auge hatte und bereits seit geraumer Zeit mit Karl Peters über den Kauf des Hofguts verhandelte.

Jakob Amberg war der Erste, der davon erfuhr. An jenem 7. April liess ihn Salvi zu sich kommen und erklärte ihm in knappen Sätzen, dass er mit Karl Peters über den Erwerb des Landes handelseinig geworden wäre. Da seine Assistentin krank sei, möchte er, dass Amberg ihn nach Klosterzelg begleite und dort die einzelnen Punkte der Absprache protokolliere. Anschliessend sei ein unterschriftsreifes Dokument auszuarbeiten, das anderntags dem Stiftungsrat vorgelegt und von ihm genehmigt werden solle. Ambergs Skepsis, ein Geschäft dieser Grössenordnung in einer einzigen Sitzung über die Runden zu bringen, nahm er mit einem spöttischen Lächeln zur Kenntnis. «Abwarten!», sagte er. Er war sich sicher. Wie immer.

In wenigen Jahren würde Salvi in Pension gehen. Was man ihm jedoch nicht ansah. Seine Haut spannte sich straff über die Wangenknochen. Sein schwarzes Haar war nur leicht angegraut, ebenso seine zusammengewachsenen Brauen, die den Machtmenschen verrieten. Er hielt sich stets gerade und brachte dadurch seine Körpergrösse, knappe zwei Meter, und sein Gewicht, deutlich mehr als hundert Kilogramm, noch stärker zur Geltung. Die kompakte Figur eines ehemaligen Kugelstossers. Was er übrigens nicht war. Er stammte aus einfachen Verhältnissen. Seine Sprache verriet die Kleinbasler Herkunft. Was nicht heissen soll, dass er zu brillanten Formulierungen unfähig gewesen wäre. Im Gegenteil: Er verfügte über einen scharfen Intellekt, den er, wenn es ihm notwendig erschien, auch einzusetzen verstand, und zwar nicht frei von Eitelkeit.

Eine halbe Stunde später fuhren sie in Salvis Dienstwagen, einem dunkelblauen Mercedes, durch vornehme Quartierstrassen hinauf nach Klosterzelg. Amberg sass am Steuer. Es regnete. Salvi betrachtete die Häuser mit ihren Gärten, die an ihnen vorbeizogen. Wer es sich leisten konnte, hier zu leben, dem ging es nicht schlecht. Zumindest in finanzieller Hinsicht.

«Die werden sich über die neue Nachbarschaft wundern», sagte er. Er schien keine Antwort zu erwarten. Es war wohl der Arbeiterjunge, der er vor Jahrzehnten gewesen war, der dies von sich gab.

Kurz darauf lenkte Amberg den Wagen über ein Natursträsschen durch einen Obstgarten und parkierte vor dem Bauernhaus. In der Tür stand eine Frau. Sie mochte vierzig Jahre alt sein, vielleicht etwas jünger, rothaarig, grossäugig und von ihrem Schöpfer mit erfreulichen Rundungen ausgestattet.

«Das ist Schwester Marianne, sie pflegt den alten Peters.» Salvi stellte sie vor und fügte mit einer vagen Geste hinzu: «Herr Amberg arbeitet auch für die Sartorius-Schenkung.»

Man gab sich die Hand. Die Frau wies ihnen den Weg ins Haus. «Herr Peters erwartet Sie. Er hat den ganzen Morgen am Fenster gesessen und nach Ihnen Ausschau gehalten.» Sie hatte eine tiefe, warme Stimme.

Das Wohnzimmer hatte getäfelte Wände, einen Kachelofen sowie solides, altes Mobiliar aus Nussbaum. Alles war sehr sauber, wohl dank Schwester Mariannes ordnender Hand. Karl Peters sass in einem Lehnstuhl am Fenster. Ein kleines Männchen mit einem Gesicht wie eine ausgetrocknete Zitrone: gelblich geschrumpfte Haut, die sich um den verkniffenen Mund fältelte. Die Kleider schlotterten um seine magere Gestalt. Über die Knie hatte er eine Wolldecke ausgebreitet. Er starrte die Besucher aus trüben Augen an. Seine Lebenszeit neigte sich dem Ende entgegen. Wenn er ihn malen müsste, dachte Amberg, würde er das Bild «Das Tödlein» nennen.

«Treten Sie näher, nehmen Sie Platz.» Eine fistelnde Greisenstimme. «Du kannst uns den Kaffee bringen, Marianne, und Kirsch. Der Herr Direktor wird ja nichts wollen, wie immer, aber der junge Mann, der ihn begleitet.» Der Alte kicherte.

«Sie täuschen sich, Peters.» Salvi legte dem Tödlein seine Pranke auf die Schulter. Fast zärtlich: «Heute ist ein grosser Tag, da trinke ich mit.»

Peters kicherte erneut. «Er hat es pressant, der Herr Direktor, hat wohl Angst, dass ich abkratze, bevor das Heu in die Scheune eingefahren wurde. Aber wir werden die Abmachung nochmals durchgehen, Punkt für Punkt, und der Herr Doktor wird es aufschreiben, damit alles seine Ordnung hat.»

«Ich bin kein Doktor ...!»

Salvi schnitt seinem Mitarbeiter das Wort ab. «Amberg wird einen Vorvertrag im Sinne einer Absichtserklärung aufsetzen und ihn morgen zur Unterschrift hinaufbringen, Peters.»

Schwester Marianne brachte ein Tablett mit Kaffee und einer Flasche Kirsch.

«Drei Gläser, Marianne», sagte der Alte.

«Zwei Gläser, Herr Peters, Sie wissen doch ...»

«Immer bevormundet sie mich», quengelte der Greis, «warum haben Sie mir die Frau ins Haus gebracht, Herr Direktor?»

Salvi lachte. «Drei Gläser, Schwester Marianne. Heute machen wir eine Ausnahme», und als die Frau zögerte, nachdrücklich: «Bitte!»

«Er würde besser darauf verzichten», meinte sie, als sie das dritte Glas brachte. Aber es war nur noch ein Rückzugsgefecht.

Salvi ignorierte sie. Er schenkte ein und prostete dem Alten zu: «Auf Ihr Wohl, Peters!»

«Zum Wohl, Herr Direktor!» Das Tödlein leerte das Glas in einem Zug. Seine Wangen röteten sich.

Amberg hatte inzwischen Block und Kugelschreiber bereitgestellt. Salvi schob ihm ein Blatt mit handschriftlichen Notizen über den Tisch.

«Hier finden Sie die Personalien von Karl Peters und die für das Dokument notwendigen Angaben über das Areal von

Klosterzelg.» Dann zum Alten: «Ich wiederhole jetzt unsere Abmachung. Wenn Sie mit etwas nicht einverstanden sind, unterbrechen Sie mich.»

Peters nickte und füllte sein Glas erneut.

Salvi lehnte sich zurück, presste die Fingerspitzen gegeneinander, schloss die Augen und diktierte. Im Wesentlichen ging es darum, dass Karl Peters der Sartorius-Schenkung Klosterzelg verkaufte, und zwar unter der ausdrücklichen Bedingung, dass auf dem Gelände unter der Bauherrschaft der Stiftung eine Siedlung für dreihundert einkommensschwache Familien entstehen würde. Salvi liess sich über Einzelheiten aus und formulierte seinen Traum. Punkt für Punkt. Amberg brachte ihn, nummeriert nach einzelnen Abschnitten, zu Papier. Neben den Wohnhäusern sollte eine Kindertagesstätte samt Spielplatz zur Überbauung gehören, ferner Sportanlagen für Jugendliche, ein medizinisches Ambulatorium und eine Sozialberatungsstelle. Die Mietzinsen – das war Salvi besonders wichtig – würden sich nach dem Einkommen der Bewohner richten. Voraussetzung dafür sei, dass die Sartorius-Schenkung einen Teil der Baukosten als Vergabung definiere, die nicht verzinst werden müsse.

Der Alte hatte eher uninteressiert zugehört. Dieser Teil der Vereinbarung schien ihm gleichgültig zu sein. Er nippte an seinem Glas.

Salvi holte tief Atem. «Das Wohnhaus von Herrn Peters muss stehen bleiben. Er darf bis zu seinem Tod darin wohnen.»

«Zinsfrei!», fuhr der Greis dazwischen.

«Zinsfrei, natürlich!»

«Die Bronzetafel», drängte Peters.

«Kommt noch, Geduld», und zu Amberg gewandt: «Nach dem Tod des Verkäufers wird das Bauernhaus zu einem Gemeinschaftszentrum. Zur Erinnerung an Herrn Karl Peters wird eine Bronzetafel angebracht.»

«An der Vorderfront, gleich neben der Eingangstür.» Der Alte erregte sich. «Schreiben Sie das auf!»

Amberg verkniff sich ein Lächeln. Das Tödlein gierte nach Unsterblichkeit. Salvi sah ihn streng an.

«Der Spatenstich zur Siedlung Klosterzelg», diktierte er weiter, «kann nach Abschluss des definitiven Vertrages erfolgen, sobald die Baubewilligung vorliegt. Abschnitt: Eine noch einzusetzende neutrale Kommission überwacht die genaue Einhaltung der Vereinbarung. Abschnitt: Anstelle einer einmaligen Kaufsumme bezahlt die Johann-Balthasar-Sartorius-Schenkung Herrn Karl Peters bis zu seinem Ableben eine monatliche Rente von fünftausend Franken.» Salvi zögerte. «Wollen Sie wirklich nicht mehr, Peters?»

«Larifari, das ist mehr, als ich je hatte.» Und mit einem schlauen Augenzwinkern: «Wenn man zu Geld kommt, tauchen plötzlich Erben auf, von denen man ein Leben lang nichts gehört hat.»

«Aber Sie haben mir doch gesagt, da sei niemand.»

«Wer weiss das schon. Man war ja auch einmal jung und wilderte in fremden Revieren.» Und lauernd: «Wenn nun nach meinem Tod doch noch einer kommt? Könnte der den Vertrag nachträglich anfechten?» Die Frage war an Amberg gerichtet.

Darüber hatte sich Amberg während des Diktates auch Gedanken gemacht. Peters gab das Land weit unter seinem tatsächlichen Wert her. Ein potenzieller Erbe würde wohl geltend machen, es handle sich nicht um einen Kaufvertrag, sondern um eine Schenkung und diese konnte angefochten werden, wenn sie nicht mindestens fünf Jahre vor dem Ableben des Alten erfolgt war. Wie auch immer: Falls Peters einen Nachkommen verschwieg, so war diese Vereinbarung aus jenem Stoff, der Juristen Freude macht.

Salvi nahm Amberg die Antwort ab: «Ich habe Ihnen das schon alles erklärt», sagte er. Und zu seinem Mitarbeiter: «Nehmen Sie noch die Indexklausel in das Dokument, wir wollen nicht, dass Herr Peters vor einer Geldentwertung Angst haben muss.»

«Und die Marianne», begehrte der Alte auf, «die Marianne muss auch in den Vertrag.»

«Die hat dort nichts zu suchen!», knurrte Salvi.

«Das Frauenzimmer muss auf dem Hof bleiben.» Das Tödlein weinte beinahe. «Niemand darf sie mir wegnehmen. Ich will das schriftlich.»

Salvis Augen wurden hart. «Wir werden in einem zusätzlichen Abschnitt erklären, Amberg, dass sich die Sartorius-Schenkung verpflichtet, bis zum Tod von Herrn Peters die Kosten für eine Pflegerin zu übernehmen.»

«Nicht irgendeine Pflegerin», zeterte der Alte, dessen Stimme sich überschlug, «ich will die Marianne!»

«Herrgott nochmal, Peters», grollte Salvi, «begreifen Sie doch, die Marianne ist kein Stück Vieh, das man verkaufen kann!»

«Das ist mir gleich. Ich will sie, sonst unterschreibe ich nicht.» Peters trotzte wie ein Kind.

Salvi wurde bleich. Er sah Amberg Hilfe suchend an.

«Marianne, ich will die Marianne!», plärrte das Tödlein.

«Was ist denn hier los?» Die Schwester stand in der Türe. «Herrje!» Sie ging zu Peters und beugte sich über ihn. «Sie müssen sich nicht aufregen, Herr Peters.»

Der Alte schlang seine dünnen Ärmchen um ihren Hals. «Sie wollen dich mir wegnehmen, Marianne.»

Sie bettete seinen Kopf auf ihren Busen und streichelte den kahlen Schädel. «Niemand will mich Ihnen wegnehmen! Ich werde Sie doch nicht allein lassen!», tröstete sie ihn wie eine Mutter ihr Kind.

«Na, sehen Sie Peters», brummte Salvi.

Das Tödlein beruhigte sich. Es liess seinen Kopf zwischen den Brüsten von Schwester Marianne ruhen und – hols der

Teufel – Amberg hatte den Eindruck, er blinzle ihnen zu, listig wie ein Junge, der am Ziel seiner Wünsche ist. Das Kleid der Frau war verrutscht und Peters streichelte ihr blau bestrumpftes Knie. Seine Hand tastete sogar nach Höherem.

Salvi wandte sich angewidert ab. Der Anblick war zu viel für sein puritanisches Gemüt.

Marianne lachte. «Jetzt reicht es aber!» Sie schob bestimmt seine Hand weg und brachte den Rock in Ordnung. «Ich habe Ihnen ja gesagt, dass er keinen Schnaps verträgt», sagte sie zu Salvi. «Wenn Sie mit der Besprechung fertig sind, gehen Sie besser. Ich kümmere mich um ihn.» Sie setzte Peters wieder in seinem Lehnstuhl am Fenster zurecht. Er hielt sich still wie ein Lämmchen.

Salvi erhob sich und drückte der Schwester die Hand. «Ich danke Ihnen. Herr Amberg wird morgen mit dem Vorvertrag vorbeikommen. Vielleicht wäre es besser, Sie wären dabei, wenn Peters unterschreibt.»

Sie sah ihn lange an. «Geht in Ordnung!», sagte sie endlich und verabschiedete sich von Amberg. «Das muss Ihnen wohl alles etwas seltsam vorkommen, aber in der Regel benimmt sich Herr Peters ganz vernünftig.» Sie strich dem Tödlein nochmals über den Kopf. Der Alte starrte aus dem Fenster in den Obstgarten, als sähe er ihn zum ersten Mal.

«Sie glauben wohl», sagte Salvi, als sie wieder im blauen Mercedes sassen, «ich sei Ihnen eine Erklärung schuldig?!»

Amberg liess den Motor an.

«Das Geschäft scheint Ihnen nicht koscher. Sie befürchten, der alte Salvi reite die ehrenwerte Sartorius-Schenkung in eine zwielichtige Sache hinein, nicht wahr?»

Amberg schwieg und steuerte den Wagen durch den Baumgarten, in dem bald Bulldozer auffahren würden.

«Halten Sie an!», befahl Salvi.

Amberg bremste. Es regnete nicht mehr. Ein böiger Westwind hatte die Wolkendecke aufgerissen. Die Sonne schien grell auf das Häusermeer, das sich unter ihnen ausbreitete: von Grenzach, am Fusse der Chrischona im Osten, bis zum Kontrollturm des trinationalen Flughafens Basel-Mühlhausen-Freiburg im Nordwesten. Lörrach, Weil, Huningue, St-Louis und die Landschäftler Agglomerationsgemeinden verschmolzen mit Basel zu einer einzigen Stadt, die weder Kantons- noch Landesgrenzen zu kennen schien. Die Tempel von Banken und Chemiemultis – eine Sinfonie aus Glas, Stahl und Beton – überragten das Münster, einst stolzes Wahrzeichen einer freien Reichsstadt. Es streckte seine beiden schlanken gotischen Türme ergeben himmelwärts, wie ein umstellter Flüchtling in ausweisloser Lage. Von hier oben sah der Strom sauber aus, unberührt von Abwässern, ein silbernes Band, das sich im Ungefähren der oberrheinischen Tiefebene verlor. Die bewaldeten Hänge des Schwarzwaldes und der Vogesen waren in der vom Regen gereinigten Luft in die Nähe gerückt.

«Es gibt Menschen, die dieses Panorama täglich vor ihrem Wohnzimmer haben», sagte Salvi. «Ich missgönne es ihnen nicht. Ich bestreite lediglich ihren Anspruch, diese Stadt als Privatbesitz zu behandeln und sogar die Aussicht wie ein einklagbares Recht für sich einzufordern. Auch kleine Leute sollen hier wohnen dürfen.»

Dagegen war grundsätzlich nichts einzuwenden, auch wenn Amberg der Meinung war, dass wieder einmal der Sozialist gesprochen habe, den zu sein Salvi stets bestritt.

«Die LIDA-Werke waren bereit, dem Bauern einen Betrag in zweistelliger Millionenhöhe zu bezahlen», fuhr der Alte fort, «um auf seinem Land einen Park mit Skulpturen anzulegen und ein Museum zu bauen.»

«Was haben Sie gegen Kultur?»

«Nichts», erwiderte dieser belustigt, «allenfalls dass es gar nicht um Kultur geht. Sonst würde die Firma in der Stadt bauen, wo sie genügend Boden besitzt. Der Konzern will als Mäzen gefeiert werden. Das ist nachvollziehbar. Dass mit dem Standort Klosterzelg für die in der Nachbarschaft lebenden Aktionäre und leitenden Angestellten die Attraktivität der Wohnlage erhalten bleibt, erschwert die Entscheidung gewiss nicht.»

Er mochte ja recht haben. Er musste sich aber auch dessen bewusst sein, dass mindestens zwei Mitglieder seines Stiftungsrates, der dem Geschäft seinen Segen erteilen sollte, sich wegen ihrer Nähe zu den LIDA-Werken in einem Interessenkonflikt befanden.

Salvi, der Ambergs Gedanken erriet, zündete sich eine Zigarre an. «Sie können sicher sein, dass der Stiftungsrat es sich nicht leisten kann, gegen die Vereinbarung Stellung zu beziehen. Ganz gewiss nicht offen.» Und dann, nach einer Pause: «Weshalb meinen Sie, hat Peters uns den Zuschlag gegeben und nicht dem Konzern?»

Der Rauch verpestete die Luft im Wagen. Amberg öffnete das Seitenfenster. «Der alte Mann handelt irrational», dachte er laut, «vielleicht leidet er unter Verarmungsideen. Seit er nicht mehr arbeitet, muss er mit der Alters- und Hinterbliebenenversicherung auskommen. Die Aussicht auf die zusätzliche Rente, die Sie ihm offerieren, scheint seine Ängste mehr zu beruhigen als eine noch so hohe Kaufsumme. Er hat auch Angst vor dem Tod und mit der Bronzetafel glaubt er, eine Option auf die Unsterblichkeit zu besitzen. Seltsam, dass die von den LIDA-Werken nicht auf dieselbe Idee gekommen sind.» Amberg dachte nach. «Der Mann braucht Betreuung», fuhr er fort. «Eine Pflegerin bewahrt ihn vor dem Eintritt ins Altersheim. Das Engagement von Schwester Marianne war ein geschickter Zug. Sie müssen das Tödlein sehr genau studiert haben.»

Salvi lachte. «Das Tödlein, wie Sie ihn nennen, war ein sehr lebendiger und zäher Verhandlungspartner.»

«Dann ist da noch ein Punkt.» Amberg ignorierte das Amüsement seines Vorgesetzten. «Peters scheint die Ansprüche eines möglichen Erben zu fürchten. Er erwähnt ihn zwar nur als Hypothese, ich könnte mir aber vorstellen, dass es jemanden gibt. Aus nackter Neugierde wüsste ich gern, ob der Alte eine Leiche im Keller hat.»

«Das liesse sich, falls nötig, herausfinden.» Salvi fuhr sich durch sein dichtes, kurz geschorenes Haar. Dann, nach einer Pause: «Sehen Sie weitere Schwachstellen in der Vereinbarung?»

«Schwester Marianne», sagte Amberg, ohne zu zögern, «falls sich die Frau ihrer Macht über den Alten bewusst ist, und weshalb sollte sie das nicht sein, besteht das Risiko, dass sie ihr eigenes Süppchen kocht. Sie hat es in der Hand.»

«Und sonst?», fragte Salvi nach längerem Schweigen.

«Ich denke, der Stiftungsrat wird zustimmen müssen. Gern oder ungern. Eine Ablehnung liesse sich vor der Öffentlichkeit nicht rechtfertigen.»

«Stimmt!», knurrte Salvi und sog an seiner Zigarre. Dann warf er sie aus dem Fenster. «Wir fahren zurück. Sie bringen die Absichtserklärung zu Papier und legen sie mir heute Abend vor.»

II.

Zwischen dem 16. und dem 19. Jahrhundert gehörte die Familie Sartorius zu den führenden Kreisen der Stadt. Der Ahnherr, Heinrich, ein Händler, kam um 1500 aus dem Elsass nach Basel. Er erwarb das Bürgerrecht und fand Aufnahme in der Zunft zum Schlüssel, in der die Kaufleute organisiert waren. Die Zeit war ihm und seinem Geschlecht wohlgesinnt. Als mit der Reformation die fürstbischöfliche Herrschaft zu Ende ging, füllten die Zünfte das Machtvakuum aus und übernahmen das Regiment. Wie damals üblich, dezimierten

Seuchen die Bevölkerung, was den Aufstieg von Zugewanderten wie Heinrich Sartorius in die städtische Oberschicht erleichterte. Durch eine geschickte Heiratspolitik verschwägerten sich seine Kinder und Kindeskinder innerhalb weniger Generationen mit jenen Familien, die in Basel das Sagen hatten.

Der Handel machte die Familie reich. Kaufen und verkaufen war ihre Welt. Wie das damals üblich war, verzichteten sie darauf, sich zu spezialisieren. Alles – vom billigsten Verbrauchsartikel bis zum Luxusgut – gehörte in ihren Warenkorb: Textilien, Schmuck, Vieh, Wein, Grundnahrungsmittel, Gewürze – wenn etwas den Besitzer wechselte, verdiente ein Sartorius daran.

Einer von ihnen, Johann Balthasar Sartorius, geboren 1743 und in reformierter Tradition erzogen, gründete mit dem ererbten Vermögen das Bankhaus Sartorius, das bei seinem Tod um 1833 Aktiva von mehr als fünf Milliarden Franken (heutiger Geldwert) aufwies. Aufgrund seiner Herkunft gehörte er zu den führenden Häuptern des Ancien Régime. Das Gedankengut der Aufklärung lehnte er ab.

Sein einziger Sohn, Caspar Emanuel, schlug jedoch aus der Art. Er begeisterte sich für die Revolution in Frankreich, worauf er von seinem alten Herrn enterbt wurde. Der junge Mann zog 1789 nach Paris. Als sich Bonaparte zum Kaiser krönen liess, emigrierte er nach Amerika, wo sich seine Spur verlor.

Auf seine alten Tage wandte sich Johann Balthasar Sartorius, der nach dem Wegzug des Sohnes der Letzte seines Geschlechts war, dem Pietismus zu und wurde zum Wohltäter. Allerdings verhinderte sein in Wirtschaft und Politik erworbenes nüchternes Denken eine allzu schwärmerische Jesusfrömmigkeit. Seine Schenkungen waren durchdacht. Das gilt besonders für sein grösstes Geschenk. Er bestimmte nämlich in seinem Testament, dass das Bankhaus Sartorius weiterzuführen sei. Vom jährlichen Nettogewinn müsse, so Sartorius, «ein Vierteil an die zu gründende Johann-Balthasar-Sartorius-Schenkung, zum Wohle der Bevölkerung, insbesondere der Armen, abgeführt werden». Er wolle nicht, hielt er fest, dass die rechte Hand wisse, was die linke tue. Im fünfköpfigen Stiftungsrat dürfe deshalb nicht mehr als ein Delegierter der Bank sein. Ausserdem, bestimmte er, müsse ein Repräsentant der Evangelisch-reformierten Kirche dazugehören, ferner zwei Vertreter des Kantonsparlamentes und eine Frau. Letzteres war eine artige Verbeugung vor seiner vor ihm verstorbenen Gemahlin Elisabeth.

Das Geburtshaus von Johann Balthasar Sartorius ist heute Sitz der Stiftung. Es ist eines der ehemaligen Domherrenhäuser am Münsterplatz. Nach der Reformation kam es in den Besitz der Familie Sartorius. Der Vater von Johann Balthasar gab dem Gebäude mit einem umfassenden Umbau in der ersten Hälfte des 18. Jahrhunderts seine heutige Form.

Am 8. April, gegen 9 Uhr morgens, stand Jakob Amberg am Fenster seines Büros im ersten Stock und beobachtete, wie Paul Salvi draussen vor dem Haus die Mitglieder des Stiftungsrates begrüsste: eine Dame und vier Herren. Mit Ausnahme von Lukas Liniger, dem Delegierten des Bankhauses Sartorius, waren alle sechzig oder älter. Ein hochkarätiges Quintett. Ausserdem handverlesen: Das Gremium ersetzte seine ausscheidenden Mitglieder nach eigenem Ermessen. Die Stiftungsstatuten verlangen lediglich, dass die vom Erblasser bestimmte Zusammensetzung beachtet werden müsse.

Das bürgerliche Element ist gewährleistet: Münsterpfarrer Gaudenz Ellenberger-Davatz, Grossneffe des früheren Direktors Friedrich Ellenberger (Amtszeit 1915 bis 1950), ist verheiratet mit einer Davatz von den LIDA-Werken. Er ist über zwei Ecken verwandt mit dem fünfunddreissigjährigen Lukas Liniger, dessen Vater im Verwaltungsrat des Lebensmittelkonzerns sitzt. Nach seiner Ausbildung in einem alpinen Lyzeum studierte Liniger Betriebswirtschaft an der Hochschule St. Gallen und an einer amerikanischen Renommieruniversität. Anschliessend trat er in die Dienste des Bankhauses Sartorius, wo er bereits zwei Jahre später Direktionsmitglied und Leiter des firmeninternen Revisorates wurde.

Professor Clemens Chrétien, Historiker, und Hans-Joachim Vollmer (Vollmer AG, Hoch- und Tiefbau) sind die beiden Vertreter des Kantonsparlamentes. Sie gehören zwei verschiedenen bürgerlichen Parteien an, die sich zwar dem Namen nach, aber kaum ihres Programms wegen unterscheiden.

Und dann ist da noch Frau Dr. Henriette Renard, ein zerbrechliches, weisshaariges Geschöpf, bis vor fünf Jahren praktizierende Kinderärztin. Sie führt ihre Herkunft, wie übrigens auch Chrétien, auf eine jener Hugenottenfamilien zurück, die im 17. Jahrhundert aus Frankreich emigrierten und die Seidenbandfabrikation nach Basel brachten. Dank ihrer Tüchtigkeit und Prinzipientreue etablierten sie sich in den gesellschaftlich tonangebenden Kreisen der Stadt.

Sie alle wurden von Salvi begrüsst. Wie gesagt. Er trug den dunkelblauen Anzug, den er für solche Gelegenheiten im Kleiderschrank aufbewahrte. Ein gut aussehender Hüne. Und charmant: Wie er sich lächelnd zu Frau Renard beugte, ihr den Arm bot und sie in die Halle führte. Die vier Herren folgten. Amberg raffte seine Papiere zusammen. Da Carmen Heyer, Salvis Assistentin, noch immer krank war, musste er das Protokoll schreiben.

Die Sitzung fand im blauen Zimmer statt, einem grossbürgerlichen Salon von anno dazumal, in dem bereits der alte Sartorius seine Geschäfte abzuwickeln pflegte.

Chrétien präsidierte professoral und routiniert, mit feinem Sinn für Ironie. Anträge wurden gestellt, diskutiert, angenommen, abgelehnt. Einstimmig wie immer. Eine Atmosphäre respektabler Sachlichkeit. Amberg machte Notizen.

Dann ergriff Paul Salvi das Wort. In knappen Sätzen skizzierte er sein Klosterzelg-Projekt. Er liess sich über seine Pläne aus und betonte, dass es ihm nicht allein um günstigen Wohnraum gehe. Vielmehr möchte er in einer schönen Umgebung ein kleines Gemeinwesen schaffen, zu dem die Bewohner ihren Beitrag zu leisten hätten und der sie befähige, für sich und ihre Kinder eine optimale Umwelt zu schaffen.

Dass Salvi eine Siedlung für finanziell Benachteiligte bauen wollte, war bekannt. Neu war, dass er sie auf Klosterzelg plante.

«Und die Finanzierung?», fragte Vollmer, der Bauunternehmer. «Sie kennen die Bodenpreise, Herr Direktor.»

Salvi lehnte sich entspannt zurück: «Ich bin in der Lage, einen Kaufvertrag abzuschliessen, der günstiger nicht sein könnte. Bitte, Herr Amberg, lesen Sie die Absichtserklärung vor, die Peters zu unterschreiben bereit ist.»

Amberg hatte keine Zeit, Frau Renard und die Herren zu beobachten, während er das Dokument vorlas, das er am Vortag ausgearbeitet hatte. Als er das Papier sinken liess, herrschte Stille. Vom Münsterplatz, jenseits des einen Spaltbreit geöffneten Fensters, hallten überlaut die Schritte eines einsamen Passanten.

«Ich bitte Sie, diesen Vorvertrag in zustimmendem Sinne zur Kenntnis zu nehmen!», sagte Salvi spröde.

Pfarrer Ellenberger-Davatz meldete sich als Erster. Der sonst so joviale Herr konnte seine Erregung nur schlecht verbergen: «Die Stiftung hat in den vergangenen zweihundert Jahren dem Gemeinwesen grosse Geschenke gemacht.» Er zählte sie an den Fingern ab: «Im 19. Jahrhundert baute man ein Museum sowie eine neue, protestantische Kirche. In der Amtszeit meines Grossonkels, Friedrich Ellenberger, erhielt die Stadt unter anderem ein Volkstheater. Ihr Vorgänger, Samuel Samhofer», er blickte dabei Salvi an, «gründete eine Musikschule. All diese Projekte entsprachen der guten

Tradition der Sartorius-Schenkung, die kulturelle Identität der Stadt zu wahren und zu fördern. Als Theologe liegt mir das Wohl der Armen genauso am Herzen wie Ihnen, Herr Salvi. Als Mitglied des Stiftungsrates komme ich jedoch nicht umhin festzustellen, dass Sie einmal mehr eine Bevölkerungsgruppe begünstigen wollen, die in Ihrer Ära ohnehin über Gebühr bevorzugt wurde.»

«Die Argumente von Herrn Ellenberger sind nicht ganz von der Hand zu weisen.» Professor Chrétien lächelte. «In der jüngsten Vergangenheit sind in der Tat vor allem Schenkungen mit sozialem Charakter gemacht worden, während Projekte, von welchen die gesamte Bevölkerung hätte profitieren können, etwas ins Hintertreffen geraten sind.» Und mit leisem Spott: «Man könnte fast meinen, die Sartorius-Schenkung habe den Ehrgeiz, gesellschaftliche Unterschiede zu nivellieren.»

Salvi schwieg. Amberg notierte.

«Mein letzter Satz erhebt nicht den Anspruch, im Protokoll verewigt zu werden, Herr Amberg», sagte der Professor.

«Muss denn Klosterzelg zur Baugrube werden, Herr Salvi?» Frau Dr. Renard schaute ihn betrübt an. «Es ist eine der letzten grünen Oasen in dieser Stadt.»

«Klosterzelg liegt in der Bauzone, Frau Renard, ob uns das gefällt oder nicht.» Salvi atmete tief durch. «Der alte Peters kann das Land nicht mehr bewirtschaften. Es verwahrlost zusehends. Unser Plan hat den Vorteil, dass schlecht situierte Familien eine gesunde Umwelt erhalten, gesund in mehrfacher Hinsicht. Wenn wir nicht kaufen, kauft ein anderer, und wer weiss, was dann mit dem Land geschieht?!»

Pfarrer Ellenberger zuckte zusammen: «Sie wissen genau, was dann mit dem Land geschehen würde, Herr Direktor!»

«Weiss ich das wirklich, Herr Pfarrer Ellenberger-Davatz?» Mit Betonung auf Davatz, wie Liniger-Davatz: LIDA.

Peinliche Stille.

«Ich bitte Sie, meine Herren …!» Professor Chrétien schaute in die Runde.

Vollmer hatte sich während der letzten Minuten Notizen gemacht und ab und zu seinen Taschenrechner zurate gezogen. Jetzt blickte er auf. «Ich mache aus meinem Herzen keine Mördergrube. Mir gefällt das Projekt. Einerseits steht es der Stiftung gut an, finanziell schwache Familien zu unterstützen, andererseits kommt das Vorhaben dem lokalen Gewerbe zugute und garantiert Arbeitsplätze.» Sein wohlgenährtes Gesicht strahlte: «Was mich betrifft, ich bin dafür.»

Pfarrer Ellenberger schien etwas sagen zu wollen, besann sich dann aber eines Besseren.

«War das jetzt der Bauunternehmer oder der Politiker?», fragte Henriette Renard belustigt in die Runde und sprach aus, was wohl alle dachten: Hans-Joachim Vollmer witterte ein Geschäft.

«Beide, Madame, beide!» Vollmer lachte.

«Ich möchte trotzdem wissen», die alte Dame wandte sich an Salvi, «was aus Klosterzelg wird, wenn es nicht an die Stiftung geht.»

«Soweit ich unterrichtet bin, interessiert sich auch eine grosse Firma für das Grundstück. Sie möchte ein Museum bauen und aus dem Gelände einen Park machen.»

«Verzeihen Sie die Hartnäckigkeit einer alten Frau», Henriette Renards schmale Hände tasteten nach dem kleinen Hugenottenkreuz, das sie stets an ihrer Brust trug, als suche sie Halt, «ich möchte das genau wissen. Handelt es sich um die LIDA-Werke?»

Salvi hielt ihrem Blick stand. Mühelos. Seine Lippen kräuselten sich ein wenig.

«Ich verstehe», sagte sie seufzend. Fast schüchtern schaute sie Pfarrer Ellenberger und Lukas Liniger an. Dann, entschlossen: «Ich glaube, dies hier ist nicht der Ort, wo die beiden Projekte gegeneinander abgewogen werden sollen. Wir vertreten die Sartorius-Schenkung und niemanden sonst. Niemanden!» Sie nickte energisch. «Sie, Herr Salvi, müssen mir aber erklären, weshalb in der Vereinbarung, die uns Herr Amberg vorgelesen hat, Ihre Wohnsiedlung so detailliert beschrieben ist.»

Professor Chrétien schmunzelte.

«Sehen Sie, Frau Renard», Salvi liess sich nicht aus der Ruhe bringen, «der alte Peters wollte genau wissen, was mit seinem Land geschehen würde. Ich schilderte ihm meinen Plan, der mir, wie ich gerne zugebe, am Herzen liegt. Es gelang mir, den Bauern dafür so zu begeistern, dass er es vorzog, Klosterzelg uns anzubieten, obwohl ein wesentlich lukrativeres Angebot vonseiten der LIDA-Werke vorliegt.

«Und wie meinen Sie, hätte Peters entschieden, wenn die Stiftung bereit gewesen wäre, das Land so zu übernehmen, wie es ist, und durch einen Pächter bewirtschaften zu lassen?»

«Das stand nie zur Debatte.»

Frau Renard liess nicht locker. Die Protestantin in ihr forderte die ganze Wahrheit. «Hätten Sie ihm ein solches Angebot unterbreitet?»

Salvis Augen wurden schmal. «Nein, niemals! Landwirtschaft zu betreiben gehört nicht zu den Aufgaben der Sartorius-Schenkung», fügte er sehr bestimmt hinzu.

«Schade!» Die alte Dame sah plötzlich müde und sehr verletzlich aus. «Ich spaziere oft mit meiner Grossnichte zum Bauernhof und hätte diese Ausflüge ihr und mir auch in Zukunft gegönnt. Aber diese Überlegung ist sehr eigensüchtig und gehört nicht hierher.»

Professor Chrétien hüstelte und nahm die Brille ab. Ohne diese machte sein Gesicht einen hilflosen Eindruck. «Herr Liniger hat sich noch nicht geäussert.»

In der Tat. Lukas Liniger hatte bis dahin nur zugehört. Hielt er sich zurück, weil er relativ neu in diesem Gremium war, aus Wohlerzogenheit gewissermassen? Mit seinem gut sitzenden grauen Anzug, dem gepflegten Kinnbart und dem etwas zerzausten blonden Haarschopf mochte er die mütterlichen Gefühle von Frau Renard wecken.

«Ich will gestehen, Frau Doktor, dass ich aus familiären Gründen gehofft habe, die LIDA-Werke würden den Zuschlag für Klosterzelg erhalten. Ich denke, das geplante Kunstmuseum und der Park sind eine Idee, die es verdient hätte, realisiert zu werden.» Auf seinem Gesicht machte sich ein offenes Jungenlächeln breit. Und immer noch an Henriette Renard gewandt, fügte er hinzu: «Aufgrund meiner verwandtschaftlichen Bindungen bin ich in dieser Diskussion befangen. Andererseits haben wir hier, wie Sie richtig bemerkten, nur die Sartorius-Schenkung zu vertreten und in dieser Beziehung scheint mir die Sache klar. So wie ich es sehe, liegt es in der Kompetenz des Direktors, über Schenkungen zu entscheiden. Die Kommission hat lediglich zu prüfen, ob ein Projekt dem Willen des Stifters entspricht und ob die finanziellen Belastungen tragbar sind. Ich meine, wir sollten uns auf diese beiden Punkte beschränken.»

«Ich bin froh, dass Sie darauf hingewiesen haben, Herr Liniger!» Chrétien hatte seine Brille wieder aufgesetzt. «Sie ersparen es mir, die Stiftungsstatuten zu zitieren, nicht wahr, Herr Direktor?»

Salvi überhörte die Frage. Er war in Gedanken anderswo. Bei Liniger, den er überrascht, ja aggressiv anstarrte.

«Herr Direktor!»

«Wie bitte?», fragte dieser verwirrt. «Ach so, ja, der junge Mann sieht das ganz richtig!»

«Die Finanzierung stellt keine Probleme dar, da wir das Land fast geschenkt bekommen.» Vollmer hatte inzwischen in der Jahresrechnung der Stiftung geblättert. «Es bleiben genügend Mittel für zwei Überbauungen dieser Grössenordnung.»

«Stellt sich also nur noch die Frage, ob das Projekt im Sinne des Stifters ist», schlussfolgerte der Professor, die Zügel wieder in die Hand nehmend, «Herr Pfarrer Ellenberger, bitte!»

«Ich halte meinen Einwand aufrecht. In der bisherigen Amtszeit von Direktor Salvi wurden immer wieder gesellschaftliche Randgruppen bevorzugt behandelt. Da haben wir eine Drogentherapiestation, grössere Schenkungen an Kinder-, Erziehungs- und Altersheime, Arbeitslosen- und Migrationsprojekte und so weiter. Wenn wir bedenken, wie sehr Johann Balthasar Sartorius den schönen Künsten zugetan war, so berührt es seltsam, dass die Stiftung auf diesem Gebiet in den letzten Jahren kaum aktiv geworden ist.» Der Münsterpfarrer schien Mühe zu haben, die Contenance zu bewahren.

«Ich muss Ihnen widersprechen!» Henriette Renard hob die Hand. «Nach seiner Hinwendung zum Pietismus verlor er sein Interesse an dem, was wir gemeinhin als Kultur bezeichnen, nicht wahr, Herr Professor?»

«Stimmt!» Der Historiker in Chrétien fühlte sich angesprochen. «Auf seine alten Tage begriff Sartorius diese Welt als Jammertal und verurteilte die eitlen Künste scharf. So seine Worte – obwohl er in seiner Jugend als Angehöriger des Stadtpatriziates anders dachte. Seine Schenkung ‹zum Wohle der Bevölkerung, insbesondere der Armen› erfolgte, wie sich belegen lässt, aus der Überzeugung, dass sich ein Gemeinwesen nur dann im Zustand des Heils befinde, wenn es sich um seine Bedürftigen kümmere.»

«Ich schlage vor, wir stimmen ab.» Vollmers erfrischender Geschäftssinn drängte nach Resultaten. «Nach den Ausführungen des Herrn Professors dürfte die Situation klar sein.»

Chrétien lachte. «Hat jemand Einwände gegen den Antrag von Herrn Vollmer?»

«Nein, der Sachverhalt ist klar!», meinte Lukas Liniger, diesmal unaufgefordert.

Professor Chrétien bat die Anwesenden, durch Handerheben die Zustimmung zu bezeugen. Dieselbe Formulierung wie in jedem x-beliebigen Verein. Fünf Hände. Die des Münsterpfarrers nur zögernd.

«Also einstimmig!» Chrétien ordnete seine Unterlagen.

«Ich danke Ihnen!» Salvi stand auf. «Ich habe in der Halle einen kleinen Imbiss herrichten lassen und freue mich, wenn Sie daran teilnehmen.»

Während sie zum kalten Buffet gingen, das jeweils die Sitzungen des Stiftungsrates abschloss, blieb Amberg am Konferenztisch sitzen und las noch einmal seine Notizen durch. Salvi hatte es geschafft. Sein Plan, mit dem er seit Jahren schwanger ging, stand vor der Realisierung. Der Arbeiterjunge aus Kleinhüningen, der ein paar Jahrzehnte zuvor ausgezogen war, die Stadt auch für seinesgleichen wohnlicher zu gestalten, hatte sein Ziel erreicht. Er halte nichts von spektakulären politischen Aktionen, hatte er einmal gesagt. Das traf zu. Sein Stil war die zähe Knochenarbeit im Hintergrund. Dass es ihm heute gelungen war, selbst einem Pfarrer Ellenberger-Davatz eine widerwillige Zustimmung abzuringen, war zweifellos ein Erfolg.

Amberg stand auf und öffnete das Fenster. Über den Münsterplatz kam ein Mann auf das Sartorius-Haus zu. Er mochte um die vierzig sein. Eine kräftige, untersetzte Gestalt. Amberg wartete vergeblich auf die Glocke. Der Fremde zog es vor, den Türklopfer mit dem Löwenkopf zu benutzen. Er liess ihn zweimal fallen.

Wenn Amberg später einmal behauptete, die beiden Schläge hätten gehallt, als begehre das Schicksal persönlich Einlass, so mag diese Formulierung mit den Ereignissen zusammenhängen, zu denen der Besuch dieses Herrn den Auftakt bildete. Jedenfalls befürchtete er Ärger, als Salvi das blaue Zimmer betrat und hinter dem Besucher die Tür schloss.

«Das ist Kommissar Kammermann von der Kriminalpolizei. Er will unbedingt mit uns sprechen.» Salvi war offenbar ungehalten, weil es ihm nicht gelungen war, den ungebetenen Gast loszuwerden.

Der Kommissar gab Amberg die Hand. «Sie sind Herr Jakob Amberg, Angestellter der Johannes-Balthasar-Sartorius-Schenkung.» Eine Feststellung.

«Ja.» Das Bewusstsein, dass die Begegnung mit einem Kriminalpolizisten Schuldgefühle auslösen kann, traf ihn unvorbereitet.

«Setzen wir uns!» Kammermann machte eine einladende Geste, als ob er der Gastgeber wäre. Er verschränkte die Arme und sah Salvi, dann Amberg an. «Es tut mir leid, dass ich mitten in einen Empfang hereinplatze, aber meine Ermittlungen dulden keinen Aufschub.» Er dachte kurz nach. «Herr Karl Peters ist heute Nacht ermordet worden.»

Aus der Halle drangen Stimmen herein. Man unterhielt sich beim Buffet. Amberg schaute Salvi an. Vielleicht erwartete er, dass der Mann unter den Trümmern seiner Träume begraben wurde. Er täuschte sich. Salvi liess sich nichts anmerken.

«Wie ist das geschehen?», fragte er schliesslich.

«Ein Jogger fand ihn heute früh um 6.30 Uhr. Er lag in seinem Obstgarten.» Und mit brutaler Sachlichkeit: «Der Täter hat ihm den Schädel eingeschlagen.»

«Was wollen Sie von uns wissen?»

Von der Kälte in Salvis Stimme unangenehm berührt, hob Kammermann den Kopf. Ein markantes Gesicht. Braun gebrannt und glatt rasiert. «Sie und Herr Amberg hatten gestern eine Besprechung mit Karl Peters. War noch jemand bei diesem Gespräch anwesend?»

Der Chef zögerte und schaute Amberg seltsam an. «Die Pflegerin des alten Mannes befand sich im Haus, Frau Marianne Hochstrasser.»

«Geborene Salvi», ergänzte der Kommissar, «Ihre Schwester.»

«Meine jüngere Schwester», bestätigte Salvi, Amberg unverwandt anblickend.

Seine jüngere Schwester! Salvi hatte Peters eine nahe Verwandte als Pflegerin untergejubelt. Kein Wunder, dass er Ambergs Bedenken ignorierte, Schwester Marianne könnte im Spiel um Klosterzelg mitmischen. Aber warum hatte er ihm die ganze Komödie vorgespielt? Amberg versuchte, seine Überraschung zu verbergen. Und zwar mit Erfolg. Nicht zuletzt, weil Kammermann sich auf Salvi konzentrierte.

«Worum ging es in dieser Besprechung?»

«Hat Ihnen das meine Schwester nicht mitgeteilt?»

«Hätte sie das tun sollen?» Der Beamte lächelte.

«Ich schärfte ihr ein, nichts von meinen Verhandlungen mit Peters weiterzuerzählen», räumte Salvi ein.

«Daran hat sie sich gehalten. Mir schien, sie würde sich eher festnehmen lassen, als etwas über den Inhalt des Gespräches zu verraten.»

«Sie verdächtigen doch nicht etwa Marianne, diesen Mord begangen zu haben?», fragte er grollend.

«Wir wissen noch zu wenig, um jemanden zu verdächtigen», erwiderte der Kommissar. «Frau Hochstrasser schlief übrigens, als wir am Tatort eintrafen. Peters scheint jeweils seinen Spaziergang in den frühen Morgenstunden allein gemacht zu haben.»

Salvi entschloss sich, die Karten auf den Tisch zu legen: «Wir verhandelten über den Verkauf von Klosterzelg an die Sartorius-Schenkung.»

«Oh!» Im Gesicht des Polizisten spiegelten sich widersprüchliche Gefühle. Er schien zu begreifen, dass es um mehr gehen mochte, als um einen simplen Raubmord. «Waren die Verhandlungen schon weit gediehen?»

«Die Sache stand kurz vor Vertragsabschluss», sagte Salvi, «der Stiftungsrat hat vor einer Stunde den Kauf genehmigt.» Sarkastisch fügte er mit einer Kopfbewegung zur Tür hinzu:

«Man feiert zurzeit das Geschäft. Amberg wäre jetzt schon unterwegs nach Klosterzelg, um Peters den Vorvertrag zur Unterschrift vorzulegen.»

Der Kommissar sah Amberg an. Dieser nickte.

Kammermann stützte sein Kinn in die Hand. «Gäbe es jemanden», fragte er langsam, «für den die Verhinderung des Verkaufes ein Mordmotiv wäre?»

Salvis Augen verengten sich. «Das herauszufinden ist Sache der Polizei.»

«Ich formuliere meine Frage anders: Wer wusste bis gestern Nacht von den Verhandlungen?»

«Meine Schwester, Amberg und ich. Was unsere Seite betrifft. Mit wem Peters sonst noch gesprochen hat, weiss ich nicht.» Er verschwieg, weshalb auch immer, dass die LIDA-Werke ebenfalls am Geschäft interessiert gewesen waren.

«Könnte uns Frau Hochstrasser über diesen Punkt Auskunft geben? Sie war in letzter Zeit wohl ständig bei dem alten Mann.»

«Fragen Sie sie selbst», entgegnete Salvi und fügte mit leisem Spott hinzu: «Sie können ihr ausrichten, dass ich sie zu entsprechenden Auskünften autorisiere.»

«Und Sie», wandte sich der Kommissar an Amberg, «haben Sie mit jemandem über die Sache gesprochen?»

«Wie sollte ich auch? Ich hörte gestern zum ersten Mal vom geplanten Geschäft.»

«Das beantwortet meine Frage nicht.»

«Nein, ich habe mit niemandem darüber gesprochen.»

Kammermann machte sich Notizen. Dann erhob er sich. «Dr. Breitenmoser, der Staatsanwalt, wird in den nächsten Tagen mit Ihnen Kontakt aufnehmen.»

Klang das wie eine Drohung?

III.

Einen Tag nach dem Besuch des Kommissars sass Amberg in seinem Büro am PC und arbeitete am Protokoll der Sitzung vom Vortag. Bereits überholte Beschlüsse sollten zu Papier gebracht werden. Salvi hatte darauf bestanden. Er allein mochte wissen, weshalb es wichtig war, die inzwischen hypothetische Meinung des Stiftungsrates einer desinteressierten Nachwelt zu überliefern. Carmen Heyer, die Direktionsassistentin, war wieder gesund. Amberg würde in einer halben Stunde das Protokoll auf ihrem *Directory* ablegen. Sobald er seine Aussage auf der Staatsanwaltschaft gemacht hätte, wäre Klosterzelg für ihn nicht mehr als eine Fussnote in seiner beruflichen Laufbahn und er könnte sich wieder seinen redaktionellen Aufgaben für die Zeitschrift «Dreiland» zuwenden.

«Kommen Sie damit zurecht?» Salvi stand in der Türe, die er, wie üblich, ohne anzuklopfen geöffnet hatte.

Amberg schaute auf und nickte.

Der Alte trat an seinen Schreibtisch und legte ihm eine Akte hin. Zehn Zentimeter eng beschriebenes Papier zwischen zwei verschnürten marmorierten Kartons. Auf dem Deckel klebte ein vergilbtes Etikett. Darauf in gestochener Sütterlinschrift: Alois Peters, 9. Februar 1940, illegitim. Und darunter, in kleineren Buchstaben: Mutter unbekannt.

«Der Sohn von Karl Peters», sagte er.

Amberg war nicht überrascht. Die Andeutungen des Bauern hatten vermuten lassen, dass ein Erbe existierte. Er rechnete nach. Karl Peters war in seinem 88. Lebensjahr erschlagen worden. Bei der Geburt seines Sohnes war er – nach damaligem Recht – noch unmündig gewesen. «Eine Jugendsünde?»

«Eine Jugendsünde!», bestätigte Salvi.

Amberg strich mit den Fingerspitzen über die Akte. Qualitätsmaterial. Sie hatte die vergangenen Jahrzehnte gut überstanden. Wo immer sie auch gelegen haben mochte.

«Ich will, dass Sie das lesen», Salvi kratzte sich am Kinn, «und zwar sofort! Ich werde es bald zurückgeben müssen.» Er setzte sich auf einen Besucherstuhl und zündete sich umständlich eine Zigarre an. Er rauchte Davidoff, was bei einem wie ihm, der sein Image als Sprössling einer Proletenfamilie pflegte, überraschen mochte. Schliesslich handelte es sich um eine Luxusmarke. Den Zeitgeist, der rauchfreie Arbeitsplätze forderte, ignorierte Salvi seit Jahr und Tag.

Demonstrativ öffnete Amberg das Fenster und löste dann die Verschnürung des Dossiers. Es enthielt Aktennotizen, Gutachten, Rechenschaftsberichte, Korrespondenz: das gesammelte Material der Vormundschaftsbehörde Basel-Stadt über Alois Peters. Indizien amtlichen Fleisses über einen Zeitraum von zwanzig Jahren: von der Geburt bis zur Volljährigkeit.

Während Amberg las, schaute er ab und zu Salvi an. Die Beine übereinandergeschlagen, rauchend, hatte es sich der Alte in seinem Sessel bequem gemacht. Eine fleischgewordene beleidigte Gottheit. Jemand hatte gewagt, seine Siedlung für minderbemittelte Familien, seinen Lebenstraum, infrage zu stellen. Jemand hatte seine Pläne durchkreuzt, vernichtet mit einem brutalen Schlag auf einen fast neunzig Jahre alten Schädel, auf denselben Schädel, der vor sieben Jahrzehnten einen Plan entwickelt hatte, um das Ärgernis zu lösen, das die Geburt seines ausserehelichen Sohnes bedeutete.

In der ersten Oktoberhälfte 1940 meldete sich der noch minderjährige Karl Peters beim Vorsteher der Vormundschaftsbehörde. In seinen Armen trug der junge Mann einen greinenden Säugling, dessen Vater er zu sein behauptete. Umständlich erklärte er, den Bankert nicht bei sich behalten zu können, da seine, Karls, Eltern nicht gewillt seien, den kleinen, in Sünde gezeugten Enkel aufzunehmen.

Auf die Frage nach der Mutter schwieg sich Peters aus. Selbst auf die ernsten Vorhaltungen des Vorstehers, Alois, der die Unterredung durch sein Geplärr störte, habe ein Recht auf seine Mutter, blieb der junge Vater verstockt. Er stehe gerade für seinen Fehltritt und sei bereit, für den Lebensunterhalt des Wurms aufzukommen. Den Namen der Mutter aber nenne er nicht. Um keinen Preis. Dabei blieb es.

Eine Fürsorgerin brachte den Säugling noch am selben Tag in ein Kinderheim. Der Junge bekam einen Vormund und Karl Peters unterschrieb eine Alimentenverpflichtung, die er in den folgenden zwanzig Jahren erfüllte. Während dieser Zeit erhöhte man mehrmals die Unterhaltsleistungen, was stets anstandslos akzeptiert wurde. Die Zahlungen erfolgten jeweils ein Jahr im Voraus über die Sartorius-Bank mit dem Vermerk: «Zugunsten Alois Peters». Nicht mehr und nicht weniger.

Die Entwicklung von Alois Peters verlief alles andere als gradlinig. Die jährlichen Rechenschaftsberichte des Vormundes lesen sich wie ein Klagelied in Fortsetzungen: Kinderheim, Pflegefamilie, Waisenhaus, Schulheim, Erziehungsheim, Arbeitserziehungsanstalt. Der Junge galt als schwierig und war, so scheint es, der Schrecken einer ganzen Generation von Heimleitern und Erziehern. Der Ausdruck «renitent» findet sich immer wieder in den Akten, auch «schwer von Begriff», «schludrig» und «trotzig». In den späten 1950er-Jahren tauchen neue Wörter auf: «arbeitsscheu», «liederlich», «haltlos», «triebhaft», «alkoholgefährdet» und «kriminell» (womit Bagatelldiebstähle und Wirtshausschlägereien gemeint waren). Als man sich nicht mehr zu helfen wusste, wurde ein Psychiater hinzugezogen, der nach eingehender Untersuchung das behördliche Vokabular um die Etiketten «psychopathisch» und «debil» bereicherte.

Kurzum, Alois machte seinem Vater keine Ehre. Karl Peters liess das kalt. Er kümmerte sich, wenn man von den Zahlungen absieht, in all den Jahren nicht um seinen Sohn. Selbst als der etwa zehnjährige Alois immer drängender die Frage nach seinem Erzeuger stellte, verbat sich der Vater in einem seiner wenigen Gespräche mit dem Vormund energisch eine Kontaktnahme vonseiten des Sprösslings.

Seltsam war, dass sich Karl Peters weigerte, Alois zur Adoption freizugeben, was ihn von seinen Alimentenverpflichtungen entbunden hätte.

Die letzten zwei Jahre vor seiner Mündigkeit sah sich Alois den Bemühungen einer Arbeitserziehungsanstalt ausgesetzt, doch noch ein nützliches Mitglied der Gesellschaft aus ihm zu machen. Aber vergeblich: Der junge Mann zeigte sich gegen alle pädagogischen Interventionen immun. Das mag allerdings nur den überraschen, der die damaligen Methoden der Arbeitserziehung nicht kennt. Doch dies nur nebenbei.

Eines lässt sich jedoch nicht leugnen: Zwischen den Zeilen des letzten Rechenschaftsberichtes wird die Erleichterung des Vormundes spürbar, diesen unerfreulichen Fall abzuschliessen. Er vermittelte Alois noch eine Stelle als Knecht auf einem Hof im Schwarzbubenland im Solothurner Jura. Sein Satz, er wünsche dem jungen Mann alles Gute auf seinem künftigen Lebensweg, klang angesichts früherer Eintragungen in den Akten wie nackter Hohn.

«Ein Leben in Moll, was meinen Sie?» Salvis Zigarre war längst ausgeraucht und krümmte sich zerquetscht im Aschenbecher, den er gleich selbst mitgebracht hatte.

Amberg trat ans offene Fenster, um frische Luft einzuatmen. «Lebt er noch?»

«Das werden wir herausfinden.» Sein Chef wies auf den zweiten Besuchersessel. «Stehen Sie nicht im eigenen Büro herum!» Dann, nach einer Pause: «Wenn Alois Peters tot ist und keine Erben hinterlässt, fällt Klosterzelg an den Kanton und wir haben gute Aussichten, das Grundstück doch noch zu bekommen.»

Das traf zu. Die Kantonsregierung war der Stiftung aufgrund ihrer vielen Schenkungen verpflichtet.

«Und wenn er noch lebt?»

Die Frage berührte Salvi unangenehm. Eine steile Falte erschien auf seiner Stirn. «Dann muss ich von vorne beginnen. Neue Gespräche, neue Verhandlungen …»

Der Mann gab wohl nie auf. Wusste er überhaupt, was er sagte? Durch den Tod von Karl Peters wurde Klosterzelg wieder zum Spekulationsobjekt, zum Fünfzigmillionending. Auch wenn die Sartorius-Schenkung über die notwendigen Mittel verfügte, waren ihr in diesem Fall die Hände gebunden. Das Land für eine Siedlung, wie sie Salvi vorschwebte, musste billig sein, das Verhältnis zwischen Aufwand und Ertrag stimmen, wenigstens einigermassen. Oder glaubte er Alois Peters, falls es ihn noch gab, kaufen zu können wie dessen Vater? Mit einer Rente, einer Bronzetafel und – na, mit seiner Schwester Marianne?

Salvis Mundwinkel zuckten verächtlich. «Bei dieser Sache wird mit harten Bandagen gekämpft. Man will mein Projekt verhindern, man scheut nicht einmal vor einem Mord zurück.» Und grollend: «Das lasse ich mir nicht bieten!» Er reagierte auf die Tat des unbekannten Schlagetots wie auf einen persönlichen Affront: aggressiv und bereit, zurückzuschlagen.

In der Sartorius-Schenkung gab es dreissig Mitarbeitende, die ausschliesslich mit der Verwaltung und Überwachung der Vergabungen der Organisation beschäftigt waren. Die Stiftung hatte dank der jährlichen Millionen des Bankhauses Sartorius ein Riesenvermögen angehäuft und klug angelegt: in Wertpapieren, Liegenschaften und Grundbesitz. Ein heimliches Imperium. Salvi hätte seine Siedlung längst auf stiftungseigenem Land an der Peripherie der Stadt bauen können.

«Ich will Klosterzelg», sagte Salvi, der wieder einmal Ambergs Gedanken erraten hatte, «und ich werde Klosterzelg bekommen!»

Ich will und ich werde – nun ja. Er würde weiterkämpfen, zweifellos. Vielleicht war er immer noch der kleine Prolet, der die Demütigungen, denen er möglicherweise in seiner Schulzeit im vornehmen Humanistischen Gymnasium ausgesetzt gewesen war, dadurch heimzahlte, dass er seinen reich gewordenen ehemaligen Schulkameraden eine Sozialsiedlung vor ihre Häuser setzte. Vielleicht verstand er sich als eine Art Zorn Gottes, als der Rächer der kleinen Leute. Amberg realisierte, dass ihm Salvi in seinem Feldzug eine Rolle zudachte. Er atmete tief durch. «Was ist mein Job?»

«Sie beschaffen mir Informationen über Alois Peters. Als Journalist wissen Sie, wie man recherchiert. Sie finden heraus, ob er noch lebt oder ob er bereits gestorben ist und falls ja, ob er selbst auch Erben hinterlassen hat, wie sein sauberer Vater – Ihr Tödlein.» Er machte eine kurze Pause. «Ich stelle Sie für zwei Wochen frei, damit Sie sich ganz dieser Sache widmen können. Die Spesen, die sich im Zusammenhang mit Ihren Nachforschungen ergeben, rechnen Sie direkt mit mir ab.» Er stemmte sich aus seinem Sessel hoch. «Wir haben übrigens um 15 Uhr einen Termin beim Staatsanwalt: Meine Schwester», er lächelte kaum merklich, «Sie und ich.» Dann, zögernd: «Dieser Dr. Breitenmoser braucht nicht unbedingt zu wissen, dass wir Alois Peters auf der Spur sind.»

Freistellen – das liess sich leicht sagen. Immerhin sollte in drei Wochen die nächste «Dreiland»-Ausgabe erscheinen, die sich mit Feuerbräuchen in der Region befasste. Es war Carmen Heyer, die Amberg auf das Thema aufmerksam gemacht hatte. In Biel-Benken, wo sie lebte, pilgert man am Abend vor der Fasnacht auf einen Rebhügel über dem Dorf. Dort bringt man in einem Feuer Holzscheiben zum Glühen, lässt sie auf einer Haselrute kreisen und schleudert sie gekonnt in den nächtlichen Himmel. Anschliessend zieht man mit brennenden Kienfackeln talwärts. Amberg hatte Carmen und ihren Mann zu diesem dörflichen Frühjahrsfest begleitet. Er war davon derart fasziniert, dass er darüber nicht nur einen Bericht schrieb, sondern auch einen Volkskundler zu diesem und ähnlichen Bräuchen interviewte. Das Gespräch sollte in der April-Nummer veröffentlicht werden.

Bis Redaktionsschluss blieben noch vierzehn Tage. Nachdem Salvi gegangen war, telefonierte Amberg mit verschiedenen freien Journalisten, die für ihn schrieben. Er brauchte weitere Artikel. Einen über den Liestaler Chienbäse-Umzug, bei dem man mit brennenden Besen und Feuerwagen durch das Städtchen marschiert. Dann einen über das Chluri, ein mit Holzspänen und Knallkörpern gestopftes Weibsbild, das in Sissach den Flammentod erleidet. Ferner einen Bericht über die Feuerbräuche im Osterfestkreis im katholischen Birseck sowie die Johannisfeuer im Elsass, das 1.-August-Feuer am Nationalfeiertag auf dem Bruderholz. Ja, und warum auch nicht über Newroz, das altiranische Neujahrs- und Frühlingsfest, das die Basler Kurdenkolonie feiert und an dem die jungen Leute um ein Feuer herumtanzen und darüber hinwegspringen?! Er nahm Kontakt auf mit der Agentur, die seine Zeitschrift layoutete und diskutierte mit dem Grafiker über die Gestaltung des Heftes. Schliesslich ging er zu Carmen Heyer, um sie zu bitten, während seiner Abwesenheit den externen Mitarbeitern als Ansprechperson zur Verfügung zu stehen.

«Chefsekretärin» hätte ihre Funktion besser umschrieben als «Assistentin». Die Bezeichnung war in der Sartorius-Schenkung vor wenigen Jahren eingeführt worden. Carmen hatte Salvis Agenda im Griff, wachte über den Zugang zu ihm, schirmte ihn vor Belanglosigkeiten ab und machte sich unentbehrlich. Daneben hatte sie ihre Günstlinge. Amberg gehörte zu ihnen. Obwohl erst dreiunddreissig, zwei Jahre jünger als er, behandelte sie ihn, als sei sie seine ältere Schwester. Jetzt lag das Protokoll der gestrigen Sitzung, das sie ausgedruckt hatte, vor ihr auf dem Schreibtisch. Sie musterte ihn missbilligend. «Da habt ihr eine schöne Bescherung angerichtet», sagte sie streng, «Bauland in exklusiver Lage für Sozialwohnungen. Was habt ihr euch dabei nur gedacht?» Ihre Eltern besassen in Biel-Benken einen Hof. Sie wusste um den Wert des Landes.

«Na, na», Amberg lachte, «ich war nur der Protokollführer, dein Stellvertreter, mehr nicht.»

«Du hättest ihn» (sie sprach immer vom ‹ihm›, wenn sie Salvi meinte), «bremsen müssen. Das konnte nicht gut gehen. Und jetzt haben wir sogar eine Leiche am Hals. Wollen wir wetten, dass der Mord mit der Sache zu tun hat?»

Amberg ging nicht darauf ein, sondern schilderte sein Anliegen. Er habe für den Chef einen Spezialauftrag zu erledigen.

«So, einen Spezialauftrag hat er dir gegeben», wiederholte sie leicht pikiert, «davon hat er mir nichts gesagt», um dann versöhnlich hinzuzufügen: «Ich mach das schon!» Sie schaute ihn prüfend an. «Hast du übrigens schon einmal darüber nachgedacht, statt in Pullover und Lederjacke mit Jackett und Hemd zur Arbeit zu kommen?» Sie selbst war eine gepflegte Person und kleidete sich stets, wie es einer Chefsekretärin angemessen war: comme il faut.

Er lachte und ging. Seit seiner Scheidung vor einem halben Jahr glaubte sie, sich vermehrt um ihn kümmern zu müssen. An ihre Versuche, sein Outfit und sein Verhalten zu ändern, hatte er sich mittlerweile gewöhnt.

Gegen 14 Uhr verliess Amberg das Sartorius-Haus und trat auf den Münsterplatz. Er ist zwar nicht das Zentrum, aber Ursprung und Herz der Stadt, an dem bereits die keltischen Rauracher und später die Römer ihre Gottheiten verehrten. Von ihm ausgehend, entwickelte sich das bischöfliche Basel. Hier steht, auf den Fundamenten seiner Vorgängerbauten, das nach dem grossen Erdbeben von 1356 errichtete Münster. Darum herum gruppiert, befinden sich die Liegenschaften der ehemaligen Diözesankurie, unter anderem die Domherrenresidenzen, die seit der Reformation profanen Zwecken dienen und deren einheitliche Fassaden dem Ort seine besondere Prägung verleihen.

Amberg überquerte den Platz und ging an der romanischen Galluspforte vorbei zur Pfalz, einer baumbestandenen Terrasse hoch über dem Rhein. Der Sporn, auf dem das Münster steht, zwingt die grünen Wassermassen, die sich von Osten heranwälzen, zu einer Drehung um neunzig Grad, sodass sie nordwärts aus der Stadt fliessen und nichts zurücklassen als eine unbestimmte Sehnsucht nach weiten flandrischen Himmeln.

Jakob Amberg setzte sich auf die Mauerbrüstung. Er schaute hinüber zur Kartause am Kleinbasler Ufer. Von der ursprünglichen Anlage haben sich die gotische Kirche mit ihrem Dachreiter, das Langhaus der Laienbrüder und das grosse Haus, in dem sich das Refektorium befand, über die Zeiten hinweg gerettet. Der grosse Kreuzgang und die ihm zugewandten sechzehn zweistöckigen Häuschen, in denen die Kartäuser nach den Regeln des heiligen Bruno lebten, sind bereits im 18. Jahrhundert der Spitzhacke zum Opfer gefallen.

Das Kloster, das um 1401 «zu ewigem Gedächtnis und der Seele Heil» vom Oberstzunftmeister Jacob Zibol gestiftet worden war, ist seit 1669 ein Waisenhaus. Amberg fiel ein, dass auch Alois Peters einen Teil seiner unerfreulichen Jugend dort verbracht hatte.

Freitagnachmittag. Ein warmer Frühlingstag auf der Pfalz. Hellgrüne Knospen an den Kastanien. Seit mehr als vierundzwanzig Stunden war der alte Peters tot. Für Salvi, das hatte er durchblicken lassen, waren dafür Kreise verantwortlich, die seine Siedlung auf Klosterzelg verhindern wollten. Nun, das mochte so sein oder auch nicht. Jedenfalls war es Aufgabe des zuständigen Staatsanwaltes, Dr. Breitenmoser, dies zu klären.

Amberg machte sich auf den Weg zu ihm.

Wenn er später behauptete, der Mann sei wie ein Geier hinter seinem Schreibtisch gesessen – begierig, seinem Opfer die Leber aus dem Leib zu reissen –, ist das natürlich eine sehr subjektive Beschreibung dieses Juristen. Aber Amberg war nicht davon abzubringen, dass sich der Mann als Jäger und Verfolger verstand und ihn als Wild, das es zu erlegen galt.

Die Staatsanwaltschaft Basel-Stadt ist im Waaghof einem gesichtslosen Neubau an der Binningerstrasse untergebracht. Im selben Gebäudekomplex befindet sich auch das Untersuchungsgefängnis. Breitenmosers Büro war in der zweiten Etage. Es war klein und spartanisch eingerichtet. Als einziges Bild eine düstere Landschaft in Öl, eine Leihgabe des Kunstmuseums, wie sie höheren Beamten der Verwaltung zusteht. Im Bücherregal eine umfangreiche Sammlung von Bundesgerichtsentscheiden, Kommentaren zum Strafgesetz, Verordnungen der Kantonsregierung und so weiter. Breitenmoser sass mit dem Rücken zum Fenster, sodass das Licht auf den Besucherstuhl fallen musste. Ein ebenso üblicher wie billiger Trick. Die Schreibtischplatte war peinlich sauber. Auf einer grünen Unterlage, bündig zu ihr, ein karierter Notizblock. Daneben ein Bleistift. Ein Zwangscharakter.

Er reichte Amberg über den Tisch die Hand. Flüchtig, als scheue er Berührungen. Ein ungefähr sechzigjähriger Mann mit spärlichem weissen Haar, gescheitelt, wie mit dem Lineal gezogen. Darunter ein zeitloses, rosiges Gesicht. Wasserblaue Augen, verkniffener Mund und kleine Nase. Ein hässliches, vergreistes Kind mit schlechter Haltung. Und ein unsympathischer Zeitgenosse. Das schien auch Salvis Meinung. Jedenfalls hatte er den Raum, in den er um 15 Uhr hereingebeten worden war, nach einer halben Stunde Türe knallend wieder verlassen. Seine Schwester, Marianne Hochstrasser, blieb länger: bis halb fünf. Auch sie schien zornig, als sie wieder herauskam.

Und jetzt war Amberg an der Reihe. Endlich.

«Sie sind Jakob Amberg von Laufen, Baselland, geboren

40

am 15. Mai 1975, geschieden, wohnhaft im Ahornhof an der Türkheimerstrasse 6 in Basel, seit dem 1. Juni 2005 angestellt als Redaktor bei der Johann-Balthasar-Sartorius-Schenkung», stellte er mit einer hohen, leicht nasalen Stimme auswendig fest. «Am Vormittag des 7. April waren Sie gemeinsam mit Ihrem Vorgesetzten in Klosterzelg. Worum ging es in dieser Besprechung?»

«Hat Herr Salvi Ihnen das nicht erzählt?»

Er blickte irritiert auf: «Damit wir uns gleich richtig verstehen, mein Lieber, ich ermittle in einer Mordsache. Ich stelle die Fragen und Sie antworten.»

«Ich bin nicht Ihr Lieber», sagte Amberg, der es nicht mochte, wenn man ihn «mein Lieber» nannte, «damit wir uns auch in dieser Beziehung gleich richtig verstehen.»

Sie starrten sich an. Zwei kindische Streithähne.

«Wie Sie wollen, Herr Amberg», mit Betonung auf «Herr», «worum ging es in der Besprechung vom 7. April?»

«Um die Einzelheiten des Verkaufs von Klosterzelg an die Stiftung.»

«Was war der Inhalt dieses Vertrags?»

«Ich weiss nicht, ob ich befugt bin, mit Ihnen darüber zu sprechen.»

«Sie weigern sich also, meine Frage zu beantworten?» Der Mann schaffte es problemlos, eine feindselige Atmosphäre herzustellen.

«Ich sagte lediglich, dass ich nicht wisse, ob ich befugt sei, darüber zu sprechen. Ausserdem war ich nur als Protokollführer anwesend.»

Er machte eine Notiz und legte dann den Bleistift parallel neben den Block. «Sie haben aber den Vorvertrag ausgefertigt.»

«Das stimmt.»

«Seit wann kennen Sie Karl Peters?»

«Ich habe ihn am 7. April zum ersten Mal gesehen.»

Er schaute Amberg aus seinen wasserblauen Augen an, den Augen eines misstrauischen Kindes. «Wenn ich behaupte, dass diese Vereinbarung, nach der Karl Peters Bauland im Wert eines zweistelligen Millionenbetrages an die Johann-Balthasar-Sartorius-Schenkung quasi verschenkte, von Herrn Salvi, seiner Schwester und Ihnen von langer Hand vorbereitet wurde …»

«… dann ist das eine Unterstellung. Auch Frau Hochstrasser lernte ich erst am 7. April kennen. Bis dahin wusste ich nichts von ihrer Existenz.»

«Sie wollen mir weismachen», fragte dieser jetzt mit einem schärfer werdenden Ton, «dass Sie weder Herrn Peters noch Frau Hochstrasser kannten?»

Amberg holte Atem. Der Mann ärgerte ihn. «Ja, genau das versuche ich, Ihnen weiszumachen.»

Sie schwiegen und hassten einander.

«Schön», meinte er schliesslich, «Sie haben an jenem Tag Ihren Vorgesetzten nach Klosterzelg chauffiert, im Dienstwagen, einem dunkelblauen Mercedes.» Er nannte den Typ und die Zulassungsnummer, ohne nachzusehen. Er musste über ein phänomenales Zahlengedächtnis verfügen oder er hatte sich ausserordentlich sorgfältig auf diese Vernehmung vorbereitet. Wahrscheinlich beides. «Wo stellten Sie das Auto ab, als Sie zurückkamen?»

«Auf dem Parkplatz im Hof hinter dem Sartorius-Haus.»

«Sie haben das Auto an diesem Tag oder in der folgenden Nacht nicht mehr benutzt?»

«Nein.»

«Weshalb gaben Sie dann den Schlüssel erst am anderen Tag zurück?» Breitenmoser hatte offenbar den Hauswart der Sartorius-Schenkung befragen lassen.

«Weil ich vergessen habe, es sofort zu tun.»

«In der Nacht vom 7. auf den 8. April parkierte ein den Anwohnern unbekannter dunkler Mercedes in der Nähe von

Klosterzelg.» Der Staatsanwalt sah ihn durchdringend an. «Wo waren Sie in dieser Nacht zwischen 23 und 6 Uhr morgens?»

«Salvis Wagen ist wohl nicht der einzige Mercedes in dieser Stadt.»

«Beantworten Sie meine Frage.» Jäger und Verfolger.

«Ich war im Bett – ohne Zeugin, leider!», dies bewusst mit einem anzüglichen Unterton. Amberg stand wie unter einem Zwang, Breitenmoser provozieren zu müssen.

Letzterer tat ihm den Gefallen und errötete. Dann, drohend: «Ich warne Sie. Falls Sie glauben, sich über eine Strafuntersuchung lustig machen zu dürfen, täuschen Sie sich!» Er entliess ihn.

Zu Ambergs Überraschung erwartete ihn Marianne Hochstrasser am Ausgang. «Ich muss mit Ihnen sprechen», sagte sie. «Ich lade Sie zu einem Kaffee ein.» Sie hakte sich bei ihm unter und sie zogen in Richtung Innenstadt. Er schaute zurück. Breitenmoser stand am offenen Fenster und beobachtete sie: Jakob Amberg und Marianne Hochstrasser, Arm in Arm.

IV.

Als sie gemeinsam das Gebäude verliessen, unter den Augen des Staatsanwaltes, der wie ein Racheengel an seinem Fenster stand, war Amberg irritiert. Sie hatte, eine Geste der Vertrautheit, ihren Arm unter den seinen geschoben und wies ihm mit sanftem Druck den Weg durch die Steinenvorstadt zum Barfüsserplatz. Ihr Ziel war das «Huguenin», im Telefonbuch als «Grand Café» bezeichnet, ein Treffpunkt Törtchen verzehrender Herrschaften mit gehobenen Ansprüchen. Sie setzten sich an ein Zweiertischchen am Fenster.

Sie kam unverzüglich zur Sache: «Ich muss Sie warnen, Sie sind in etwas verwickelt, das Sie möglicherweise nicht überblicken.»

Amberg bestellte Kaffee bei der adretten Serviertochter, die wartend vor ihnen stand.

«Ich habe Angst!» Marianne Hochstrasser legte ihre Hand auf seinen Unterarm. «Dieser schreckliche Dr. Breitenmoser weiss, dass der Mercedes in der Mordnacht in der Nähe des Hofes parkiert war.»

«War es denn der Dienstwagen?»

Sie nickte. «Paul kam gegen 21 Uhr nochmals nach Klosterzelg. Ich hatte ihn darum gebeten. Karl Peters wollte unbedingt noch einen Zusatz im Vertrag.»

Das war neu. Salvi hatte anderntags nichts davon erwähnt. «Worum ging es denn?»

«Um nichts, was die Stiftung betrifft. Der Zusatz wurde zwischen Peters und meinem Bruder als Privatperson ausgehandelt.»

Das konnte sich Amberg vorstellen. Das Tödlein hatte schon am Nachmittag verlangt, Marianne solle ihn bis zu seinem Lebensende pflegen und betreuen.

«Grinsen Sie nicht!», fauchte sie ihn an. «Es wurde nichts Ungesetzliches vereinbart. Karl Peters hat mir sogar einen Heiratsantrag gemacht.»

«Na ja, Sie hätten dadurch in absehbarer Zeit Klosterzelg geerbt.»

«Reden Sie keinen Unsinn. Nebenbei, ich bin schon verheiratet.» Was sie allerdings nicht daran hinderte, Ambergs Handrücken zu streicheln.

«Der Vertragszusatz kam also zustande?»

«Es wurde eine Vereinbarung getroffen – per Handschlag.» Mehr wollte sie nicht darüber sagen. Eine leichte Röte, die ihr gut stand, stieg vom Hals her in ihr Gesicht. Sie überliess die Szene, die sich zwischen ihr und den beiden Männern abgespielt hatte, Ambergs Fantasie. Die Rolle, eine Art Lockvogel, die Marianne Hochstrasser in diesem Handel um Klosterzelg übernommen hatte, war – vorsichtig ausgedrückt – fragwürdig. Noch immer spielten ihre Finger mit seiner Hand. Sie war offenbar eine Frau mit ausgeprägten taktilen Bedürfnissen. Darüber hinaus verfügte sie über eine sinnliche Ausstrahlung, der sich Amberg so wenig entziehen konnte, wie bis vor Kurzem das Tödlein.

«Wie ging es weiter?», fragte Amberg.

«Ich schickte Paul fort. Er verliess das Haus gegen 22 Uhr. Kurz darauf brachte ich Karl Peters, den die Verhandlungen etwas derangiert hatten, ins Bett und beruhigte ihn.»

«Wie haben Sie das gemacht?»

Sie lachte und gab ihm einen leichten Klaps auf den Unterarm. «Sie sind reichlich neugierig, Herr Amberg!»

Am Nebentisch wandten zwei Damen die Köpfe nach ihnen.

Amberg war verlegen. «Wenn Ihr Bruder Klosterzelg um 22 Uhr verlassen hat, ist ja alles in Ordnung. Der Mercedes, den der Staatsanwalt erwähnte, stand zwischen 23 Uhr nachts und 6 Uhr morgens in der Nähe des Hofes. Jedenfalls wollte er von mir für diese Zeit ein Alibi. Oder kehrte Ihr Bruder nochmals zurück?»

«Nein!» Sie schüttelte energisch den Kopf. Ihr rotes Haar, das sie offen trug, fiel ihr ins Gesicht. «Paul hat mit dem Mord nichts zu tun.»

An ihrer Behauptung war nichts auszusetzen – falls die Vereinbarung zwischen Peters und Salvi tatsächlich zustande gekommen war. Marianne Hochstrasser konnte in dieser Beziehung durchaus die Wahrheit gesagt haben – oder auch nicht. Wenn der Vertrag aber, um den Paul Salvi so zäh gerungen hatte, geplatzt war, sah die Sache anders aus. Er musste dann neue Wege finden. Unter diesen Umständen war der Tod des Bauern keine Katastrophe mehr. Salvis Idee, durch Jakob Amberg Alois Peters, den Erben von Klosterzelg, ausfindig zu machen, um möglicherweise mit ihm ins Geschäft zu kommen, war so gesehen folgerichtig. Das würde auch Breitenmoser vermuten, wenn er wüsste, dass das Tödlein einen Sohn hatte. Salvi, das fiel Amberg jetzt wieder ein, hatte ihn gebeten, dem Staatsanwalt nichts über Karl Peters' Sprössling zu sagen.

«Warum schweigen Sie?» Marianne Hochstrasser schaute ihn beunruhigt an.

«Weiss Dr. Breitenmoser vom nächtlichen Besuch Ihres Bruders?»

«Nein», entgegnete sie verlegen, «ich habe mit Paul vereinbart, dass wir ihm nichts davon erzählen.»

Sie hatte recht. Jakob Amberg war in der Tat in etwas verwickelt, das er nicht mehr überschaute. Und ihre Informationen trugen nichts zur Klärung des Verwirrspiels bei. Im Gegenteil: Er hatte den Eindruck, Dinge zu erfahren, von denen er besser nichts gewusst hätte. Er schaute durchs Fenster des Cafés auf den belebten Barfüsserplatz. Es war Freitagabend, 17 Uhr. Einen Augenblick glaubte Amberg, in der Menge der Passanten die Gestalt Kammermanns zu sehen. War es möglich, dass Breitenmoser den Kriminalkommissar auf sie angesetzt hatte? Er schüttelte den Gedanken ab wie ein lästiges Insekt und wandte sich wieder der Frau zu: «Warum erzählen Sie mir das alles?»

«Ich musste mit jemandem darüber sprechen. Das Verhör heute Nachmittag hat mich beunruhigt. Der Staatsanwalt weiss mehr, als er sagt. Meinen Bruder konnte ich nicht erreichen. Da dachte ich, Sie als sein Mitarbeiter ...» Sie verschränkte ihre Finger mit seinen.

In diesem Moment betrat Kammermann das Café. Sein Blick fiel sofort auf ihre Hände. Er lächelte vage und grüsste mit einem Nicken, bevor er sich an ein entferntes Tischchen setzte und einen Tee bestellte. Also hatte man ihn doch auf die beiden angesetzt. Aber warum liess er sie das wissen?

«Das ist doch der Kommissar, der wegen des Mordes ermittelt», sagte Marianne Hochstrasser.

«Ja.» Amberg entzog ihr seine Hand. «Ich habe heute Nachmittag ausgesagt, dass wir uns nicht kennen, Sie und ich.»

Sie lachte freudlos. «Das wird er nicht glauben.» Sie kramte in ihrer Handtasche und legte das Geld für den Kaffee auf den Tisch. «Wir setzen unsere Unterhaltung woanders fort.» Sie erhob sich.

Amberg zögerte.

«Kommen Sie schon! Der Mann hat seine Schlussfolgerungen längst gezogen.» Sie fasste ihn an der Hand. Als sie an Kammermanns Tisch vorbeigingen, lehnte sie ihren Kopf an seine Schulter. Der Kommissar betrachtete sie nachdenklich.

Draussen, vor dem Café Huguenin, blieb Amberg stehen. «Verehrte Frau Hochstrasser, warum wollen Sie mich kompromittieren?»

«Sag Marianne zu mir!» Sie strahlte ihn an. Warmäugig. Eine Frau, wie Rubens sie gemalt haben könnte: bereit, die Fülle des Lebens mit allen Sinnen aufzusaugen.

«Verehrte Marianne, warum?»

«Ach, das ist doch halb so schlimm, wir geben dem Kommissar ein wenig zu denken. Dafür wird er ja bezahlt, der gute Mann. Aber sollen wir auf dem Barfüsserplatz Wurzeln schlagen? Komm!»

Breitenmosers Sarkasmus, später, beim zweiten Verhör, hatte er sich selbst zuzuschreiben. «Und wie soll ich den Umstand bewerten, Herr Amberg, dass Sie nach Ihren eigenen Aussagen Frau Hochstrasser am 7. April zum ersten Mal sahen, anlässlich einer Verhandlung notabene, bei der Sie lediglich Protokoll führten, aber bereits achtundvierzig Stunden später mit ihr bei einem vertraulichen Tête-à-tête im Café Huguenin sitzen und von dort aus gemeinsam in die Wohnung der Dame gehen, die Sie erst am anderen Morgen um halb sechs verlassen?»

Selbstverständlich ging Amberg davon aus, dass Kammermann ihnen folgen würde. Aber was hätte er tun sollen? Ins «Huguenin» zurückkehren und dem Kommissar an Eides statt erklären – ja, was denn? Der hatte doch, wie Marianne Hochstrasser richtig bemerkte, seine Schlussfolgerungen längst gezogen.

Als Kammermann im Laufe des Abends realisierte, dass Jakob Amberg die schicke Wohnung im sanft renovierten Altstadthaus am Nadelberg nicht so schnell verlassen würde, hatte er die Observation einem Polizisten übertragen. Der Beamte gab später den zeitlichen Rahmen des Schäferstündchens zu Protokoll: von 17.45 bis 5.30 Uhr in der Nacht vom 9. auf den 10. April. Anzunehmen ist, dass sich der Beamte fürchterlich langweilte, denn Marianne hatte gleich nach ihrer Ankunft die Vorhänge zugezogen.

Die Wohnung war von jener Art, wie man sie in Magazinen für Innenarchitektur findet: geweisseltes Mauerwerk und Deckenbalken aus schwerem Eichenholz. Ein Kachelofen aus dem 18. Jahrhundert. Als Kontrast dazu Designermöbel. Unmengen von Büchern. Darunter auch bibliophile Editionen. An der Längsseite des Raumes zwei Bilder: Originalskizzen von Giacometti.

«Nimm Platz», sagte Marianne, «ich hol uns eine Kleinigkeit zu essen.»

Amberg setzte sich in einen Fauteuil neben der Stereoanlage und studierte die CDs und Schallplatten. Hochstrassers schienen Klassisches zu mögen und Jazz, in alphabetischer Reihenfolge, wenn man den Regalen glauben wollte. Weshalb sie die grossen Werke nach den Dirigenten und Orchestern geordnet hatten und nicht nach den Komponisten, blieb ihr Geheimnis. Neben einem Notenständer an der Wand lehnte griffbereit eine Violine. Marianne und ihr Mann waren offensichtlich bestrebt, ihren Lebensstil zu kultivieren. Wahrscheinlich besassen sie auch ein Premierenabonnement der Basler Orchestergesellschaft oder fürs Stadttheater. Vermutlich beides.

Sie kam mit einem Tablett aus der Küche. Mit raschen Bewegungen deckte sie den Couchtisch. «Was denkst du?»

«Wie schon Brecht sagte: Nur wer im Wohlstand lebt, lebt angenehm …»

Sie lachte, schenkte Wein ein und forderte ihn auf, ihren Geflügelsalat zu probieren. Beinahe mütterlich sagte sie: «Iss, ich bekoche gern Männer!» Und dann begann sie zu erzählen, von sich und ihrem Bruder, Paul.

Die Salvis hatten in ärmlichen Verhältnissen gelebt. Der Vater war gelernter Maurer, musste aber, weil er an Silikose litt, einen Job als Magaziner in den LIDA-Werken annehmen. Der knappe Verdienst reichte nicht aus, die sechs Kinder zu ernähren und anzuziehen. Die Familie war auf fremde Hilfe angewiesen. Das Fürsorgeamt vermittelte ihnen eine Sozialwohnung in Kleinhüningen. Ausserdem zahlte der Hilfsfonds der LIDA-Werke immer im November einen Beitrag für die Winterkleider der Kinder.

«Weisst du, was es heisst, in Kleinhüningen aufzuwachsen?»

Amberg nickte. Vor zwei Jahren war eine «Dreiland»-Nummer über die Rheinschifffahrt und die Rheinhäfen erschienen. Er selbst hatte einen Artikel über das ehemalige Fischerdorf an der Mündung der Wiese geschrieben. Lärm-, Geruchs- und Staubemissionen waren die Morgengaben der Stadt Basel gewesen, als sie 1908 die Gemeinde, welche die wachsenden Sozialleistungen nicht mehr zu bewältigen vermochte, als Quartier in ihren Würgegriff genommen hatte. Man siedelte Produktionsstätten der chemischen Industrie an, Hafenanlagen, das Gaswerk, ferner die Abwasserreinigung und triste Mietskasernen. Später kam noch ein Autobahnanschluss dazu. Kleinhüningen wurde gewissermassen zum Ablauf der Schweiz, zum Sammelbecken des ganzen

Drecks, den das Land rheinabwärts Richtung Deutschland und Frankreich schwemmte. Wer konnte, suchte sich einen anderen Wohnort. Es blieben nur jene, die bleiben mussten, die keine Alternative hatten. Ausländer und arme, kinderreiche Familien wie die Salvis.

Marianne schenkte Wein nach. «Ich war die Jüngste, Paul der Älteste. Er war der Einzige von uns, der das Gymnasium schaffte. Zwischen uns liegen zwanzig Jahre. Kurz vor seinem Tod durfte Vater noch erleben, dass Paul sein Studium abschloss, das er selbst finanziert hatte, und die Stelle als Assistent des Direktors der Johann-Balthasar-Sartorius-Schenkung bekam.»

Paul Salvi übernahm die Verantwortung für die Familie. Er sorgte dafür, dass seine Geschwister einen Beruf erlernten und unabhängig von seinen finanziellen Unterstützungen wurden. Als schliesslich noch die Mutter und Marianne übrig blieben, löste er den Haushalt auf und nahm die beiden zu sich.

«Er war für mich mehr Vater als Bruder», sagte Marianne. «Als ich in die schwierigen Jahre kam, so ab fünfzehn, führte er mich an der langen Leine. Bis zu einem gewissen Grad duldete er meine pubertären Eskapaden, sorgte aber dafür, dass ich es nicht zu bunt trieb.» Sie lächelte. «Er hat es zwar nie erwähnt, aber ich glaube, er hat wegen uns darauf verzichtet, zu heiraten. Wegen mir», fügte sie stolz hinzu, «ich bin seine Lieblingsschwester. Wer weiss, was ohne ihn aus mir geworden wäre.»

Amberg begriff: Die Frau rechtfertigte ihre Rolle im Handel um Klosterzelg. Von ihrem Bruder um diesen Dienst gebeten, welcher Art er auch immer gewesen sein mochte, hatte sie sich verpflichtet gefühlt, etwas von dem zurückzuzahlen, was sie ihm zu schulden glaubte.

Sie fuhr mit ihrer Geschichte fort: «Ein Jahr, nachdem ich mein Diplom als Krankenschwester gemacht hatte, wurde

Paul Direktor. Der Herr weiss, warum sie ihn gewählt haben. Er passt nicht in diese Kreise.» Sie seufzte. «Der alte Samuel Samhofer, sein Chef, hatte einen Narren an ihm gefressen. Er betrieb seine Berufung als Direktor mit allen Mitteln. Und Paul nahm an.»

Sie sagte dies, als sei es ein Fehler gewesen. Amberg hob die Brauen.

«Paul kann seine Herkunft nicht verleugnen. Studium hin, Direktor her. Er ist stolz wie ein Spanier.» Und heftig: «Dass wir in seiner Jugend auf Almosen angewiesen waren, dass Vater sich ein Leben lang ducken musste, für andere Leute Häuser baute und selbst auf eine Sozialwohnung angewiesen war, dass er durch seinen Beruf zu einer Staublunge kam und schliesslich gnadenhalber bei den LIDA-Werken arbeiten durfte, dankbar sein musste für den Hilfsfonds der Firma, das sitzt tief! Paul wurde Direktor, weil er hier die Möglichkeit erkannte, armen Schweinen, wie wir es waren, zu helfen. Das hat er damals selbst gesagt.»

Paul Salvi auf dem langen Marsch durch die Institutionen ...

Sie spürte Ambergs Skepsis. «Du glaubst, sein Kampf um Klosterzelg sei aus anderen Motiven erklärbar, nicht wahr?»

«Wer bin ich schon, um das zu beurteilen? Aber er könnte seine Siedlung auch woanders bauen, mühelos, die Stiftung verfügt über genügend Landreserven.»

Ihre Augen wurden schmal. «Wenn das Konkurrenzangebot nicht ausgerechnet von den LIDA-Werken gekommen wäre, hätte er vielleicht auf Klosterzelg verzichtet.»

Davon war Amberg überzeugt. Dass der Abschluss eines Geschäftes dieser Grössenordnung eine ausschliesslich rationale Angelegenheit sei, ist eine fromme Lüge. Salvi hatte mit den LIDA-Werken eine Rechnung zu begleichen, die seit seiner Jugend offenstand. Ihm kam eine Idee. «Bei welcher Firma arbeitete euer Vater, als er noch Maurer war?»

«Bei der Vollmer AG.»

Wusste sie, dass Hans-Joachim Vollmer, der jetzige Chef des Unternehmens, Mitglied des Stiftungsrates der Sartorius-Schenkung war und dass der darauf spekulierte, den Auftrag für den Bau der Siedlung zu ergattern? Ihr Gesicht verriet nichts. Aber ohne Zweifel hatte ihr Bruder ihr davon erzählt. Amberg schaute auf die Uhr. Es war bereits neun.

«Du brauchst dich nicht zu beeilen», sagte sie, «mein Mann ist an einem Kongress in England. Wir haben Zeit.» Sie erhob sich und setzte sich auf die Lehne seines Fauteuils. «Viel Zeit!» Ihr Haar berührte sein Gesicht.

Warum zog er sie an sich? Warum folgte er ihr ins Schlafzimmer? War es der Duft ihres Haares? War es die Wärme, die sie ausstrahlte? Lag es ganz einfach daran, dass er seit seiner Scheidung im vergangenen Herbst mit keiner Frau mehr geschlafen hatte?

Dr. Breitenmoser behauptete später mit verkniffenem Mund, denn das Thema war ihm peinlich, er hätte die Abwesenheit ihres Mannes ausgenützt, um die Frau zu verführen. Sein moralisches Urteil stand fest.

Von wegen verführen. Die Frau hatte ein ungezwungenes Verhältnis zu ihrer Sexualität und später, als sie ruhig nebeneinanderlagen, verstand er, dass Karl Peters, das Tödlein, sie vertraglich an sich hatte binden wollen, dass er ihr sogar einen Heiratsantrag gemacht hatte. Er lächelte.

Ihre Finger tasteten im Dunkeln über seine Lippen. «Lachst du über mich?»

Er strich ihr durchs Haar. «Ich denke an Peters und an seinen Kopf zwischen deinen Brüsten.»

Sie lachte leise und zog ihn näher an sich. «Eifersüchtig?»

Die Minuten zerrannen und wurden zu Stunden. Marianne atmete tief und regelmässig. Durch die Vorhänge drang schwach das Licht der Strassenbeleuchtung vom Nadelberg, wo, was Amberg nicht wusste, ein Polizist das Haus beobachtete. Mariannes Haar lag auf dem Kissen wie ein schlafender Sturm. Die Frau war ihm jetzt sehr fremd und er versuchte, die Situation etwas klarer zu sehen. Alles, was er heute erfahren hatte, sprach dafür, dass Paul Salvi und seine Schwester in den Mord verstrickt waren. Er registrierte das hässliche Gefühl, von den beiden für ihre Zwecke instrumentalisiert worden zu sein.

Jakob Amberg stand leise auf, entschlossen, sich davonzustehlen. Er tastete sich zum Badezimmer, suchte den Lichtschalter und dann sah er den Kranz. Er stand in der Badewanne. Ein riesengrosses, süss duftendes Ding, geschmückt mit zahllosen weissen Narzissen. Auf einem feuerroten Band stand in goldenen Lettern: «Möge seine Seele im ewigen Höllenfeuer erkennen und bereuen, was sie Böses bewirkt hat.»

«Das sind keine frommen Wünsche, die Karl Peters ins Jenseits begleiten!» Marianne war ihm ins Badezimmer gefolgt und nun lehnte sie sich, nackt, wie Gott sie erschaffen hatte, gegen den Türrahmen.

«Von wem ist er?»

«Ein Chauffeur hat ihn gebracht, ein gut aussehender junger Mann in grauer Livree. Er übergab ihn mir und bat mich, ihn im Namen seiner Auftraggeber auf Peters' Grab zu legen.»

«Und die Auftraggeber blieben natürlich anonym.»

«Natürlich. Übrigens: Der junge Mann fuhr einen dunklen Mercedes.»

Amberg stellte den Kranz vorsichtig zurück in die Badewanne. «Wurde er hier abgegeben?»

«Nein, mein lieber Watson», entgegnete sie immer noch mit einem leicht spöttischen Unterton, «er kam am 8. April um 10 Uhr nach Klosterzelg, kurz, nachdem die Polizei den Hof verlassen hatte.»

«Weisst du, was du sagst?» Er packte sie am Arm. «Woher hatten die Leute um diese Zeit bereits Kenntnis von Peters Tod?»

«Du tust mir weh, Jakob!» Sie lockerte sanft seinen Handgriff. «Natürlich weiss ich, was ich sage. Der Kranzspender wusste sogar noch weit früher Bescheid. Schliesslich musste das Ding auch noch angefertigt werden. Schon den ganzen Abend versuche ich dir klarzumachen, dass Paul mit dem Mord nichts zu tun hat.»

Sie standen sich gegenüber, zwei Nackte im Gespräch. Samstag, 10. April, schätzungsweise um 5 Uhr früh. Die Situation war absurd.

«Weiss der Staatsanwalt von dieser Sache?»

«Er glaubt es nicht.» Sie hob die Schultern. «Ich habe keinen Zeugen für den Besuch des Chauffeurs.»

«Und der Kranz?»

«Er wollte ihn nicht mal sehen, sagte, den könnte ich zusammen mit Paul gemacht haben, eventuell sogar mit deiner Hilfe, um den Verdacht von uns abzulenken. Mein Bruder hat mit sämtlichen Blumengeschäften in der Stadt und der näheren Umgebung telefoniert. Niemand weiss etwas davon. Vermutlich wurde er privat angefertigt.»

Amberg verstand. Es blieb dabei: Paul Salvi und Marianne Hochstrasser waren die Hauptverdächtigen. Sie hatten ein Motiv für diesen Mord, möglicherweise sogar mehrere, und sie hatten auch Gelegenheit zur Tat gehabt. Er selbst geriet in den Geruch der Komplizenschaft. Besonders nach dieser Nacht.

Salvi hatte, man konnte das so sehen, zu seiner eigenen Entlastung bereits mit den Ermittlungen begonnen, indem er versuchte, die Herkunft des Kranzes zu klären. Leider erfolglos. Jetzt lag es auch in Ambergs eigenem Interesse, ihn zu unterstützen. Dafür hatte nicht zuletzt Marianne gesorgt. Peters hatte nach der Meinung seines mutmasslichen Mörders das ewige Höllenfeuer verdient, was für ein Beziehungsdelikt sprach. Hatte der alte Mann also doch eine Leiche im Keller versteckt, wie er bereits bei ihrer ersten Begegnung vermutete? Seinen missratenen Sohn Alois vielleicht?

Er sah Marianne an. «Ich gehe jetzt nach Hause.»

Sie küsste ihn auf beide Wangen. Sehr keusch. «Geh nur!»

Um 5.30 Uhr verliess er das Haus. Vermutlich zur Erleichterung des Polizeimannes, für den eine ungemütliche Nacht zu Ende ging. Vielleicht beschattete er ihn aber noch länger. Was ihm und dem Staatsanwalt allerdings wenig neue Erkenntnisse gebracht haben dürfte.

Amberg schlenderte den Nadelberg hinunter und über den Totentanz durch die St. Johanns-Vorstadt zum St. Johanns-Park. Er setzte sich ans Rheinufer. Es war kalt. Dunkel zog das Wasser Richtung Norden. Hauchdünne Nebelschleier schwebten über dem Fluss. Im Osten lag ein heller Streifen am Horizont. Jenseits des Parks fuhr ein Tram vorbei. Müde und zerschlagen taumelte die Stadt aus dem Schlaf. Er hob einen Stein auf und schmiss ihn ins Wasser.

V.

Jakob Amberg lebte im Ahornhof, einem zwölfgeschossigen Wohn- und Geschäftshaus im Gotthelfquartier. Es war in den frühen 1980er-Jahren von Diener + Diener entworfen und rund drei Jahrzehnte später umfassend saniert worden. Die Liegenschaft strebt auf beiden Seiten der Türkheimerstrasse in die Höhe und überspannt sie wie eine Brücke. Die knapp sechzig Wohnungen sind erreichbar über zwei Zugänge mit je einem Treppenhaus samt Lift. Amberg hatte keine Ahnung, wer die Menschen waren, die in diesem Block ein- und ausgingen. Wohnten sie hier, waren sie Angestellte oder einfach Kundinnen und Kunden der Ladengeschäfte, der Post und der Bank, die sich im Erdgeschoss befanden? Man kannte sich nicht und genau diese Anonymität war es, die er gesucht hatte, als er hier eingezogen war. Seine Wohnung befand sich in der achten Etage und von seinem Balkon aus hatte er nicht nur einen weiten Blick über die Stadt, sondern auch hinüber zum Höhenzug, auf dem Klosterzelg lag.

Das Wochenende, das auf die Ereignisse rund um den missglückten Vertragsabschluss und den Tod von Karl Peters folgte, gestaltete Amberg, wie er jedes Wochenende gestaltete, seitdem er wieder allein lebte: Er kaufte ein, besorgte den Haushalt und ging dann ins Café Rieder an der Palmenstrasse. Er bestellte einen doppelten Espresso und las die Zeitung. Am Nachmittag joggte er im Schützenmattpark, wo einsame Läufer wie er einen Pfad in den Rand des Rasens getreten hatten: eine Spur des Fitnesswahns. Er drehte zwanzig Runden, beobachtet von alten Leuten, die auf den Bänken die Frühlingssonne genossen, umkreiste Gruppen von Migranten, die Fussball spielten, und junge Mütter mit ihren Kindern. Der Samstagabend war Ambergs Kino- oder Theaterabend und am Sonntag ging er mit seinem Freund Thomas Jermann auf eine Wanderung oder eine Radtour. Ihre Lebensläufe wiesen zahlreiche Parallelen auf. Sie waren beide in Laufen aufgewachsen und hatten gemeinsam die Schule besucht. Später waren sie nach Basel gezogen, hatten geheiratet und sich im selben Jahr von ihren Frauen getrennt. Am Sonntagabend kochten und assen sie gemeinsam und leckten ihre Wunden, wie das geschiedene Männer, die sich der Lebensmitte nähern, eben tun.

Am Montag dann wieder die Sartorius-Schenkung. Jakob Amberg machte sich daran, Alois Peters, den Sohn des Tödleins, aufzuspüren. Wer behauptet, die Recherchen hätten ihm Spass gemacht, täuscht sich. Er hatte die Rolle des Detektivs nicht gesucht. Er war dazu gekommen wie die Jungfrau zum Kinde und entsprechend schusselig benahm er sich auch. Die Narbe über seinem rechten Auge zeugt davon. Amberg war Journalist und nicht Kriminologe. Den Auftrag, den Erben von Klosterzelg aufzuspüren, betrachtete er, wenigstens anfänglich, als eine lästige Angelegenheit im Rahmen seines Dienstverhältnisses mit der Sartorius-Schenkung. Es war ungewöhnlich, dass ihn Salvi wegen dieser Aufgabe vorübergehend von seinen übrigen Pflichten entband, ebenso die Tatsache, dass er seine Spesen direkt mit ihm abrechnen musste, was wohl damit zusammenhing, dass sie der Alte aus der eigenen Tasche bezahlte. Aber das realisierte Amberg erst später.

Es war überraschend einfach, den Wohnsitz von Alois Peters festzustellen: Beinwil, eine Streusiedlung im Schwarzbubenland am Fusse des Passwangs. Vor einem halben Jahrhundert war er von seinem Vormund dort, weit hinten im Solothurner Jura, auf einem Hof platziert worden und noch immer lebte er in der Gegend.

Von der Gemeindeschreiberin, mit der er telefonierte, erfuhr er, dass man Peters nicht nur in Beinwil, sondern im ganzen Lüsseltal kannte. Ein Vagant sei er, ein Landstreicher, ständig auf der Walz. Er tauche aber immer wieder im Dorf auf und finde dann Unterschlupf bei einer abstrusen Sekte, den Kindern Salomonis, die als Kommune in einem verlotterten Bauernhof, im Gebiet der Hohen Winde hause. Nein, ob er jetzt im Tal sei, wisse sie nicht. Mit deutlicher Missbilligung: Der Alois sei ein unsteter Charakter, ein Süffel, aber wenigstens falle er der Gemeinde nicht zur Last. Auf Ambergs Frage, womit Peters seinen Lebensunterhalt bestreite, schwieg die Frau zunächst. Dann, zögernd: Man wisse nichts Genaues. Es halte sich da seit Jahren hartnäckig ein Gerücht, wonach eine reiche alte Dame aus Basel diesen Kindern Salomonis für seinen Lebensunterhalt Geld überweise. Das sei aber, wie gesagt, nur ein Gerücht.

Amberg bedankte sich für die Informationen, legte den Hörer auf und ging hinüber in Salvis Büro. Der thronte hinter seinem direktorialen Schreibtisch und musterte ihn. Seine ausgeprägten Kieferknochen gaben ihm das Aussehen eines

Nussknackers, was er in gewissem Sinne ja auch war. «Sie sehen blass aus», stellte er fest, «schlecht geschlafen?»

Es war Montagmorgen, 12. April, und Jakob Amberg fragte sich, ob Salvi wusste, dass er sich in der Nacht vom Freitag auf den Samstag mit seiner Schwester vergnügt hatte. Verblüfft registrierte er so etwas wie Gewissensbisse. Absurd. Als ob er ihn betrogen hätte. Er sagte: «Alois Peters lebt.»

«Ah ja.» War er enttäuscht? «Berichten Sie!»

Amberg nahm Platz und wiederholte sein Telefongespräch mit der Beinwiler Gemeindeschreiberin.

Salvi hörte ihm aufmerksam zu. «Eine reiche alte Dame aus der Stadt.» Er trommelte mit den Fingern auf die Tischplatte. «Wer kann das sein, was denken Sie?»

«Seine unbekannte Mutter?»

«Warum nicht?» Salvi prüfte den Einfall. «Karl Peters hat als achtzehnjähriges Bürschchen Unterhaltsbeiträge gezahlt, die wahrscheinlich weit über seinen finanziellen Möglichkeiten lagen. Nie hat er sich gegen die Alimentenerhöhungen zur Wehr gesetzt. Wie, wenn er nur als Strohmann diente und die Zahlungen von der Mutter des Kindes geleistet wurden?»

«Das setzt voraus, dass die Mutter begütert war.»

«Sie oder ihre Familie.» Er stand auf und legte die Hände auf den Rücken. «Nehmen wir einmal an, sie stammte aus einflussreichem Haus. Das würde erklären, weshalb sie inkognito bleiben wollte.» Und energisch fügte er hinzu: «Ich will, dass Sie nach Beinwil fahren, Amberg, noch heute! Sprechen Sie mit dem Dorfpfarrer, dem Wirt, mit diesen Sektenbrüdern. Und wenn Sie Alois persönlich treffen, so schleppen Sie ihn hierher. Ich will mit diesem Mann reden.»

Ich will, sprechen Sie, schleppen Sie – Salvi, wie er leibte und lebte. «Soll ich ihn mit Gewalt nach Basel bringen?»

«Es wird Ihnen schon etwas einfallen.» Er machte eine knappe, ärgerliche Geste. «Peters ist Alkoholiker. Mit dem werden Sie fertig. Gleich nach der Beerdigung fahren Sie los.»

Amberg schaute ihn fragend an.

«Um 11 Uhr findet die Abdankung von Peters statt, dem alten Peters. Ich möchte, dass Sie mich hinfahren und vor dem Friedhof Ausschau halten nach einem dunklen Mercedes.»

«Sie meinen den Mercedes, der in der Mordnacht bei Klosterzelg parkierte?»

«Woher wissen Sie Bescheid?» Salvis Stirn legte sich in Falten. «Ja natürlich, Sie waren auch auf der Staatsanwaltschaft. Gut. Sie sollen die Nummer notieren, falls Sie das Auto sehen. Wir fahren um halb elf.»

Er erwartete ihn bereits, als Amberg um zwanzig nach zehn vor dem Sartorius-Haus vorfuhr: Salvi im schwarzen Anzug, mit schwarzer Krawatte und blütenweissem Hemd, schwarzhaarig mit dunklen Augen unter den buschigen Brauen. Die Hände in den Jackentaschen stand er am Portal, unbeweglich, ein Denkmal seiner selbst: ein veritabler Hüne. Er schaffte es, würdevoll in Ambergs alten Renault zu steigen.

«Macht es Ihnen etwas aus, über den Nadelberg zu fahren? Meine Schwester wohnt dort. Sie kommt auch zur Beerdigung.»

Wieder dieses diffuse Schuldgefühl, das Jakob Amberg bereits am Morgen aufgefallen war. Als ob er Salvis Besitzansprüche an Marianne infrage gestellt hätte. Er ärgerte sich über ihn. Glaubte er etwa, Gottvater persönlich zu sein? Dann fiel ihm ein, dass sich sein Ärger gegen ein Verhalten richtete, das er ihm lediglich unterschob. Er war seinen eigenen Projektionen aufgesessen.

Schweigend steuerte er den Wagen durch die Stadt.

Marianne Hochstrasser hatte sich herausgeputzt wie eine trauernde Witwe. Ein auf die Taille geschnittenes schwarzes Deuxpièces brachte die sanften Rundungen ihrer Figur vorteilhaft zur Geltung. Schwarze Strümpfe, schwarze Wildlederschuhe und Handschuhe aus demselben Material. Auf dem hochgesteckten Haar trug sie ein rundes, keckes Hütchen. Ein hauchdünner Halbschleier verdeckte ihre Augen. Darunter die vollen, sinnlichen Lippen, dezent geschminkt. Ihrer Erscheinung haftete etwas Verruchtes an. Salvi sog hörbar Luft ein. Sie beugte sich zum Wagenfenster und hauchte ihrem Bruder einen Kuss auf die Wange. Dann zu Amberg «Wären Sie so freundlich, mir zu helfen, einen Kranz ins Auto zu tragen?»

Er stieg aus und folgte ihr in den Hausgang. Hinter der Tür legte sie die Arme um seinen Hals und küsste ihn. Ein Gefühl wie in der Pubertät. Er machte sich los. «Wir wollen doch deinen Bruder nicht hintergehen, meine Liebe.»

Sie lachte leise: «Schafskopf!» Sie wies auf den Kranz, der, gegen die Wand gelehnt, in seiner Narzissenpracht dastand. «Fass an, das Riesending ist zu schwer für mich allein! Wie zwei Paradeoffiziere, unterwegs zum Grab des Unbekannten Soldaten, überquerten sie die Strasse. Das feuerrote Band flatterte im Frühlingswind: «Möge seine Seele im ewigen Höllenfeuer erkennen und bereuen, was sie Böses bewirkt hat.»

Salvi schaute ihnen kopfschüttelnd entgegen. «Du willst doch nicht den Kranz mit diesem Spruch vor versammelter Gemeinde aufs Grab legen, Marianne?»

«Warum nicht? Es wäre interessant, die Gesichter der trauernden Hinterbliebenen zu beobachten.»

Er lachte und sagte verärgert: «Unser Freund, der Staatsanwalt, könnte dir eine Anklage wegen Störung der Totenruhe anhängen.»

«Dann halt nicht!» Mit einem energischen Ruck riss sie wütend das Band ab. Eine Narzisse fiel zu Boden. Weiss und unschuldig lag sie auf dem grauen Asphalt. Gemeinsam wuchteten sie den Kranz in den Kofferraum. Marianne nahm auf dem Rücksitz des Wagens Platz.

Der Friedhof am Hörnli liegt am Waldrand. Die Verwaltung kämpft seit Jahren ebenso heroisch wie erfolglos gegen

Rehe, die über die Hecken springen und die Grünpflanzen auf den Gräbern fressen. Die ewige Ruhe ist hier ohnehin nur eine relative. Die Behörden haben sich entschliessen müssen, die Gräber nach zehn Jahren aufzuheben, um Raum für neue Tote zu schaffen. Angesichts der hohen Bodenpreise wird zu viel gestorben in dieser Stadt.

Amberg lenkte das Auto in eines der markierten Parkfelder auf dem grossen Platz vor dem pompösen Eingangsportal. Salvi sagte: «Sie wissen, was Sie zu tun haben. Wenn der Mercedes bis halb zwölf nicht auftaucht, brauchen Sie nicht länger zu warten.»

Marianne gab ihm die behandschuhte Rechte. Ladylike. «Auf Wiedersehen, Herr Amberg!»

Er schaute den beiden nach, wie sie die Treppe hochgingen. Marianne hatte sich bei ihrem Bruder untergehakt. Zwei elegante, schwarz gekleidete Menschen. Ein stattliches Paar. Salvi trug den Kranz. Am Portal drehte sich Marianne um und winkte Amberg verstohlen zu. Die Frau hatte ihrem Bruder gegenüber scheinbar ähnliche Skrupel wie er.

Jakob Amberg blieb im Wagen zurück und wartete auf den Mercedes, den der Zeuge der Staatsanwaltschaft in der Mordnacht bei Klosterzelg gesehen hatte. Er wartete auf einen grau livrierten Chauffeur, der am Morgen danach, wohl in ebendiesem Mercedes, beim Bauernhof vorgefahren war und im Namen eines anonymen Auftraggebers einen Kranz samt Inschrift abgegeben hatte. Er wartete auf Fakten, die sich zu Beweisen verknüpfen liessen.

Er beobachtete die Menschen, die einzeln oder in Grüppchen durchs Friedhofstor gingen. Dunkel gekleidet, mit ernsten Gesichtern. Die meisten von ihnen hatten die Lebensmitte überschritten, waren also im Alter, wo einem die eigene Generation allmählich abhandenkommt. Einige brachten Blumen mit. Es war nicht auszumachen, wer alles Karl Peters, dem Tödlein, die letzte Ehre erwies. Der Friedhof am Hörnli verfügt über fünf Abdankungskapellen. Meist finden zwei, manchmal drei Beerdigungen gleichzeitig statt. Es wird, wie gesagt, viel gestorben: Alter, Krankheit, Unfall oder eben – Mord. 11 Uhr. Das Totenglöcklein läutete. Aus dem Krematorium stieg Rauch in den Frühlingshimmel. Ein seltsamer Gedanke: Tote, die sich in Rauch auflösen. Seltsam und tröstlich.

Der ziemlich schwach belegte Parkplatz war jetzt menschenleer. Zehn, zwölf Autos warteten auf ihre Besitzer. Kein Mercedes. Amberg stieg aus und machte ein paar Schritte. In einem weissen Opel sass ein Mann. Er rauchte und starrte auf den Platz. Es war Kammermann, der Kriminalkommissar. Amberg hob grüssend die Hand. Der Polizist übersah ihn, starrte weiter geradeaus, rauchte, wartete. Worauf? Sammelte auch er Fakten, die dazu dienen sollten, Hypothesen zu erhärten oder fallen zu lassen? Sicher! Das war ja sein Beruf. Und wenn sich nichts ereignete? Nun, daraus liess sich auch etwas schliessen. Nichts bedeutet nicht nichts, fiel Amberg ein. Er geriet ins Philosophieren, was noch nie seine Stärke war. Das Nichts nichtet. Heidegger, meinte er sich zu erinnern. Oder war es Sartre? Egal. Er konnte mit dieser Erkenntnis, wenn es denn eine war, ohnehin nichts anfangen.

Nebenbei: Für Kammermann geschah nicht nichts. Ambergs Anwesenheit war ihm Ereignis genug. Er hatte ihn sogar fotografiert. Breitenmoser kam bei einem seiner Verhöre darauf zurück. «Und was, bitteschön, machten Sie am 12. April zwischen 10.50 und 11.30 Uhr vor dem Friedhof am Hörnli? Warum nahmen Sie nicht an der Trauerfeier teil wie Herr Salvi und Frau Hochstrasser?» Er schob das Foto über den Tisch. Darauf ist Amberg zu sehen, die Hände in den Taschen, missmutig. Natürlich, er hatte ja vergeblich gewartet.

Beinwil liegt südlich von Laufen, wo Jakob Amberg aufgewachsen war, und ist von Basel aus, je nach Verkehrslage, in weniger als einer Autostunde zu erreichen. Er brauchte etwas länger. Nachdem er die Ruine Thierstein passiert hatte, die auf einem steilen Felsen das Lüsseltal bewacht, fiel ihm ein, Kammermann könnte ihm gefolgt sein. Ihre Wege hatten sich bereits am Freitag gekreuzt, im Café Huguenin, und heute erneut vor dem Friedhof. Vielleicht litt er unter einem beginnenden Verfolgungswahn. Vielleicht hatte er einfach zu viele Detektivgeschichten gelesen. Wie auch immer – er wollte sich Gewissheit verschaffen. Hinter Erschwil lenkte er den Wagen in einen Waldweg und beobachtete die Strasse, die in Windungen parallel zur Lüssel talaufwärts führt. Er befand sich in einer jener Klusen, wie sie im Faltenjura häufig anzutreffen sind: steile, bewaldete Hänge, Kalksteinfelsen. Wie ein Raubritter lag er auf der Lauer. Vergeblich. Ab und zu ein Auto. Kammermanns weisser Opel war nicht zu sehen. Still und verlassen lag die Strasse da. Ein roter Milan kreiste am Himmel. Ausser Amberg wollte offenbar niemand nach Beinwil. Kein Wunder. Der Jura ist eine ausgesprochene Wochenendlandschaft für gestresste Städter. Für jene seltsamen Vögel zum Beispiel, die mit Hammer und Meissel Versteinerungen aus den Felsen klopfen, an denen sich früher die Wellen eines Urmeeres brachen. Ausserdem stiefeln Pilzsammler durch die Landschaft, auch Fischer und Jäger, wie in der Steinzeit – nur besser ausgerüstet. Und Ornithologen, die dem lieben Federvieh nachstellen, Sonderlinge, versehen mit Feldstechern, teuren Fotoapparaten und Büchlein, die es ihnen möglich machen, aus Scheisse und Gewölle die Vogelarten zu bestimmen. Ferner Wanderer, jede Menge, rotbesockte und andere. Auch Biker und Jogger fallen über die Gegend her, auf der Suche nach ihrer Leistungsgrenze: zweihundert Pulsschläge pro Minute minus Lebensalter. Kurz: Der Jura, eine wirtschaftliche Randregion, muss sich, um des lieben Überlebens willen, als Freizeitreservat prostituieren. Samstag und Sonntag bricht die Zivilisation wie ein Unwetter über die einsamen Täler und Hügel herein. Dann herrscht wieder Ruhe.

Wie an diesem Montag in Beinwil, wo Amberg gegen 13 Uhr ankam. Unberührt vom Weltgeschehen, lag das Dorf da. Eine Handvoll Häuser, geduckt unter ihren steilen Dächern, ferner ein paar Berg- und Sennhöfe verstreut in den Matten zu beiden Seiten der Lüssel. Linker Hand, auf einem kleinen Hügelsporn, die Gebäude des Klosters, dessen grosse Zeit längst vorbei war, wenn es denn je eine gehabt hatte. Amberg parkierte das Auto und betrat die barocke Kirche, die, wie er wusste, von der katholischen Pfarrgemeinde für den Gottesdienst genutzt wurde. Vor dem Hochaltar stand ein Mann. Er war kleiner als Amberg, und rundlicher. Ein gemütliches Vollmondgesicht mit Doppelkinn. Gekraustes, braunes Haar, helle, freundliche Augen. Er trug einen beigen Rollkragenpullover und abgewetzte, braune Cordhosen.

Amberg sagte: «Ich möchte zum Pfarrer.»

«Das bin ich», erwiderte dieser mit einem schüchternen Lächeln, «was kann ich für Sie tun?»

Amberg stellte sich vor und erklärte, dass er in einer Erbschaftsangelegenheit Auskünfte über Alois Peters brauche.

«Sie kommen also nicht vom Bischof?», gab der Pfarrer erleichtert von sich. «Seien Sie willkommen. Führen wir doch unser Gespräch in der Sakristei.» Mit einer Handbewegung forderte er ihn auf, ihm zu folgen. Es war ein karger Raum mit einem Schrank, wahrscheinlich für die Messgewänder, einem Tisch und zwei Stühlen. Auf dem Tisch lagen zwei Bücher: ein Werk von C. G. Jung und ein Kunstband. Letzterer war aufgeschlagen, offenbar dort, wo der Pfarrer seine Lektüre unterbrochen hatte, als er zum Altar ging. Zu sehen war ein gekrönter Hermaphrodit, der in der rechten Hand einen Kelch mit einer Hydra und in der linken eine Schlange hält. Die Gestalt steht auf einem dreiköpfigen Drachen. Auf der rechten Bildseite nährt ein Pelikan seine drei Jungen mit seinem Herzblut. Alchemistische Mystik. Ein sonderbarer Heiliger, dieser Priester.

«Sie möchten also Auskunft über Alois Peters?», nahm der Geistliche das Gespräch wieder auf und klappte das Buch zu.

«Ich bitte Sie darum!»

«Viel kann ich Ihnen nicht sagen. Ich lebe erst seit einem Jahr hier.» Er lächelte sein schüchternes Lächeln. «Eine Strafversetzung. Daher auch meine Frage, ob Sie vom Bischof kommen.»

Amberg konnte sich vorstellen, dass der hohe Herr, der im bischöflichen Palais in Solothurn residiert, Anlass zur Unruhe hatte. Ein Geistlicher, der sich mit der analytischen Psychologie Jungs beschäftigt, musste ihm verdächtig erscheinen. Nahm man den Hermaphroditen dazu, so läuteten bei seiner Exzellenz wohl sämtliche Alarmglocken. Er war ja ein Intellektueller, der Bischof, ein ehemaliger Theologieprofessor. Amberg hatte ihn einmal erlebt, als er im Münster zusammen mit Pfarrer Ellenberger einen ökumenischen Gottesdienst leitete. Im anschliessenden Gespräch mit den Gläubigen gab er sich leutselig. Vielleicht war er es tatsächlich. Seine Intonation wirkte salbungsvoll. Nicht unsympathisch, aber salbungsvoll. Nun, die Schwierigkeiten des Pfarrers mit seinem Hirten gingen Amberg nichts an. «Alois Peters», sagte er.

Der Priester legte die Fingerspitzen gegeneinander und dachte nach. «Man hört dieses und jenes. Persönlich bin ich ihm nur zwei-, dreimal begegnet.» Er sprach langsam, sichtlich bemüht, nichts Unrechtes zu sagen. Er drehte den Kopf zum Fenster. «Ein vielschichtiger Mensch, dieser Alois Peters. Sehen Sie, jede Gemeinschaft braucht einen, den sie verachten kann, einen, den sie – je nach Situation – hasst oder verspottet. Einen, den man im Wirtshaus die Bierlachen von der Theke auflecken lässt, zur allgemeinen Gaudi, und einen, den man als Hauptverdächtigen in Reserve hält, falls einem ehrenwerten Bürger silberne Löffel gestohlen werden sollten.» Er verstummte.

«Ist Peters der Dorftrottel?»

«Nein, der Dorftrottel ist harmlos. Peters scheint mir unberechenbar. Ich denke, dass er im Rauschzustand gewalttätig sein kann. Er ist ungeheuer kräftig, obwohl er etwa siebzig Jahre alt sein muss. Möglicherweise ist er sich seiner Kraft gar nicht bewusst.» Lächelnd fügte er hinzu: «Er erinnert mich an Lennie in Steinbecks Roman ‹Von Menschen und Mäusen›.»

Amberg kramte in seinem Gedächtnis. Dann fiel es ihm ein. Lennie war jener bärenstarke Schwachsinnige, dem alles, was er in seine Riesenfäuste nahm, zerbrach.

«Ist Peters schwachsinnig?»

«Nein, nein», der Priester hob abwehrend beide Hände, «vielleicht hat er ein etwas kindliches Gemüt, aber schwachsinnig ist er ganz gewiss nicht.»

Amberg lächelte ihn boshaft an: «Für einen Theologen fällt es Ihnen ausserordentlich schwer, einen Menschen zu beurteilen.»

Der andere dachte über die Bemerkung nach. «Ja, Sie haben recht», erwiderte er leise, «ich habe Mühe, mich festzulegen. Jedes Problem hat eben zwei Seiten.»

«Mindestens.»

Der Priester schaute ihn misstrauisch an. Dann lachte er. «Sie nehmen mich auf den Arm. Ja, ja, ich bin ein Zauderer. Also ein Urteil wollen Sie?» Er überlegte ein paar Sekunden. «Ein Alkoholiker, denke ich, psychisch heruntergekommen, chaotische Tendenzen, aber gleichzeitig gutmütig. Sicher lenkbar. Eiserne körperliche Konstitution. Zufrieden?»

«Er soll ein Landstreicher sein?»

«Das trifft zu. Er ist oft wochenlang unterwegs. Aber er kehrt immer wieder zurück. Beinwil, das Schwarzbubenland, das ist seine Heimat. Während vieler Jahre soll er auf einem Berghof hier in der Gegend gelebt und gearbeitet haben. Seine alte Meisterin, Marie Howald, ist jetzt in einem Altersheim in Breitenbach. Felix Borer, der den Hof übernommen hat, wollte Peters nicht mehr behalten. So nahm ihn eine religiöse Wohngemeinschaft auf, die in einem verlassenen Gehöft auf halbem Weg zur Hohen Winde lebt.»

«Die Kinder Salomonis?»

«Sie haben schon von Ihnen gehört?»

«Wenig. Die Gemeindeschreiberin meint, es handle sich um eine abstruse Sekte.»

Der Pfarrer lachte. «Was die Leute im Tal nicht begreifen, ist für sie abstrus. Ob die Kinder Salomonis, wie sie sich nennen, streng genommen überhaupt eine Sekte sind, wäre zu untersuchen. Sie müssen wissen», er erwärmte sich für das Thema, «dass der Jura während der Reformationszeit ein Refugium für Aussenseiter war. Die Fürstbischöfe, die bis anno 1792 an der Macht waren, gewährten den von den Bernern verfolgten Wiedertäufern Asyl. Auch Juden durften sich im Fürstbistum ansiedeln. Diese Kinder Salomonis befinden sich in einer guten Tradition.»

Abgesehen davon, dass das Schwarzbubenland nie Teil des Bistums war, sondern im Mittelalter zur Herrschaft Thierstein gehörte und dann von Solothurn erobert wurde, darf man durchaus seine Zweifel haben an der vom Priester angedeuteten Toleranz des fürstbischöflichen Jurastaates. Die geistlichen Herrschaften waren nicht besser und nicht schlechter als die Obrigkeit anderswo. Sie scheuten nicht davor zurück, junge Männer als Söldner an Krieg führende Nachbarn zu verkaufen und unbotmässigen Untertanen den Kopf abschlagen zu lassen. Bei den Wiedertäufern handelte es sich um tüchtige Bauern, die es schafften, sich ganzjährig auf jenen Jurahöhen zu halten, die von der ansässigen Bevölkerung lediglich als Sommerweiden benutzt wurden. Für die Fürstbischöfe in ihrem verschlafenen Kleinstaat waren sowohl die strebsamen Reformierten als auch die Juden willkommene Steuerzahler.

«Für die Leute hier im Lüsseltal», fuhr der Priester fort, «sind die Kinder Salomonis Spinner, Menschen, die anders leben als sie. Aber man lässt sie in Ruhe. Die Gruppe ist patriarchalisch organisiert. Ein gewisser Roland Seefeld, den sie Ätti nennen, steht ihnen vor. Eine archaische Figur. Es sind etwa fünf bis sechs Leute, die ständig dort wohnen, hinzu kommen einige – vielleicht sollte ich Patienten sagen –, die sie aufnehmen, Drogenabhängige oder Alkoholiker, wie Alois Peters. Sie bewirtschaften gemeinsam den Hof und streben offenbar einen möglichst hohen Grad an Selbstversorgung an. Über ihre Philosophie kann ich nichts berichten.» Schmunzelnd ergänzte er: «Bei meinem Antrittsbesuch hat mir Seefeld das Gespräch verweigert. Er nannte mich einen Söldling Roms und wies mir die Türe.»

«Eine letzte Frage: Wissen Sie, womit Peters seinen Lebensunterhalt bestreitet?»

«Mit der Altersrente, nehme ich an.» Vorsichtig: «Er braucht ja nicht viel.»

Amberg bohrte weiter: «Das Gerücht, wonach eine reiche alte Dame aus der Stadt für ihn aufkommt, ist nicht bis zu Ihnen gedrungen?»

Der Priester erhob sich und entgegnete kühl: «Ich bemühe mich, für Gerüchte Endstation zu sein.» Dann, etwas verbindlicher: «Bitte verstehen Sie mich. Meine Versetzung hierher war die Folge von Gerüchten, die man dem Bischof zutrug.»

Auch Jakob Amberg war aufgestanden. Der Weg zu Peters, das war ihm klar, führte über diese seltsamen Kinder Salomonis. Es blieb zu hoffen, dass ihn der Ätti empfing.

Er bedankte sich und liess den Geistlichen mit C.G. Jung und seinem Hermaphroditen zurück. Der Mann wirkte etwas verloren in der düsteren Sakristei.

VI.

Amberg fuhr talaufwärts weiter und bog dann hinter der Postautohaltestelle «Schachen» rechts ab in einen Fahrweg, der zu den einsamen Gehöften am Nordwesthang der Hohen Winde führt. Nachdem er ein Waldstück durchquert hatte, weitete sich der Blick auf die bewaldeten Hügel und Bergweiden des Lüsseltals. Die Gegend kannte er von Kindesbeinen an. Er erinnerte sich an die Erzählungen, mit denen ihm der Vater seinerzeit die langen Wanderungen im Gebiet der Hohen Winde verkürzt hatte. Seit den 1970er-Jahren gab es hier oben auch einen Skilift. An Wintersonntagen, wenn es das Wetter zuliess, kamen Skifahrer nicht nur aus Laufen und Breitenbach, sondern auch aus Delsberg und Basel und vergnügten sich an den verschneiten Hängen. Jetzt allerdings lag die Gegend verlassen da. Der Föhn trieb weisse, wie frisch gewaschene Wolkenfetzen über den lichtblauen Himmel. Das Frühjahr feierte sein Fest für Amberg, für ihn und für ein Mädchen, das auf einer Wiese Blumen pflückte. Sie mochte siebzehn oder achtzehn Jahre alt sein. Er hielt den Wagen an und stieg aus. Die Luft war erfüllt vom betäubenden Duft wilder Narzissen.

«Was wollen Sie in unserem Tal?», fragte sie. Ihre Stimme klang, als hätte er sie aus einem Traum geweckt. Sie war aufgestanden und schaute ihn an. Grosse, braune Kinderaugen. Sie war kleiner als er und wirkte in ihrem handgewebten Kleid sehr schmal und zerbrechlich. Langes, braunes Haar fiel offen auf ihre Schultern. Sie presste die Blumen an ihre Brust, als hätte sie Angst, er könnte sie ihr wegnehmen.

Vorwurfsvoll sagte sie: «Wir mögen keine Autos. Sie stören den Frieden.»

Amberg lächelte: «Das nächste Mal werde ich zu Fuss kommen.»

Neugierig musterte sie ihn. «Ich glaube Ihnen nicht. Sie stammen aus einer anderen Welt. Sie leben nicht im Einklang mit der Schöpfung.»

Dazu gab es nichts zu sagen.

«Kunstfasern.» Zart wie ein Schmetterling berührten ihre Fingerspitzen sein Jackett. «Nicht wahr, Sie wissen nichts vom Mysterium?»

«Von welchem Mysterium?»

Sie schaute ihn listig an. «Das verrate ich nicht. Ich sage nur: Salomons zerstörter Tempel wird in neuer Herrlichkeit erstehen.»

Das Mädchen, das offenbar zu den Kindern Salomonis gehörte, war eine von jenen, die nach den Sternen greifen, während ihnen der Boden längst unter den Füssen entglitten ist. Durchaus poetisch, gefangen im Zauber der Pubertät. Vielleicht für ein ganzes Leben. Der Wind bewegte ihr Haar.

Amberg sagte: «Möglicherweise suche ich das Mysterium.»

Ein Lächeln huschte über ihr mageres Gesicht. Sie dachte nach. Ernsthaft. Das Lächeln zersprang in tausend Stücke. «Ich werde nicht klug aus Ihnen. Aber ich schenke Ihnen eine Blume.» Sie reichte ihm eine Narzisse.

Er roch daran. Marianne Hochstrasser fiel ihm ein und der Kranz für Karl Peters, das Tödlein.

«Das war doch nicht falsch?», fragte sie ihn ängstlich.

«Nein.» Zögernd: «Ich habe erst gestern viele Narzissen gesehen. Sie waren für einen Toten bestimmt.»

«Die Narzisse ist die Blume des Lichtes», erklärte sie monoton, als wiederhole sie einen Satz, den man ihr eingetrichtert hatte, «sie steht für die Überwindung des Todes, der das Tor ist, das zum Leben führt, in den Tempel, der zerstört und wieder aufgebaut wird. Wenn jemand stirbt ...» Sie brach den Satz ab und betrachtete ihn misstrauisch. «Was wollen Sie von mir?»

«Können Sie einen Kranz binden?», fragte Amberg.

Sie lachte hell auf. «Hochzeitskränze, Adventskränze, Friedhofskränze. Ich habe geschickte Finger. Sie können alles.» Sie streckte ihm stolz ihre beiden Hände entgegen.

«Wann haben Sie zum letzten Mal einen Kranz gemacht?»

Wieder dachte sie angestrengt nach. Sie war das offensichtlich nicht gewohnt. «Vor hundert Jahren. Übervorgestern. Die Zeit ist nicht wichtig.»

«Vielleicht am 7. oder 8. April?»

Sie biss sich auf die Lippen. Die Frage verwirrte sie.

Amberg liess nicht locker. «Wie viele Male haben Sie seither geschlafen? Denken Sie an den Kranz mit dem feuerroten Band.»

«Oh, den?» Wieder das Lächeln, das wie ein ungebetener Gast auf ihrem Gesicht erschien. Sie schloss die Augen und bewegte die Lippen. «Sechsmal», sagte sie schliesslich und schaute ihn zweifelnd an, «ganz bestimmt. Sechsmal, Sie müssen mir glauben. Ich lüge nicht.» Mit einer Kraft, die er ihr nicht zugetraut hätte, umklammerte sie seinen Arm und fügte schrill hinzu: «Fragen Sie ihn, er weiss, dass ich nicht lüge.»

Ein Mann, begleitet von einem Hund, hatte sich genähert und stand nun vor ihnen. Roland Seefeld, der Ätti der Kinder Salomonis. Er musste es sein. «Lass den Herrn los, Meret, und geh zurück zum Hof.» Eine befehlsgewohnte Stimme.

Das Mädchen, das Meret hiess, gehorchte sofort. Ihr Griff lockerte sich und sie lief leichtfüssig davon. Amberg schaute ihr schweigend nach.

Seefeld war stehen geblieben. Sein Hund, ein grosser Dürrbächler mit zottigem Fell, geifernden Lefzen und rot unterlaufenen Augen, legte sich ins Gras. Sie nahmen sich gegenseitig unter die Lupe, der Ätti und Jakob Amberg. Mit seinem grauen Wuschelkopf und dem Rauschebart, im schlotzigen Pullover, den verwaschenen Jeans und den Militärschuhen konnte Seefeld als Hippie-Spätlese durchgehen, als handgestrickter Freak, vielleicht auch als «Wildmannli», klein und gedrungen, wie er war. Ein Charakterkopf, ohne Zweifel, mit holzschnittartigen, markanten Gesichtszügen. Der Pfarrer hatte ihn als archaische Figur bezeichnet. Das traf zu. Faszinierend seine strahlend blauen Augen. Amberg konnte verstehen, dass sich Jünger um ihn scharten. Am Mittelfinger der rechten Hand trug er einen Siegelring. Gold und ein dunkelvioletter Amethyst, in den irgendwelche Zeichen eingegraben waren. Er war wohl eine jener Persönlichkeiten, die hinter ihrer ausgeflippten Fassade einen unbezähmbaren Hang zum Autoritären verbargen. Ein Herrgöttlein.

«Was haben Sie bei uns zu suchen?», fragte er drohend. «Lassen Sie die Finger von der Meret! Den Frauen der Gemeinschaft ist es nicht erlaubt, sich mit unbekannten Männern einzulassen!» Der Hund zu seinen Füssen gähnte und schaute den Fremden, der ins Revier dieser seltsamen Sekte eingedrungen war, durch halbgeschlossene Lider an.

Amberg erwiderte, es sei wohl eher das Mädchen, das seine Finger nicht von ihm lassen wolle, so wie es seinen Arm umklammert habe. Im Übrigen sei er seinetwegen gekommen, falls er der Herr Seefeld sei.

«Ich bin der, den die Erbauer des Tempels ihren Ätti nennen», sagte er ernst und schaute ihn an, blauäugig, strahlend.

Amberg schluckte. Wahrscheinlich waren hier alle ein wenig verrückt. «Dann können Sie mir womöglich sagen, wo ich Alois Peters finde. Er soll einer Ihrer Schützlinge sein.»

Seefelds Augen wurden schmal und misstrauisch: «Was wollen Sie vom Alois?»

«Ich habe etwas mit ihm zu besprechen. Eine Erbschaftsangelegenheit.»

«Das können Sie mit mir bereden.» Herrisch: «Ich vertrete ihn in diesen Dingen.»

Amberg schüttelte den Kopf. «Der Mann steht nicht unter Vormundschaft. Ich muss ihn persönlich sehen.»

Der Einwand geriet Seefeld in den falschen Hals. Alois sei ein verirrtes Lämmlein und bedürfe der Führung, fauchte er. Der Herr halte durch ihn, den Ätti, seine Hand schützend über Peters und er (es war unklar, ob er Gott oder sich selbst meinte) werde ihn (Alois) vor den Mächten der Finsternis zu schützen wissen.

Amberg lachte. Der Gedanke, eine Macht der Finsternis zu sein, amüsierte ihn.

Der Hund hob den Kopf und knurrte. Ein tiefes, gefährliches Donnergrollen. Amberg erschrak. Er hatte keine Lust, sich mit ihm anzulegen. Ein Dürrbächler ist schliesslich ein Vieh von der Grösse eines Bernhardiners.

«Ruhig Bless!», sagte Seefeld scharf. Und zu Amberg: «Wohl dem, der nicht wandelt im Rat der Gottlosen noch tritt auf den Weg der Sünder, wo die Spötter sitzen … Ihnen wird das Lachen noch im Hals stecken bleiben.» Mit schreiender Stimme: «Ersticken sollen Sie daran! Glauben Sie nicht, Sie dürften mit den Kindern Salomonis Ihren Spott treiben. Ich habe die begehrlichen Blicke gesehen, die Sie auf Meret richteten. Mir graut vor dem Unheil, das Sie über Alois und unsere Gemeinschaft bringen wollen. Satanas weiss sich vieler Listen zu bedienen, aber er, der die Lilien auf dem Felde schützt, wird auch die Unschuldigen behüten, die auserwählt sind, den Tempel abzureissen und in neuer Herrlichkeit wieder zu errichten.»

Er war paranoid. Zweifellos. In seinen Augen flackerte jenes irre Feuer, dem vor Zeiten die Inquisition Ketzer überantwortet hatte. Amberg würde sich vorsehen müssen. Der Ätti war imstande, ihn seinem riesigen Sennenhund zum Frass vorzuwerfen. Ihm war mulmig zumute. Dennoch fragte er: «Welches Unheil sollte ich über Herrn Peters bringen?»

Obwohl kleiner als Jakob Amberg, gelang es dem anderen, ihn gewissermassen von oben herab zu betrachten. Überlegen sagte er: «Meinen Sie, wir wüssten nicht, dass die göttliche Gerechtigkeit Alois' Vater gestraft hat, diesen Verworfenen, der sein eigen Fleisch und Blut verleugnet hat?»

«Möge seine Seele im ewigen Höllenfeuer erkennen und bereuen, was sie Böses bewirkt hat.»

Darauf erwiderte Seefeld zunächst nichts. Er starrte Amberg lediglich an. Unendlich misstrauisch. Schliesslich meinte er mürrisch: «Ich weiss nicht, wovon Sie reden.»

«Sie verstehen mich sehr gut. Ich rede vom Kranz, den Meret gebunden hat, und vom Spruch auf dem roten Band.»

«Ich weiss gar nichts», wiederholte er ausser sich, «ich weiss nur, dass Sie gekommen sind, um Alois mit einem Linsengericht um sein Millionenerbe zu betrügen. Und jetzt gehen Sie oder ich hetze Bless auf Sie!» Der Hund hatte sich knurrend erhoben.

Ohne das Tier aus den Augen zu lassen, zog sich Amberg zum Auto zurück. Er stieg ein und verriegelte die Türe.

«Fahr zur Hölle!», schrie Seefeld. Der Hund bellte wütend. Amberg liess den Motor an und wendete den Wagen. Im Rückspiegel sah er, wie ihm der Ätti mit der Faust drohte.

Der Mann wusste viel, zu viel. Dass er über die Verwandtschaft von Alois und Karl Peters im Bild war, machte ihn noch nicht verdächtig. Auch nicht, dass er Kenntnis hatte vom Tod des alten Bauern und eine Vorstellung über das Millionenvermögen, das Klosterzelg verkörperte. Darüber hatte man in der «Basler Zeitung» lesen können, vermutlich auch in anderen Blättern. Aber die Sache mit dem Kranz, der offensichtlich auf dem Hof der Kinder Salomonis angefertigt worden war, machte deutlich, dass Roland Seefeld bereits vor der Tat wusste, dass Peters ermordet würde. Rechnete man die Fahrzeit in die Stadt und schätzungsweise zwei bis drei Stunden für die Herstellung des Gebindes, so musste Meret die Arbeit allerspätestens in den frühen Morgenstunden aufgenommen haben, möglicherweise sogar am Vorabend des 8. April, damit er um 10 Uhr Marianne Hochstrasser übergeben werden konnte.

Zu denken gab ferner Seefelds Behauptung, Amberg wolle Alois Peters mit einem Linsengericht um sein Erbe bringen. Auch wenn diese Unterstellung im Detail falsch war, so liess sich nicht bestreiten, dass Salvi versuchte, Klosterzelg mit allen Mitteln in den Besitz der Sartorius-Schenkung zu bringen. Der Ätti war mit Bestimmtheit in den Fall verwickelt und es würde interessant sein, zu beobachten, wie die Staatsanwaltschaft mit dieser Tatsache umging. Dachte Jakob Amberg. Noch immer gab er sich der Illusion hin, er sei lediglich Zuschauer bei diesem Millionenspiel. Es war inzwischen etwa 16 Uhr. Beinwil träumte vor sich hin. Kein Mensch war zu sehen, ausser dem Pfarrer, der am Strassenrand stand, als warte er auf irgendjemanden. Amberg hielt an und liess das Fenster hinunter.

Der Priester lächelte: «Haben Sie Alois Peters gefunden?»

«Leider nicht.» Amberg erwiderte das Lächeln: «Ich habe nicht einmal den Hof der Kinder Salomonis gesehen. Ätti Seefeld hat mich schon vorher abgefangen.»

«Ja, er sieht Besucher nicht gern. Ich habe Sie gewarnt.»

«Das haben Sie.» Und nach einer kurzen Pause: «Was wissen Sie vom Tempel Salomons?»

«Der wird ihm nur zugeschrieben. Vermutlich wurde er erst zweihundert Jahre nach seinem Tod auf dem Berg Zion erbaut. Um 600 vor Christus liess ihn der babylonische König Nebukadnezar II. bei der Eroberung Jerusalems zerstören.»

«Aber das Wort vom Tempel, der abgerissen und wieder aufgebaut wird, stammt von Jesus, nicht wahr?»

«Ach, hat man im Tal oben Ihr Interesse für Theologie geweckt? Johannesevangelium, Kapitel 2, Vers 19.» Er zitierte aus dem Kopf: «Brecht diesen Tempel ab und in drei Tagen will ich ihn aufrichten.» Und nach einer Pause: «Er meinte damit seinen Leib, eine Anspielung auf seinen Tod und die Auferstehung an Ostern. Warum fragen Sie?»

«Nur so.» Amberg hob grüssend die Hand. «Nochmals vielen Dank für das Gespräch heute Mittag.»

«Ich habe zu danken», sagte der Priester, «es brachte eine willkommene Abwechslung in meine einsamen Tage. Auf ein andermal.»

Als Amberg auf der engen Strasse der Lüssel entlang talabwärts fuhr, dachte er an Roland Seefeld, genauer an dessen Siegelring. Und dann fiel ihm «Das Testament Salomons» ein, eine Schrift mit vorchristlich-jüdischem Inhalt, die bei der Entstehung der Bibel nicht in die Sammlung aufgenommen worden war. Es handelte sich um eine Erzählung, in der Gott dem König einen Ring schenkte, der ihm die Herrschaft über eine Anzahl Dämonen ermöglichte. Der Legende nach soll Salomon ihnen befohlen haben, beim Bau des Tempels zu helfen. Das war ohne Zweifel Stoff von jener Sorte, die im verqueren Hirn eines Sektenführers zu einer neuen Lehre gerinnen kann. Den Tempel brechen und wieder aufrichten. Dieser Satz schien für die Philosophie Seefelds von zentraler Bedeutung zu sein. Die Persönlichkeit seiner Jünger brechen und neu formen, nach seinem Ebenbild. Vielleicht war es das, wozu ihn seine Hybris verführte: bei Meret? Bei Alois Peters? Vielleicht glaubte er gar, Herr über Leben und Tod zu sein, berechtigt, einen Tempel endgültig zu brechen, wie Karl Peters. Ambergs Gedanken uferten aus. Er schimpfte laut vor sich hin, nannte den Ätti einen psychotischen Guru, einen Mordbuben, einen Schlagetot.

In Erschwil parkierte er seinen Renault vor dem Gasthaus. Als er eintrat, verstummten die Gespräche. Ein paar Bauern und Handwerker hatten sich zum abendlichen Schoppen getroffen. Mit unverhohlener Neugierde starrten sie ihn an. Die meisten von ihnen hatten fast schwarze Haare. «Da bin ich ja mitten unter die Schwarzbuben gefallen», dachte Amberg amüsiert. Weil er selbst im benachbarten Laufental aufgewachsen war, kannte er die zahlreichen Theorien, die zu erklären versuchten, weshalb man die solothurnischen Gebiete diesseits des Passwangs Schwarzbubenland nannte. Da waren einmal Geschichten über Jugendliche, die sich zur Zeit der Landvögte die Gesichter geschwärzt hatten, um sich unerkannt gegen die Obrigkeit aufzulehnen. Dann war von illegal, also schwarz gebranntem Kirschenschnaps die Rede und von Schmugglern, die früher Waren schwarz über die Grenze ins benachbarte Elsass gebracht hatten. Wohl am abenteuerlichsten aber war die Behauptung, dass die Häufung von schwarzhaarigen Menschen auf eine direkte Verbindung mit der keltoromanischen Bevölkerung hinweise, die vor der alemannischen Landnahme hier gelebt haben soll.

Er setzte sich an einen freien Tisch und bestellte eine Kleinigkeit zum Essen. Das Interesse der Einheimischen an ihm erlahmte. Sie hatten sich vorderhand sattgesehen und nahmen ihre Unterhaltung wieder auf.

Während er ass, betrachtete er das Bild des Generals an der Wand. Ein Herrenreiter von anno 1939 bis 1945, der streng und zugleich väterlich über die Anwesenden hinwegblickte. Daneben, ebenso unvermeidlich für Wirtshäuser dieser Art, die Glasvitrine, in welcher der dörfliche Schützen- oder Turnverein seine Trophäen aufbewahrt: Becher, Plaketten und Medaillen, nebst Fotos von Mitgliedern und Ehrenmitgliedern, umrahmt von rotwangigen Trachtenmädchen.

Als er ihm den Kaffee brachte, fragte Amberg den Wirt, ob er Alois Peters kenne und falls ja, ob er wisse, wo er sich zurzeit befinde.

«Der Alois?» Der Mann kratzte sich am Kopf. «Das wird schwierig sein.» Er dachte nach. «Vor gut einer Woche war er zum letzten Mal da. Hat einer von euch», er erhob die Stimme und wandte sich an die anderen Gäste, «kürzlich den Alois gesehen?»

Einer sagte: «Der Lumpenhund wird sturzbesoffen in einem Strassengraben liegen.»

Man lachte.

«Wenn er nicht gerade eine der Betschwestern bei den Stündelern vögelt», krähte ein anderer.

Heiterkeit breitete sich aus.

«Der weiss doch nicht, wie das geht», grölte ein Dritter, «der glaubt doch noch immer, der Schwanz sei nur zum Pissen da.»

Der Stammtisch brüllte vor Lachen.

Amberg sagte: «Ich suche Herrn Peters in einer Erbschaftsangelegenheit. Weiss wirklich niemand, wo er steckt?»

Die Heiterkeit erstarb. Mit einem Schlag. Man starrte ihn an. Feindselig. In die Gesichter kroch ein misstrauisch verschlagener Ausdruck. Man wartete auf weitere Informationen.

Amberg schwieg. Dann sagte er zum Wirt: «Alois Peters hat es nicht einfach hier?»

Der andere vermied es, ihn anzusehen. «Er ist eben keiner von uns», brummte er, «ausserdem …», er tippte mit dem Zeigefinger gegen die Stirn.

Er ist eben keiner von uns. Wenn nicht schon der Urgrossvater im selben Dorf begraben ist, gehört man nicht dazu. Seit einem halben Jahrhundert lebte Peters im Lüsseltal und war keiner der ihren, kein Schwarzbube. «Vermutlich hatte er keine dunklen Haare, wie die meisten, sah etwas anders aus, nicht wie ein Nachfahre der alten Kelto-Romanen», dachte Amberg. Kam hinzu, dass er soff und nicht mehr ganz richtig im Kopf war.

«Peters erscheint wohl häufig im Wirtshaus?», fragte er.

«Wenn er nicht auf der Walz ist. Hat aber meistens kein Geld.»

«Das könnte sich ändern.» Amberg schrieb seinen Namen und seine Telefonnummer auf einen Bierdeckel und gab ihn dem Wirt, zusammen mit einer Fünfzigfrankennote. «Benachrichtigen Sie mich bitte umgehend, wenn er bei

Ihnen auftaucht. Es liegen weitere hundert Franken drin, wenn Sie ihn so lange hinhalten, dass ich von Basel herfahren kann, um mit ihm zu sprechen.» Bisher hatte er noch nie jemanden gegen Geld um einen Gefallen gebeten. Es roch nach Bestechung.

Aber das störte offenbar nur ihn. Der Mann liess den Schein in die Hosentasche gleiten. Er blinzelte ihm zu. «Sie können sich auf mich verlassen, Herr Doktor.»

Herr Doktor – so rasch promovierte man bei den Schwarzbuben.

Der Wirt setzte sich unaufgefordert zu Amberg. «Darf man den Herrn etwas fragen?»

«Bitte!»

«Beerbt der Alois die Madame?»

«Welche Madame?»

«Sie wissen schon», er senkte die Stimme, «die reiche Dame aus der Stadt, die für ihn zahlt.»

War sie doch mehr als ein Gerücht, diese Frau? «Ach, kennen Sie sie?»

«Gesehen hat sie keiner im Tal. Höchstens die Howald Marie, aber die versteht zu schweigen.»

Marie Howald, fiel Amberg ein, war die Bäuerin aus Beinwil, die jetzt im Altersheim unten in Breitenbach wohnte. Sie war vor Jahren die Meisterin von Alois Peters gewesen. «Sie meinen, Madame habe für Peters ein Kostgeld bezahlt?»

«Aber sicher» (offensichtlich nahm der Wirt an, er sei Madames Testamentsvollstrecker), «gratis hat die Marie diesen Süffel nicht ertragen. Weshalb fuhr der Posthalter einmal im Monat zu ihr?»

«Sie glauben …»

«Natürlich. Mindestens tausend. Immer am 30. Als der Borer Felix den Hof übernahm, hat ihm die Marie empfohlen, den Alois zu behalten. An dem könne er noch reich werden, soll sie gesagt haben. Aber er wollte nicht. Um kein Geld in der Welt war er bereit, mit diesem Vaganten unter demselben Dach zu wohnen.»

«Darum kam Peters zu den Kindern Salomonis?»

«Sicher!» Der Wirt grinste. «Denen macht doch ein Spinner mehr oder weniger nichts aus, solange für ihn bezahlt wird.»

VII.

Was Jakob Amberg in Erfahrung gebracht hatte, war wohl zu wenig, um seinen Chef zufriedenzustellen. So entschloss er sich, mit der ehemaligen Meisterin von Alois Peters ins Gespräch zu kommen. Unmerklich war er nun doch in die Rolle des Detektivs geschlüpft und sie machte ihm inzwischen sogar Spass. Wahrscheinlich hat jedes Problem, das gelöst werden soll, ein spielerisches Element und Amberg neigte dazu, die Informationen, die er bisher erhalten hatte, als eine Art Kreuzworträtsel zu betrachten. Fast zufällig stösst man auf zwei, drei Antworten, man beginnt zu überlegen und mit einem Mal bedeuten die leeren weissen Felder eine Herausforderung, der man sich stellen will. Der Spieltrieb wird zur Leidenschaft, der man alles andere unterordnet.

Die Aufklärung eines Mordes ist kein Kreuzworträtsel. Aber das begriff er damals noch nicht.

Die Fahrt von Erschwil nach Breitenbach dauert weniger als zehn Minuten und so kam es, dass Amberg gegen 17 Uhr in der Cafeteria des Altersheims sass und auf Marie Howald wartete. Das Haus, ein gelungener Zweckbau, liegt im Grünen auf einer Höhe über dem Dorf. Man hat von hier einen weiten Blick über das Laufener Becken nach Südwesten. Der Horizont wird durch einen Kamm begrenzt, über den ein Wanderweg zum Welschgätterli führt und weiter ins französisch sprechende Val Terbi.

Die Dame am Empfang gab Amberg Auskunft: Frau Howald befinde sich in der Pflegeabteilung. Eine Betreuerin werde sie bringen.

Marie Howald. Sie hätte die Schwester des Tödleins sein können, wie sie so neben ihm in ihrem Rollstuhl sass. Haut und Knochen. Sie schien aus nichts anderem zu bestehen. Unter den gelblichen Wangen schimmerte violett ein fein gesponnenes Netz von Äderchen. Ihre Hände zitterten. Ein gekrümmtes, armes Häuflein Mensch, der Rest eines Beinwiler Bauernlebens. Mit einem Löffel schob ihr Amberg Mousse au Chocolat zwischen die blutleeren Lippen. Ihre Pflegerin, ein kaum zwanzigjähriges Mädchen aus der Gegend, hatte ihn gebeten, ihr beim Essen behilflich zu sein, falls er ihr ein Dessert spendieren wolle. «Unsere Marie liebt Süssigkeiten, aber sie bekleckert sich, weil ihre Hände zittern.»

Unsere Marie. Die Frau, auf deren Hof Alois Peters über vierzig Jahre verbracht hatte.

Fünf Alte in Rollstühlen hatte man an die Fensterfront der Cafeteria geschoben und nun hingen sie in den Gurten, einer neben dem anderen, wie triste Rabenvögel auf der Telefonleitung. Sie starrten hinaus in die Landschaft. Niemand kümmerte sich um sie. Wie auch? Das Personal war knapp und wurde im Hausdienst eingesetzt oder für die Pflege der bettlägerigen Patienten, die man Gäste nannte.

Marie Howald streckte den Kopf vor, ruckartig wie ein Vögelchen, und schleckte die Creme vom Löffel. Erst nachdem der Teller blank geputzt war, schaute sie ihn an. «Wer seid Ihr?» Sie hatte eine dünne, argwöhnische Stimme.

Amberg stellte sich vor.

«Was wollt Ihr?»

Das sei nicht einfach zu erklären, er sei auf der Suche nach Alois Peters.

«Der taugt nichts!», sagte sie böse, kam dann aber doch ins Reden und erzählte von Alois, wie von einem missratenen Sohn oder einem störrischen Maulesel. Sie schweifte in Einzelheiten ab. Je weiter die Ereignisse zurücklagen, umso genauer erinnerte sie sich. Ihr Langzeitgedächtnis funktionierte, erlaubte es ihr, Vergangenes wieder und wieder zu erleben. Körperlich war sie ein Wrack, die ehemalige Bäuerin, eine, die zu nichts mehr tauge, wie sie bitter erklärte. Und so, wie sie ihrem Körper untersagte, am Heimalltag teilzunehmen, verweigerte sie sich auch psychisch der Gegenwart. Sie schien jeden Gedanken ans Hier und Jetzt aus dem Kopf gestrichen zu haben. Amberg war ihr eine Brücke zur Vergangenheit. Mehr nicht. Manchmal unterbrach sie ihren Redefluss, betrachtete ihn erstaunt und wiederholte die beiden Fragen, mit denen sie das Gespräch eingeleitet hatte: «Wer seid Ihr?» und «Was wollt Ihr?»

Sie nannte Daten. 1916 geboren, war sie um sechs Jahre älter als das Tödlein. 1935 hatte sie geheiratet. Vier Jahre später war sie bereits Witwe. Ihr Mann war bei einem Unfall ums Leben gekommen. Das war 1939, als der Krieg ausbrach und alle wehrpflichtigen Männer in die Armee einberufen wurden. Marie zog ihre beiden Töchter allein auf und bewirtschaftete den Hof, so gut es eben ging. Manchmal half ihr ein alter Mann aus dem Dorf. Während der Erntezeit erhielt der Knecht Urlaub. Alles in allem scheint es keine schlechte Zeit gewesen zu sein. Marie war unabhängig geworden und hatte bewiesen, dass sie fähig war, sich selbst zu helfen.

Um 1960 war der zwanzigjährige Alois Peters von seinem Vormund auf ihren Hof gebracht worden. Direkt aus der Arbeitserziehungsanstalt. Er war damals ein mageres Bürschchen, verwahrlost und mit dem Gebaren eines geprügelten Hundes. Man hatte sich darauf geeinigt, dass der junge Mann bei freier Kost und Logis für ein Taschengeld als Knechtlein beschäftigt wurde.

Nein, er taugte nicht viel, hatte nicht gelernt zu arbeiten, auch in der Anstalt nicht. Bei den Mahlzeiten allerdings, wenn es galt, den Teller hinzuhalten, war er der Erste. Sein Geld, kaum hatte er es bekommen, vertrank er im Wirtshaus. Aber Marie Howald, inzwischen vierundvierzigjährig, regierte den Hof mit harter Hand. Sie hatte sich rasch auf den neuen Kostgänger eingestellt. Es gab Arbeit genug und Alois wurde in die Pflicht genommen. Sie scheute, scheint es, nicht davor zurück, ihren Forderungen auch einmal mit einer Ohrfeige Nachdruck zu verschaffen, und wenn der Junge aufmuckte, liess ihm Marie durch den Knecht eine Tracht Prügel von jener Sorte verpassen, die man so schnell nicht vergisst. Alois lernte eine neue Realität kennen: Wer nicht schaffen will, braucht auch nicht zu fressen. Die Zeit der gefüllten Teller war rasch vorbei. Vorbei auch das Saufen. Er bekam Wirtshausverbot, wurde nicht mehr bedient, selbst wenn er zahlen konnte. Marie hatte das arrangiert. Zwei-, dreimal riss er aus, wurde aber bald wegen Landstreicherei aufgegriffen und verbrachte ein paar Tage in der Gefängniszelle des Polizeipostens von Breitenbach, wo man mit seinesgleichen umzugehen wusste. Dann wieder Beinwil. Die Arbeitserziehung durch Marie Howald war rüde, aber sie schlug an. Nach einigen Monaten spurte Alois.

Er resignierte. Das Erwachsenenleben erwies sich als Fortsetzung seiner Jugendjahre. Herumgestossen, verachtet. Im Wirtshaus, das er inzwischen wieder aufsuchen durfte, wurde er geduldet. Als Witzfigur. Man wollte sich ausschütten vor Lachen, wenn ihn die Meisterin laut schimpfend aus der Gaststube holte.

«Sie haben Alois Peters geschlagen, Frau Howald, einen jungen Mann. Warum wehrte er sich nicht?»

«Ein Mann?» Sie kicherte bösartig, greisenhaft. «Ein Mann, ein Schlappschwanz war er! Er taugte nichts. Nicht einmal im Bett!»

Amberg schluckte. «Sie haben mit ihm geschlafen?»

Sie blinzelte ihn an. Ein altes Hutzelweibchen. «Ich war allein, die Männer im Dorf waren alle in festen Händen. Man wollte auch leben und ab und zu etwas zwischen den Beinen haben.»

Alois war ein Versager. Auch sexuell. So liess sie es sich vom Meisterknecht besorgen, der auf Heirat hoffen mochte. Vergeblich. Marie hatte an ihrer Selbstständigkeit Gefallen gefunden. Den Knecht hielt sie sich warm. Und Alois durfte bleiben. Als Knechtlein.

Die Jahre kamen und gingen. Alois fiel in den alten Schlendrian zurück, verrichtete die ihm zugewiesene Arbeit mehr schlecht als recht, maulte auch mal ab und zu. Halbherzig. Ein geprügelter Hund eben. Wenn er den Rappel bekam, liess man ihn gehen. Oft war er wochenlang unterwegs, kehrte aber immer wieder zurück. Mit eingekniffenem Schwanz, behauptete Marie Howald. Eigentlich habe sie ihm das Gnadenbrot gegeben.

Die Buffettochter kam an ihren Tisch. Ob sie noch etwas wünschten.

«Noch ein Dessert», bestellte die alte Frau. Während Amberg sie erneut fütterte und ihr mit der Serviette das Kinn säuberte, schwieg sie. Sie ass gierig. Wie ein Kind mit unstillbarem Süssigkeitshunger.

Inzwischen schob eine Frau, die offenbar zum Hausdienst gehörte, die fünf Alten in ihren Rollstühlen vom Fenster weg. Sie musste den Boden mit einem feuchten Lappen reinigen. Wie Mobiliar zur Seite gerückt, warteten sie unglücklich, bis sie wieder auf die Landschaft jenseits der Scheiben starren durften.

Marie Howald hatte fertig gegessen.

Amberg fragte: «Warum haben Sie Alois Peters auf dem Hof behalten?»

«Wer seid Ihr?» Sie musterte ihn, als nähme sie ihn jetzt erst wahr.

«Ich heisse Jakob Amberg», wiederholte er zum vierten oder fünften Mal.

«Wie der Erzvater?»

«Er ist mein Namenspatron.»

«Was wollt Ihr?»

«Ich möchte wissen, weshalb Sie Alois Peters das Gnadenbrot gegeben haben, obwohl er nichts taugte.»

«Ja, ja», wiederholte sie weinerlich, «das Gnadenbrot, bis ich hierher ins Asyl kam, vor drei Jahren.»

«Weshalb gaben Sie ihm das Gnadenbrot, Frau Howald?»

«Weil ich es versprochen habe.»

«Wem haben Sie es versprochen?»

«Wer seid Ihr?»

«Die Dame, die für Alois ein Kostgeld bezahlt hat, kam sie oft auf den Hof?»

«Was wollt Ihr?» Dieses Mal schien ihre Frage ein Ablenkungsmanöver zu sein, sie hing nicht mit ihrem schlechten Kurzzeitgedächtnis zusammen. Amberg fiel Salvi ein, der es für möglich hielt, dass die ominöse Frau, die für Alois bezahlte, seine Mutter sei.

«Hatte Alois Peters Eltern?»

«Schafskopf!», entfuhr es ihr, wieder mit einem greisenhaften Kichern, «jeder Mensch hat Eltern. Sein Vater soll ein steinreicher Bauer in der Stadt sein.» Sie sagte nicht «gewesen sein». Folglich wusste sie nichts von Karl Peters Tod. «Er hat sich aber nie um ihn gekümmert, ist nie zu mir auf den Hof gekommen.» Dann schwieg sie.

«Und seine Mutter?»

Sie schaute ihn an. Unendlich misstrauisch. Ihre Lippen wurden zu einem dünnen Strich.

Amberg wartete.

«Ich weiss, was ich weiss.»

Die alte Frau starrte an ihm vorbei, als wage sie es nicht, ihn anzusehen. Wie ein ertapptes Kind.

Er hakte nach. «Seine Mutter hat also dafür bezahlt, dass er sein Gnadenbrot bei Ihnen essen durfte?»

«Sie hätte ihn ja selbst aufnehmen können», keifte Marie Howald, «reich genug ist sie. Fährt in einer Staatskarosse herum, mit Chauffeur, und mich speist sie mit einem Trinkgeld ab.» Erschrocken schaute sie ihn an und fügte erregt hinzu. «Sagen Sie ihr nicht, dass ich geredet habe, verraten Sie mich nicht. Um der Liebe Christi willen.»

«Beruhigen Sie sich!» Amberg streichelte ihre zitternden Hände. «Beruhigen Sie sich!»

«Schwören Sie, dass Sie ihr nichts sagen!»

«Ich schwöre es!» Die Situation begann, ihm zu entgleiten. Die alte Frau war ausser sich. Sie zitterte am ganzen Körper. Alles Blut war aus ihrem Kopf gewichen. Ihr Atem ging stossweise.

Dennoch stellte er die nächste Frage: «Wer ist sie?»

Marie Howald wusste sich nicht anders zu helfen: Sie begann zu schreien. Ein leiser Ton erst, tief unten in der Kehle, der dann aber anschwoll, kreischend, schrill wurde, unterbrochen nur vom Luftholen. Die fünf Alten in den Rollstühlen hoben die Köpfe. Die Buffettochter griff zum Telefon, aber schon kamen zwei Schwestern, die sich besorgt über das schreiende Weiblein beugten. Eine von ihnen eilte davon, wohl um Medikamente zu holen. Die andere wandte sich an Amberg: «Wie konnte das passieren?»

«Ich befürchte, dass ich etwas gesagt habe, was sie aus der Fassung brachte.»

Marie Howald richtete die Augen auf ihn. Durchdringend und – nein, er täuschte sich nicht – boshaft. Ihr Schreien wurde noch lauter.

«Sie gehen wohl besser», sagte die Schwester.

Er zögerte.

Marie kreischte und starrte ihn unverwandt an.

Die Schwester wurde ungeduldig und machte ihrem Ärger Luft: «Nun gehen Sie doch endlich! Ihre Anwesenheit verschlimmert alles!» Sie packte ihn am Oberarm und setzte damit den Schlusspunkt hinter Ambergs Ausflug ins Schwarzbubenland.

Dienstag, 12. April. Innerhalb von nicht einmal hundertzwanzig Stunden hatte Jakob Amberg den Tod von Karl Peters erlebt, war mit Marianne Hochstrasser ins Bett gegangen und hatte die zweifelhafte Bekanntschaft von Dr. Breitenmoser, dem Staatsanwalt und seinem Kommissar, Kammermann, gemacht. Ferner war er mit einem vom Bischof bestraften Pfarrer und mit einem Dorfwirt ins Gespräch gekommen. Er war in die seltsamen Welten von Meret und Ätti Seefeld eingedrungen und hatte schliesslich Marie Howald kennengelernt. Eine Menge Leute und dennoch – Alois Peters und seine Mutter hatten sich, um es einmal so auszudrücken, seinem Zugriff entzogen. Sie blieben vage Schatten in einem grossen Rätselspiel, das zu lösen er sich verstiegen hatte.

Er setzte sich ins Auto und fuhr über Zwingen und Aesch nach Muttenz, wo er den Wagen auf die sechsspurige A2 lenkte. Vor ihm lag Basel: eine Riesenkrake aus Asphalt und Beton, die sich zu beiden Seiten des Rheins in die Landschaft krallt, sie erstickt und sich immer weiter ausbreitet. Auf alle Seiten. Ein einziger Grossraum, regiert von den Behörden zweier Schweizer Kantone, eines französischen Departements und eines deutschen Bundeslandes. Als schäme sie sich ihrer selbst, hatte sich die Stadt in eine Dunstglocke gehüllt, die wie ein Weichfilter ihre Konturen unscharf machte. Am Horizont, im gedämpften Licht des späten Nachmittags der Höhenzug, auf dem Klosterzelg lag, Klosterzelg, das auch überbaut werden sollte. Ein weiteres Stück Kulturland, das die Bulldozer platt walzen würden. War es denn von Bedeutung, ob dies im Auftrag der Sartorius-Schenkung oder von privaten Investoren geschah? Sinnlos, mit Salvi darüber zu diskutieren, der handeln wollte. Um jeden Preis. Er erwartete wohl, dass Amberg direkt zu ihm kommen würde, um zu rapportieren. Aber der hatte dazu keine Lust. Mochte sich der

Alte bis morgen gedulden.

Vor dem Ahornhof stand der weisse Opel, Kammermanns Dienstwagen. Der Kommissar hatte auf ihn gewartet. Jetzt stieg er aus und kam auf ihn zu.

«Sie haben wohl keine Zeit für ein kurzes Gespräch?»

Amberg musterte ihn belustigt. «Und wenn ich nun tatsächlich keine Zeit hätte?»

«Ich kann Sie auch aufs Kommissariat bestellen», sagte er verbindlich lächelnd, «offiziell.»

«Das habe ich mir gedacht. Dann kommen Sie, in Gottes Namen.»

Sie betraten das Haus und fuhren mit dem Lift in die achte Etage. Im Wohnzimmer nahm Kammermann Platz. Unaufgefordert.

Amberg setzte sich ihm gegenüber. «Nun?»

«Sie waren weg», stellte der Kommissar fest, «den ganzen Nachmittag über.»

«Ja, nach der Beerdigung fuhr ich weg.»

«Hatten Sie einen bestimmten Grund, weshalb Sie bis um 11.30 Uhr auf dem Parkplatz vor dem Friedhof warteten?» Ein richtiges Verhör.

«Hatte ich! Sie wohl auch, oder?»

Er lachte. Er hatte ein bäuerisches Gesicht. «Ich hoffte, dass etwas geschehen würde.»

«Ich hatte keinen Erfolg. Sie vielleicht?»

«Nun, Sie waren dort.» Ambergs Gegenfragen schienen ihn zu amüsieren. «Ihre Anwesenheit war ungewöhnlich», fuhr er fort, «entweder man geht auf eine Beerdigung oder man bringt jemanden hin und fährt wieder weg.»

«Das stimmt, zumindest meistens.»

«Sie verraten mir nicht, wen oder was Sie erwarteten?»

Amberg dachte nach. Es war Salvis Idee gewesen, dass er dort auf den dunklen Mercedes mit Chauffeur warten sollte, auf die Staatskarosse, die Alois Peters Mutter gehörte, wenn den Aussagen Marie Howalds zu trauen war. Er fand, es sei Sache seines Vorgesetzten, diese Zusammenhänge der Polizei zu erklären. Also schüttelte er den Kopf.

«Hm!» Kammermann nahm ihm die Weigerung nicht übel. Er sah sich prüfend im Wohnzimmer um. Vielleicht wollte er sich ein Bild über seine Lebensumstände machen. Es gab nicht viel zu sehen. Jakob Amberg besass wenig. Einige Bücher und CDs. Die Möbel, die er nach seiner Scheidung gekauft hatte, waren aus zweiter Hand, die Bilder an den Wänden Reproduktionen.

Der Kommissar nahm das Gespräch wieder auf. «Sie möchten mir wahrscheinlich auch nicht erzählen, wo Sie heute Nachmittag waren?»

«Ich war dienstlich unterwegs.» Amberg zögerte. «In Beinwil», fügte er dann hinzu, weil er glaubte, etwas mehr sagen zu müssen. «Im Kloster. Ich recherchierte für das Magazin ‹Dreiland›.»

«Aha. Und was haben Sie herausgefunden?»

«Dass der Konvent irgendeinmal im 17. Jahrhundert unter Abt Fintan Kiefer nach Mariastein verlegt wurde.»

«Das war 1648», sagte Kammermann, «am Ende des Dreissigjährigen Krieges.»

«Sie haben ein bewundernswertes Zahlengedächtnis.»

«Dank Ihnen, Sie haben die Geschichte von Beinwil in der Januar- oder Februar-Nummer Ihrer Zeitschrift veröffentlicht.» Und mit einem spöttischen Unterton: «Ich gehöre seit Kurzem zu Ihren Lesern. Es ist bemerkenswert, dass Sie Fakten für eine Ausgabe Ihrer Zeitschrift recherchieren, die bereits erschienen ist. Ich frage mich schon, was Sie dort hinten machten und was Sie vor mir zu verbergen haben?»

Amberg biss sich auf die Lippen. Unter dem Druck des Verhörs hatte er nicht mehr daran gedacht, dass das Schwarzbubenland im Januar Thema des «Dreiland»-Magazins gewesen war.

Der Kommissar lachte in sich hinein. «Man kann nicht behaupten, dass Sie redselig sind.» Er zog eine Zigarrenschachtel aus der Jackentasche und legte sie auf den Couchtisch. Auf dem Deckel stand der Schriftzug «Davidoff».

«Tun Sie sich keinen Zwang an», sagte Amberg.

«Ich rauche nicht.» Er schaute ihn prüfend an, «Ich dachte, dass Sie vielleicht möchten.»

«Wie kommen Sie darauf?»

Seine Finger spielten mit der Schachtel. «Aber Sie kennen jemanden, der Davidoff raucht?»

«Warum wollen Sie das wissen?»

Das Gesicht des Kommissars wurde hart. «Beantworten Sie bitte meine Frage!»

Sein Ton machte Amberg sauer. Was masste sich der Mann an? Kam in seine Wohnung und quetschte ihn aus, verleitete ihn, ohne Not zu lügen. Gereizt sagte er: «Ich pflege nicht auf die Zigarrenmarken anderer Leute zu achten. Ist es vielleicht Winston Churchill, auf den Sie anspielen?»

Kammermann kniff die Augen zusammen. «Lassen Sie Ihre Scherzchen, es geht um Mord!»

Es geht um Mord. Aus seinem Mund nahm sich der Satz aus wie in einem zweitklassigen Kriminalroman. Amberg zuckte mit den Schultern und beteuerte kühl: «Ich kann Ihnen nicht helfen.»

Der Kommissar seufzte und erhob sich. «Wir werden den Zigarrenraucher auch so finden.» Er verabschiedete sich: «Bis zum nächsten Mal!»

Hätte er ihm gesagt, was Amberg erst nach seiner Verhaftung erfuhr, wäre die Sache rasch geklärt worden. Eine halb gerauchte Davidoff, Salvis Leibmarke, hatte in unmittelbarer Nähe von Karl Peters Leiche gelegen. Vermutlich handelte es sich um die kläglichen Reste jener Zigarre, die der Alte aus dem Autofenster warf, nachdem sie sich, unmittelbar nach dem Gespräch mit Peters, im Obstgarten über den Verkaufsvertrag unterhalten hatten.

Eine einfache Erklärung, aber Breitenmoser nahm sie ihm später nicht mehr ab. Sie passte nicht in seine Theorie. Die Tatsache, dass Amberg Kammermann gegenüber schwieg – aus kindischem Trotz –, war für den Staatsanwalt ein Belastungsmoment, ein Versuch, den Kopf aus der Schlinge zu ziehen, die er ausgelegt hatte. Möglicherweise wäre Amberg viel erspart geblieben, wenn er Kammermann offen über das informiert hätte, was er in Beinwil und Breitenbach erfahren hatte. Der Staatsanwalt wäre gezwungen gewesen, sich näher mit den Kindern Salomonis und ihrem Umfeld zu befassen. Die Ermittlungen hätten einen anderen Lauf genommen. Möglicherweise wäre dadurch der zweite Mord verhindert worden.

Hätte, wäre … Was zählt ist, dass nichts dergleichen geschah und sich das Interesse der Untersuchungsbehörden nach und nach ausschliesslich auf Amberg konzentrierte. Das war nicht zuletzt seine eigene Schuld.

VIII.

Am nächsten Tag bat Salvi Jakob Amberg bereits um 8 Uhr zu sich in sein Büro. Er deutete auf einen der beiden Stühle, die vor seinem mächtigen Schreibtisch standen. Sie waren für seine Mitarbeitenden bestimmt, die ihm zu rapportieren hatten oder denen er Anweisungen erteilte. Je nachdem. Die Sitzgruppe beim Fenster mit Blick auf den Münsterplatz war auswärtigen Besuchern vorbehalten. Der Kachelofen in der Ecke war alt. Seine Innereien allerdings waren längst an die Zentralheizung angeschlossen. Er wärmte in der kalten Jahreszeit beide: Personal und Gäste.

Salvi bestellte über die Gegensprechanlage bei seiner Assistentin, Carmen Heyer, zwei Tassen Kaffee. Während sie warteten, betrachtete Amberg Johann Balthasar Sartorius, der ihn, in Öl gebannt, schmallippig und mit stechendem Blick aus einem schweren Goldrahmen anstarrte. Ein städtischer Patrizier von anno dazumal. Er hatte sich um 1815 porträtieren lassen: ein selbstbewusster Herr von zweiundsiebzig Jahren mit immer noch vollem, eisgrauem Haar und einem mächtigen Backenbart. Unter dem schwarzen Gehrock trug er eine bunte Brokatweste, dazu ein blütenweisses Hemd mit Vatermörderkragen und kunstvoll geknoteter Krawatte.

Salvi, der Ambergs Blick gefolgt war, kräuselte spöttisch die Lippen. Er selbst hatte ein gebrochenes Verhältnis zum Stiftungsgründer. Sartorius hatte – obwohl oder vielleicht gerade weil er ein erfolgreicher Bankier gewesen war – als Geizkragen gegolten. Die Grosszügigkeit seines Testamentes, dem die Stadt die Schenkung verdankt, stand in seltsamem Widerspruch zum gnadenlosen Geschäftssinn, den ihm seine Biografen bescheinigten.

Carmen Heyer brachte den Kaffee. Nachdem sie den Raum wieder verlassen hatte, liess sich Salvi über Ambergs Ausflug informieren. Er hörte ihm aufmerksam zu, unterbrach ihn nur selten mit Fragen und machte sich einige Notizen. Es wäre falsch anzunehmen, Salvi habe sich für die kriminalistischen Aspekte der Ermittlungen erwärmt. Dass jemand den alten Peters ermordet hatte, war für ihn ein Ärgernis, das seine Bemühungen störte, Klosterzelg für die Sartorius-Schenkung zu erwerben. Er hatte sich entschlossen, auf eigene Faust Nachforschungen zu machen respektive machen zu lassen, weil er Breitenmoser schlicht für inkompetent hielt. Er wies den Gedanken weit von sich, mit ihm oder seinen Untergebenen mehr zu kooperieren als unbedingt nötig. Auf seine Weise war er eben auch elitär. Ambergs Bemerkung, Kammermann suche einen Zigarrenraucher mit Vorliebe für die Marke Davidoff, quittierte er mit einem verächtlichen Lächeln. Ausserdem wollte sich Salvi alle Optionen offenhalten. Sollte es sich tatsächlich herausstellen, dass der oder die Mörder Karl Peters im Umfeld seines Sohnes Alois zu finden waren, so mochte das unter Umständen ein gewichtiges Argument bei künftigen Verkaufsverhandlungen sein.

Er hatte es sofort begriffen: Wenn der Narzissenkranz aus dem Lüsseltal kam und wenn Alois' Mutter die Besitzerin jenes dunklen Mercedes war, dessen Chauffeur diesen Kranz unmittelbar nach dem Mord Marianne Hochstrasser übergeben hatte, so steckten sie, Alois und die Kinder Salomonis, tief in der Affäre.

«Ziemlich viele ‹Wenns›, nicht Amberg?», bemerkte Salvi und zog eine seiner Zigarren hervor. Er betrachtete sie nachdenklich. «Vielleicht raucht Peters Mutter auch Davidoff. Oder Ihr Heiliger, dieser Ätti. Nun, was sollen wir tun?»

Amberg meinte, es wäre an der Zeit, die Kriminalpolizei ins Vertrauen zu ziehen.

Der Alte zündete sich umständlich die Zigarre an. «Das hätten Sie bereits gestern Abend tun können. Was hat Sie daran gehindert?»

Jakob Amberg zuckte mit den Schultern.

Salvi zog spöttisch die linke Braue hoch: «Loyalität dem Chef gegenüber, dem Zigarren rauchenden möglichen Verbrecher?»

Loyalität? Vielleicht auch nur die absurden Schuldgefühle, die er seinem Vorgesetzten gegenüber empfand, seit er mit dessen Schwester geschlafen hatte. Er wich der Frage aus. «Eitelkeit», entgegnete er zögernd, «das Bedürfnis, selbst der Polizei das Haupt des Mörders auf einem silbernen Tablett zu präsentieren.»

Salvi betrachtete ihn skeptisch. «Der Herr möchte Detektiv spielen? Nun, unterstellen wir einmal, es sei so. Was wären Ihre nächsten Schritte, wenn Sie den Fall aufklären müssten?»

Was wäre, wenn. Wieder das spielerische Element. «Ich würde Erstens versuchen, den Nachweis zu erbringen, dass der Narzissenkranz aus dem Lüsseltal stammt, und Zweitens alles daransetzen, die Identität von Alois Peters Mutter zu eruieren.»

«Aha!» Salvi sog an seiner Zigarre. «Und warum machen Sie das nicht?»

«Ich habe weder Zugang zum Labor des wissenschaftlichen Dienstes der Kriminalpolizei noch Beziehungen zur Motorfahrzeugkontrolle.» Amberg schüttelte den Kopf. «Die Kripo hat das notwendige Know-how. Wir sollten ihr die Sache überlassen, selbst auf die Gefahr hin, dass man uns zum jetzigen Zeitpunkt nicht mehr glaubt.»

Salvi schaute zum Fenster hinaus. Wie immer, wenn er mit einer Entscheidung schwanger ging, vertieften sich beide senkrechten Falten über seiner Nasenwurzel.

«Es wäre von Vorteil», überlegte er laut, «wenn wir dem Staatsanwalt etwas Handfesteres anböten als nur Ihren Verdacht.» Er wandte sich brüsk zu seinem Untergebenen: «Verschaffen Sie mir zwei oder drei Narzissen aus dem Kranz und dann fahren Sie in Gottes Namen nochmals Richtung Passwang und holen auch dort ein paar Blumen zum Vergleich. Ich werde das Bouquet zur Analyse einem Labor übergeben. Mag sein, dass die uns weiterhelfen können. Die alte Frau mit der Staatskarosse, hoffentlich ist es ein Mercedes, überlassen Sie mir. Ich habe entsprechende Verbindungen zu den kantonalen Ämtern und es müsste mit dem Teufel zugehen, wenn es nicht gelänge, eine Liste aller schwarzen und dunkelblauen Mercedes' zu bekommen.» Er erhob sich schwerfällig. «Das wäre alles.»

IX.

Dienstag, 13. April. Es regnete in Strömen. So wie vor einer Woche, als Amberg mit Salvi nach Klosterzelg gefahren war. Er hätte Gummistiefel mitnehmen sollen und einen Regenschirm. Das Wasser rann in seinen hochgestellten Mantelkragen, während er über den Gottesacker irrte und das Grab von Karl Peters suchte. Ein heftiger Westwind zerrte an den Forsythiensträuchern, die längs der Kieswege gepflanzt waren. Erschöpft fielen die kleinen, goldenen Blütenblätter zu Boden und wurden von braunen Sturzbächen davongeschwemmt. Grabstein reihte sich an Grabstein. In Reih und Glied, wie auf einem Soldatenfriedhof. Das Totenglöcklein läutete. Offenbar war eine Trauerfeier fällig. Amberg entdeckte einen Mann in einem gelben Löffelbagger. Die Schaufel des Fahrzeugs frass sich in feuchte, braune Erde und hob ein frisches Grab aus. Er hielt auf ihn zu.

«Ich suche ein Grab», schrie er.

«Wie bitte?» Der Mann stellte den Motor nicht ab.

«Das Grab von Karl Peters», brüllte er gegen den Lärm an.

«Wann ist er gestorben?»

«Letzte Woche.»

«Dort drüben.» Der Arbeiter deutete mit dem Kopf in die Richtung. «Die Toten der letzten Woche wurden alle in jener Abteilung begraben.» Er wandte sich wieder seiner Arbeit zu.

Später informierte sich Jakob Amberg im Internet. In den zwölf Abteilungen des Friedhofs am Hörnli, dem grössten der Schweiz, gibt es vierzigtausend Gräber und Urnennischen. Die Stadtgärtnerei, die zuständig ist für die Friedhofsverwaltung, hat zu tun. Rund zweitausend Beerdigungen sind zu bewältigen. So viele Menschen sterben jährlich in der Stadt. Mehr als ein Drittel von ihnen an einem Versagen des Kreislaufsystems, etwas über hundert an äusseren Ursachen.

Darunter fallen auch die rund vierzig Selbsttötungen. Über die Anzahl Morde fand er keine Angaben.

Endlich stand er vor Karl Peters Grab. In dreckigen Schuhen und durchnässt. Ein schlichtes Holzkreuz mit Namen, Geburts- und Todesdatum. Der Narzissenkranz fehlte. Er mochte hinschauen, sooft er wollte – er fehlte. Drei Kränze lagen da. Amberg bückte sich und hob sie hoch. Einer war von der landwirtschaftlichen Genossenschaft, einer von den Nachbarn und der dritte von einem Männerchor, in dem das Tödlein Ehrenmitglied gewesen war, wie die Inschrift auf der blau-gelben Schleife behauptete.

«Was machen Sie da?» Ein Mann stand hinter ihm. Offenbar ein Friedhofsgärtner.

«Ich suche einen Kranz. Gestern war er noch hier. Jetzt ist er verschwunden.»

«Unmöglich!» Aggressiv, als ob er beschuldigt worden wäre: «Wir lassen den Grabschmuck mindestens zwei Wochen liegen, bevor wir ihn verbrennen. Mindestens.» Er schaute ihn drohend an.

«Da ist kein Irrtum möglich?»

«Ausgeschlossen. Die Angehörigen würden sich beschweren.» Sein Ton machte deutlich, dass er die Hinterbliebenen als Störfaktor im Bestattungswesen betrachtete.

«Ich bin kein Hinterbliebener, der Ihnen Ärger machen will. Eine Bekannte von mir hat am letzten Donnerstag einen Kranz auf dieses Grab gelegt und jetzt ist er nicht mehr da.»

«Wie soll ich wissen, was geschehen ist?» Der Gärtner drehte sich um und stapfte davon. Ein Choleriker. Anlässlich seiner späteren Zeugenaussage beim Staatsanwalt war er gesprächiger. Amberg sei ihm von Anfang an verdächtig vorgekommen, behauptete er, ein völlig durchnässter Herr, der die Kränze auf einem frischen Grab durchwühlte. Die Geschichte mit dem Narzissenkranz habe er ihm nicht abgenommen. Wer stehle schon alte Kränze? Höchstens ein Nekrophiler.

Vermutlich hatte Roland Seefeld ein Indiz, das gegen ihn verwendet werden konnte, aus der Welt geschaffen, er oder einer seiner Helfer. Amberg hätte sich ohrfeigen können. Weshalb musste er ihm gestern seinen Verdacht ins Gesicht schleudern. Der Ätti hatte gehandelt. Umgehend.

Marianne Hochstrassers Daten waren in seinem Handy gespeichert. Er wählte die Nummer. Eine Männerstimme meldete sich.

Amberg bat ihn, mit seiner Frau sprechen zu dürfen.

«Herr Amberg?», fragte sie kühl. Es war Marianne offensichtlich unangenehm, dass er sie anrief, während ihr Mann anwesend war.

«Ich bin auf dem Friedhof», sagte er, «und finde den Kranz nicht mehr, den du auf Jakob Peters Grab gelegt hast.»

«Moment bitte!» Er hörte, wie im Hintergrund eine Tür geschlossen wurde. Dann kam sie wieder an den Apparat. «Wie war das, Liebster?», fragte sie zärtlich, Herr Hochstrasser, so scheint es, war inzwischen ausser Hörweite.

«Du erinnerst dich doch noch: Möge seine Seele im ewigen Höllenfeuer und so weiter – der Kranz ist nicht mehr da.»

«Nein!»

«Doch!»

«Aber ich habe ihn selbst hingelegt.»

«Schon. Nur hat ihn inzwischen jemand weggenommen, falls er nicht von selbst davongelaufen ist.» Er schilderte kurz sein gestriges Gespräch mit Seefeld im Lüsseltal.

Sie verstand. «Die räumen Beweismittel weg.»

«Was ist mit der roten Schleife? Wohin hast du sie getan, damals, als du sie vom Kranz gerissen hast, bevor wir zum Friedhof fuhren?»

«Ich weiss nicht mehr», sagte sie zögernd, «vielleicht in meine Manteltasche, wahrscheinlich habe ich sie weggeschmissen, auf die Strasse, unter ein Auto.» Sie seufzte: «Ich bin reichlich vergesslich. Aber ich werde sie suchen.» Und nach einer kurzen Pause: «Du, Jakob?»

«Ja?»

«Wenn ich sie finde, soll ich sie dir dann in den Ahornhof bringen?» Sie hatte seine Adresse ausfindig gemacht. «Heute Abend, gegen acht. Mein Mann hat eine Sitzung.»

«Hm, und wenn sie nicht mehr zu finden ist?»

«Ich könnte ja trotzdem vorbeischauen.»

Er lachte. «Bis dann!»

Am Abend stand sie vor seiner Tür. Erst im Wohnzimmer legte sie ihre Arme um seinen Hals. Natürlich brachte sie die rote Schleife nicht mit. Wahrscheinlich hatte sie ein Strassenkehrer gefunden und in seinen Schubkarren geworfen. Möglicherweise hatte der Mann staunend die goldenen Lettern gelesen. Vielleicht hatte er sich darüber gewundert, was alles aufzulesen und fortzuschaffen ihm die Menschheit zumutete. Wie dem auch sei: Ein weiteres Beweisstück, dafür hatte diesmal die städtische Kehrichtverbrennung gesorgt, war zu Rauch und Asche geworden.

Jakob Amberg bereitete das damals wenig Kummer. Anderes stand im Vordergrund.

«Liebster», flüsterte Marianne und küsste ihn.

Liebster – als ob sie sich je geliebt hätten.

In der nächsten Zeit kam sie oft. Immer wenn ihr Mann nicht zu Hause war – und Dr. med. Hochstrasser scheint auch abends ein viel beschäftigter Mann gewesen zu sein. Sie vermied es, Amberg ausserhalb seiner Wohnung zu treffen, verbot ihm, sie anzurufen, ihr eine SMS oder eine E-Mail zu schicken. Ihr eheliches Setting, wie sie es nannte, dürfe nicht gefährdet werden. Schuldgefühle schienen ihr fremd zu sein. Von Amberg erwartete sie nicht viel: das Gefühl von einem noch relativ jungen Mann begehrt zu werden, was ihr offenbar half, sich gegen die Erkenntnis aufzubäumen, dass sie sich der Lebensmitte näherte.

Es war ein Zusammensein ohne Zukunft. Für sie und für ihn. Ambergs Ehe, seinerzeit viel zu jung eingegangen, war im Herbst des Vorjahres endgültig gescheitert. Während des Winters hatte er über den Trümmern einer jungen Liebe getrauert, die am Alltag zerbrochen war. Dank der lockeren Beziehung zu Marianne Hochstrasser gelang es ihm, sein verletztes Selbstvertrauen wieder aufzubauen.

Seine ursprüngliche Befürchtung, von den Geschwistern für ihre Zwecke benutzt zu werden, erwies sich als hinfällig. Dank seiner wiederentdeckten Freude an der Sexualität verloren die Geschehnisse um Klosterzelg an Bedeutung. Als Salvi ihm gegen Ende April mitteilte, den zuständigen kantonalen Behörden sei es nicht möglich, eine alte Dame zu identifizieren, die über einen Mercedes und einen Chauffeur verfüge, nahm er das zwar interessiert, im Ganzen aber gelassen entgegen. Auch der Staatsanwalt und Kammermann liessen in diesen Wochen nichts von sich hören. Es war, als wolle der liebe Gott, oder welch höhere Instanz auch immer, Jakob Amberg vor seinem zweiten Besuch bei den Kindern Salomonis und den Ereignissen, die sich in der Folge überstürzen sollten, noch eine kleine Atempause gönnen.

X.

Erst Mitte Mai, als Pfarrer Ellenberger-Davatz, Stiftungsrat der Sartorius-Schenkung, Amberg darauf ansprach, rückte Klosterzelg wieder in den Vordergrund. Er traf ihn in der Halle zwischen dem grossen und kleinen Kreuzgang des Münsters. Amberg, der immer auf der Suche nach Themen für seine Zeitschrift war, wollte sich wieder einmal die bronzene Skulpturengruppe von Bettina Eichin anschauen: zwei Tische und eine Trommel samt Totenmaske. Die Künstlerin hatte sie 1986 im Auftrag des Chemiekonzerns Sandoz, der sie zu seinem 100. Geburtstag der Stadt schenken wollte, geschaffen. Sie waren ursprünglich für den Marktplatz vor dem Rathaus bestimmt.

Am 1. November jenes Jahres brannte bei Schweizerhalle, östlich von Basel, ein Lagerraum des Pharmariesen. Er war mit Chemikalien gefüllt. Das Löschwasser der Feuerwehr schwemmte zehn Tonnen hochgiftiger Pestizide in den Rhein. Tiere und Pflanzen verendeten im blutrot gefärbten Wasser. Bettina Eichin entschloss sich, das Datum der Katastrophe in der Platte des einen Tisches anzubringen, diskret, mit schwachem Strukturunterschied, lesbar nur bei bestimmten Lichtverhältnissen. Doch damit überspannte sie den Bogen ihrer künstlerischen Freiheit. Die Herren vom Chemiemulti hoben ihren Auftrag auf. Nachdem die Regierung auf Wunsch der Konzernleitung artig versprochen hatte, die Skulpturen nicht am ursprünglich vorgesehenen Standort aufzustellen, gewährte ihr 1991 die Evangelisch-reformierte Kirche Basel-Stadt im Münster Asyl. Dort steht sie seither, umgeben von Epitaphen aus rotem Sandstein, auf denen an längst verstorbene Basler erinnert wird, die zu ihrer Zeit das Sagen in der Stadt hatten.

Pfarrer Ellenberger-Davatz, der von der Pfalz her den Kreuzgang betrat, blieb überrascht stehen, als er Jakob Amberg erkannte. Er versuchte, ihn in ein Gespräch über Bettina Eichin zu verwickeln, genauer gesagt, er hielt ihm ein Referat über die Künstlerin. «Sie liebt es, wider den Stachel zu löcken», behauptete er. «Bereits ihre Helvetia lässt sie am Kleinbasler Brückenkopf die Herrschaftssymbole, Speer und Schild, ablegen und rheinabwärts schauen, Richtung Ausland, den gepackten Koffer griffbereit. In einem Interview sagte sie einmal, die Landesmutter habe die Münze, in die sie geprägt sei, verlassen. Und mit dieser Skulptur da», er wies mit dem Kopf auf die beiden Tische, «musste sie auch noch die pharmazeutische Industrie provozieren.» Die Vorstellung einer Schweiz, wie sie die Künstlerin sich erträumen mochte – ohne Chemiemultis, Finanzplatz und Armee – war für ihn undenkbar. Er lächelte mild, ein jovialer Herr mit einem kleinen Embonpoint und akkurat gescheiteltem grauen Haar, der kurzsichtig hinter seinen Brillengläsern blinzelte, was ihn gemütlicher erscheinen liess, als er war.

Gaudenz Ellenberger-Davatz kokettierte damit, nicht zu jenen ehemals patrizisch-grossbürgerlichen Familien zu gehören, die 1529 das Regiment in der Stadt übernahmen, nachdem die Reformation der fürstbischöflichen Herrlichkeit in Basel ein Ende gesetzt hatte. Die Ellenbergers, die mit den ihnen verwandten Linigers und Davatz eine Sperrminorität am LIDA-Konzern hielten, hatten sich erst später, vor rund zweihundertfünfzig Jahren in der Stadt niedergelassen. Gleichwohl gehörten sie längst zur städtischen Oberschicht und waren mit ihr versippt und verschwägert.

Der Münsterpfarrer, der bis dahin ohne Punkt und Komma gesprochen hatte, wechselte abrupt das Thema und fragte, ob er, Amberg, noch immer in Sachen Klosterzelg ermittle.

«Ob ich was mache?»

«Recherchieren, wenn Sie das als Journalist besser verstehen», sagte Ellenberger. Noch immer lächelte er freundlich. Die Tonlage allerdings war eine Spur schärfer geworden, eindringlicher.

«Wer sagt, dass ich das tue?» Jakob Amberg versuchte, der Frage auszuweichen. Er selbst hatte mit niemandem darüber gesprochen und gewiss hatte auch Salvi die Sache nicht erwähnt. Vor allem nicht gegenüber einem Mitglied des Stiftungsrates. Und trotzdem wusste Ellenberger-Davatz davon.

«Ah, Sie möchten nicht darüber sprechen.» Der Pfarrer musterte ihn spöttisch. «Nun, ich muss ohnehin weiter.» Mit einem knappen, «auf ein anderes Mal», liess er ihn stehen.

Amberg trat an eines der gotischen Spitzbogenfenster, die aus der Tiefe des kleinen Kreuzgangs den Blick freigaben über den Rhein und Kleinbasel, bis hin zu den sanften Hügeln des Schwarzwaldes.

Anlässlich der Sitzung des Stiftungsrates von gestern, das wusste er von Carmen Heyer, war es zwischen Salvi und dem Pfarrer zu einer Auseinandersetzung gekommen. Ellenberger-Davatz hatte beantragt, dass jetzt, nachdem Karl Peters tot sei, die Sartorius-Schenkung definitiv von einem etwaigen Kauf von Klosterzelg absehe. Er wünsche, dass das im Protokoll festgehalten werde.

Salvi lehnte ab. Solange man nicht wisse, wer den alten Bauern erschlagen habe und weshalb, sehe er keinen Grund, von einem Geschäft zurückzutreten, zu dessen Abschluss nur noch die Unterschrift gefehlt habe. Möglicherweise seien ja Erben da, die auch gerne verkaufen würden.

«Verkaufen, ja verkaufen, aber nicht verschenken!», habe Ellenberger-Davatz erregt geschrien, berichtete Carmen Heyer, und dann habe er Salvi beschuldigt, nicht im Interesse der Stiftung zu handeln. «Darauf hat der Chef trocken erklärt, er möchte nicht wissen, wessen Interessen Ellenberger-Davatz vertrete.»

Ob er ihm etwas unterstellen wolle, habe der Pfarrer mit hochrotem Kopf gezischt. Darauf habe Salvi fast unmerklich, «aber nur fast, wie das für ihn typisch ist», betonte Carmen, die linke Augenbraue hochgezogen und den Präsidenten gebeten, den Antrag aus formellen Gründen zurückzuweisen. Schliesslich sei er nicht als Verhandlungsgegenstand der Sitzung traktandiert gewesen.

«Professor Chrétien gab ihm recht und ich musste alles ins Protokoll aufnehmen.» Damit schloss sie ihren Bericht.

Jetzt, im kleinen Kreuzgang des Münsters, überlegte Amberg, weshalb Ellenberger-Davatz derart emotional auf Salvis Pläne für eine Sozialsiedlung reagierte. Er fragte sich, weshalb er ihn aushorchen wollte und weshalb er im Stiftungsrat versucht hatte, ein Geschäft zu beerdigen, das wohl bereits genauso tot war wie Karl Peters. Er kam zu keiner vernünftigen Erklärung.

Er schlenderte über den Münsterplatz zurück. Vor dem Portal der Sartorius-Schenkung standen Salvi und Lukas Liniger, Direktionsmitglied des Bankhauses Sartorius und jüngster Stiftungsrat. Sie unterhielten sich. Salvis Gesichtsausdruck war abweisend, wie immer, wenn er mit jemandem zu tun hatte, den er nicht mochte. Und Liniger mochte er nicht. Offensichtlich. Vielleicht weil der in seinem ganzen Auftreten zum Ausdruck brachte, dass ihm zustand, was ihm das Schicksal bescherte: Reichtum, beruflicher Erfolg, gesellschaftliches Ansehen. Möglicherweise empfand ihn der Alte als Gegenentwurf zu einem wie ihm, der, was immer er erreichte, erarbeiten und erkämpfen musste. Wer konnte das schon wissen? Sie waren gerade dabei, sich zu verabschieden.

«Lebt eigentlich Ihre Grossmutter noch?», fragte Salvi.

Liniger bejahte. Die Frau sei über neunzig Jahre alt und halte sich meistens in Spanien auf, an der Costa Brava.

«Ach ja?» Amberg, der etwas abseits wartete, glaubte zu spüren, dass der Alte gerne mehr gewusst hätte, sich aber weitere Fragen verkniff. Er schaute Liniger, der sich mit elastischen Schritten Richtung Augustinergasse entfernte, mit schwer interpretierbarem Blick nach. Dann wandte er sich Amberg zu.

«Sie scheinen etwas auf dem Herzen zu haben», stellte er fest.

«Ich habe vorhin Pfarrer Ellenberger-Davatz getroffen. Er hat mich gefragt, ob ich noch immer in Sachen Klosterzelg ermittle. Hat er das von Ihnen?»

Salvi kniff die Augen zusammen. «Schau an, dasselbe versuchte der junge Herr vorhin auch herauszufinden. Ich frage mich, woher die Ellenberger-Liniger-Davatz-Fraktion ihr Wissen hat.» Energisch setzte er hinzu: «Natürlich habe ich, abgesehen von Ihnen und Marianne, mit niemandem darüber gesprochen.»

XI.

Seit Mitte April war das öffentliche Interesse am Mord von Klosterzelg etwas erlahmt. Die Medien berichteten längst über andere Ereignisse. Die Untersuchungsbehörden hatten Amberg nach dem Besuch Kammermanns im Ahornhof nicht mehr mit lästigen Fragen behelligt. Einmal in der Woche besuchte ihn Marianne Hochstrasser.

Die Arbeit ging ihm in diesen Tagen leicht von der Hand und machte Spass. Eine seiner Autorinnen, mit der er zusammenarbeitete, hatte angeregt, eine «Dreiland»-Nummer über Mariastein herauszugeben, den Wallfahrtsort auf der Hochebene zwischen dem Leimental und dem Höhenzug des Blauen. Amberg hatte amüsiert die Postkarte mit dem Konterfei der Lieben Frau im Stein gelesen. *«Wer im Jura wandert»*, hatte die Kollegin geschrieben, *«gelangt ab und zu an einen Ort, wo die Welt keine Kugel mehr ist, sondern ein Ende hat, einen Rand, über den man hinunterfallen kann. Mariastein ist ein solcher Ort. Man fühlt, von hier aus kommt man nicht mehr weiter. Man könnte sich in der Landschaft verlieren. Also umkehren – oder sich fallen lassen.»*

Es war ihm gelungen, seinen Freund, Thomas Jermann, zu einer Radtour nach Mariastein zu überreden. Am Sonntag, den 16. Mai, waren sie unterwegs und standen gegen Mittag auf dem weiten Platz vor der mächtigen barocken Kirchenfront. Aus dem Portal strömten die Menschen, die den Gottesdienst besucht hatten.

«Ja, ja die Katholiken!», spöttelte Jermann. Er war in einer arg religiösen Familie aufgewachsen, war Messdiener gewesen und hatte jeweils in der Osternacht mit den Eltern von Laufen über Metzerlen Kreuz nach Mariastein pilgern müssen.

Amberg selbst hatte ein lockeres Verhältnis zur Religion. Er war längst aus der Kirche ausgetreten. Gleichwohl: Die stille, fast unberührte Landschaft, in die das Klosterdorf eingebettet ist, sprach ihn an. Irgendwie glaubte er zu verstehen, was die Journalistin mit ihren schwärmerischen Sätzen auszudrücken versucht hatte.

«Denen da», Jermann wies mit dem Kopf auf die Gläubigen, «willst du also eine Nummer in deinem Heftchen widmen?» Seine Gedanken kreisten offenbar noch immer um seine katholische Kindheit.

Sie lachten.

Am 20. Mai, um 19 Uhr, setzte ein Telefonanruf aus Erschwil einer Reihe von unbeschwerten Tagen ein Ende. Der Wirt des Dorfgasthofs teilte Amberg mit, Alois Peters sitze bei ihm und habe einen Halben Roten bestellt. Wenn er mit dem Landstreicher sprechen wolle, müsse er sich unverzüglich auf den Weg machen. Er versuche, den Trunkenbold eine Stunde festzuhalten, soviel seien ihm die seinerzeit versprochenen hundert Franken wert.

Dass sein Bestechungsversuch so spät noch Früchte tragen würde, hatte Amberg nicht mehr erwartet. Natürlich wollte er Alois Peters, den Bankert des Tödleins, kennenlernen, diesen durch Erbschaft zum millionenschweren Grundstückbesitzer gewordenen Vaganten.

Kurz vor 20 Uhr traf er in Erschwil ein. Es war noch hell. Der lichterfüllte Himmel spannte sich weit über die grünen Hügel des Solothurner Juras. Wie in einer weichen Daunendecke lag das Dorf da, eingebettet in Obstgärten mit blühenden Apfel- und Kirschbäumen. Hinter Gartenzäunen wucherte und rankte rot, gelb, blau und grün der Frühling. Auf dem Brunnen bei der Haltestelle des Postautos stand eine mächtige Kiste voller Geranien. Ein Bild des Friedens.

Bis auf den Platz vor dem Gasthof. Dort wütete Roland Seefeld. Er tobte sich aus. Sein Rauschebart stand waagerecht. «Du verlorene Seele», brüllte er, «du räudiger Hund! Du bist schlimmer als eine Sau, die sich im Morast wälzt!»

Amberg hielt den Wagen an und öffnete das Seitenfenster.

Der Ätti goss seinen heiligen Zorn über einen alten Mann aus, der mit gesenktem Kopf schuldbewusst vor ihm stand. Sicher einsneunzig gross und über hundert Kilo schwer mit grauem, verfilztem Haar, sah er aus wie ein vergreistes Kind. Die Kleider, die er trug, waren ihm, weiss Gott nicht auf den Leib geschnitten. Viel zu eng spannte der Rock, der vor fünfzehn Jahren modern gewesen sein mochte, über den Bauch. Die Hosen endeten drei Fingerbreit über den Schuhen, Latschen von unbestimmter Farbe. Er war unrasiert und schmutzig. Wahrscheinlich stank er. Schützend hielt er den Arm vor sein Gesicht. «Nicht schlagen, Ätti», wimmerte er mit einer hohen Stimme, an welcher der Stimmbruch spurlos vorbeigegangen zu sein schien, «ich rühre keinen Tropfen mehr an, Ätti, ich verspreche es!»

«Schweig, Trunkenbold, elender», donnerte Seefeld, «schweig, eh ich mich vergesse! Einen feuchten Dreck sind sie wert, deine Versprechen. In eine Anstalt gehörst du! Was habe ich nicht alles probiert mit ihm?!» Er wandte sich an die Zuschauer, die, angelockt von seinem Geschrei, aus ihren Häusern herausgekommen waren oder an den offenen Fenstern standen. «Aufgenommen habe ich ihn immer wieder, wenn er angekrochen kam. Mit Güte habe ich ihn behandelt, den verlorenen Sohn, und mit Strenge.» Seine Stimme überschlug sich. «Ja, auch mit Strenge, denn wer seinen Sohn liebt, der züchtigt ihn mit der Rute.»

Die Erschwiler standen im Kreis und waren dankbar für das Schauspiel, das ihnen diesen lauen Spätfrühlingsabend verkürzte. Amberg fiel eine junge Frau auf. Sie hielt sich abseits. Sie gehörte ohne Zweifel nicht zur Dorfgemeinschaft.

Blondes, kurz geschnittenes Haar, Jeans und eine bunte, gesteppte Jacke. Für Sekunden trafen sich ihre Blicke.

«Nicht in die Anstalt, Ätti!», wimmerte der Mann. Er schaute um sich, wie ein gehetztes Tier, zitternd am ganzen Körper. Aus Angst? Aus Trunkenheit? Wahrscheinlich beides. «Nimm dein Kind wieder auf, Ätti, ich bin es doch, Alois, dein Alois.» Tränen rannen über sein graues, aufgedunsenes Gesicht und blieben in den Bartstoppeln hängen.

Jemand lachte laut und schrill. Andere stimmten ein, meckernd. Ein Zwischenruf: «Nimm ihn doch wieder auf, deinen Alois!»

Alois Peters, der Erbe von Klosterzelg, nahm die allgemeine Heiterkeit als günstiges Zeichen. Er schaute schüchtern in die Runde und riskierte ein blödes Lächeln.

«Keinen Tropfen mehr, Ätti, Ehrenwort!», versprach er lallend.

«Nimm ihn auf, Seefeld», wiederholte der Zwischenrufer, «ab heute bleibt er trocken, er hat es selbst gesagt!»

Schallendes Gelächter. Man genoss die Schau. War das eine Gaudi! Stoff für künftige Stammtischrunden.

«Natterngezücht!», fauchte Seefeld. Sein Gesicht verfärbte sich. «Oh Herr», beschwörend hob er die Arme zum Himmel, «liessest du doch Feuer regnen auf diese verworfene Brut!» Dann, zu Peters: «Komm!» Abrupt wandte er sich um und ging davon. Alois liess den Kopf hängen und trottete hinter ihm her. Taub für die Sticheleien der Dörfler, folgte er dem verrückten Heiligen, der ihn in seinen Jeep verfrachtete, ein ausrangiertes Armeefahrzeug, das er auf einer Auktion ersteigert haben mochte.

Jakob Amberg schaute ihm nach, dem Mann, auf den Salvi seine Pläne baute: ein kaputter Alkoholiker, ein gedemütigtes, getretenes Stück Mensch, wehrlos den Umständen preisgegeben, die zu begreifen er wohl nie gelernt hatte. Auch die Erschwiler gingen auseinander. Die junge Frau, die ihm vorhin aufgefallen war, war verschwunden. Ein Mann näherte sich seinem Auto. Es war der Dorfwirt. Amberg stieg aus. Sie begrüssten sich.

«Ja, ja, der Alois!», sagte er und schaute ihn verschlagen an.

Amberg nahm eine Hundertfrankennote aus seinem Portemonnaie und reichte sie ihm.

Der Schein verschwand in einer seiner Taschen, blitzschnell, als ob er nie da gewesen wäre. Der Wirt grinste. Vertraulich meinte er, es sei vorhin wohl nicht der richtige Zeitpunkt gewesen, um mit dem Alois ins Gespräch zu kommen. Seefeld, dieser schräge Vogel, habe sich wieder einmal aufgeführt wie eine Wildsau.

«War es schwer, Peters eine Stunde zurückzuhalten?»

Der andere wiegte bedächtig den Kopf hin und her. Nein, solange sein Glas voll sei, und dafür habe er gesorgt, bleibe der Alois stets hocken. Nachdenklich: Ausserdem habe der Lump ausnahmsweise genug Geld gehabt, die Zeche zu bezahlen, fügte er hinzu, und zwar mehr als genug.

«Ach ja?»

Er könne es nicht beschwören, sagte der Wirt, denn er habe nur einen kurzen Blick in die Börse des Vaganten riskiert, aber er meine, mehrere Hunderter gesehen zu haben, mehr Geld auf alle Fälle, als dieser Süffel jemals besessen habe. Vielleicht sei ihm sein Anteil bereits ausbezahlt worden.

«Sein Anteil?» Dann fiel Amberg ein, dass er bei seinem ersten Besuch in Erschwil erklärt hatte, er wolle Alois Peters in einer Erbschaftsangelegenheit sprechen. «Wohl kaum!» Hastig ergänzte er: «Die Sache ist noch in der Schwebe.»

Mit seiner Hände Arbeit habe er das Geld nicht verdient, stellte der Wirt sachlich fest, das jedenfalls sei sicher.

Amberg wechselte das Thema. «Können Sie mir einen Tipp geben, wie ich am besten an den Mann herankomme, nachdem ihn Seefeld mitgenommen hat?»

«Das wird schwierig sein.» Der Wirt kratzte sich am Kinn. «Die Stündeler werden Alois nun eine Zeit lang aus dem Verkehr ziehen.» Das sei immer so, wenn er von der Walz zurückkehre. In den nächsten Tagen, wenn nicht Wochen, dürfe man ihn nicht im Dorf erwarten. Wenn der Herr mit Peters reden wolle, und darüber entscheide letztlich Seefeld, müsse er sich schon zu dessen Hof bemühen.

Das klang wenig ermutigend. «Eine letzte Frage: Woher wusste Roland Seefeld, dass Alois in ihrem Gasthof war?»

Der Wirt hob die Achseln. Das sei ihm auch ein Rätsel. Sicher nicht von einem Einheimischen. Im Dorf verkehre niemand mit diesem Geschmeiss aus dem oberen Tal. Vielleicht habe der Mann die Anwesenheit Peters gespürt. Telepathie oder so. Das komme vor.

Amberg verkniff sich ein Lächeln. Fehlte noch, dass der Mann behauptete, der Ätti habe das zweite Gesicht oder den bösen Blick. In einem allerdings hatte er recht: Es würde ihm nicht erspart bleiben, ein zweites Mal hinaufzufahren, Richtung Passwang, wenn er mit Alois Peters Kontakt aufnehmen wollte. Er verabschiedete sich und setzte sich ans Steuer seines Wagens.

Sein Entschluss, die Kinder Salomonis aufzusuchen, unmittelbar nach Seefelds Auftritt, erfolgte impulsiv. Ob das klug war, sei dahingestellt. Er hätte Salvi anrufen und ihn bitten können, herzukommen. Schliesslich war es der Alte, der mit dem Erben von Klosterzelg einen Deal machen wollte. Er, Amberg, hatte Alois Peters für ihn gefunden. Salvi brauchte nur zuzugreifen. Das heisst, vorher würde er sich mit dem Ätti auseinandersetzen müssen. Die Versuchung, diese beiden barocken Charaktere zusammenzuführen, war gross. Amberg verwarf den Gedanken. Er selbst war zu neugierig, um jetzt, wo weitere Informationen in greifbare Nähe gerückt waren, freiwillig zurückzutreten. Die Erklärung für den Mord an Peters, davon war er überzeugt, lag oben im

Lüsseltal beim paranoiden Propheten einer verrückten Sekte, bei Meret, dem Mädchen, das für Tote, die noch erschlagen werden mussten, Kränze flocht, und bei einem alten Landstreicher mit dem Gemüt eines Kindes.

Wenigstens den Hof, wo sie alle lebten, wollte er sich ansehen. Jakob Amberg bildete sich nicht ein, Alois Peters an diesem Abend noch sprechen zu können. Seefeld würde das zu verhindern wissen. Die Chance, den Sohn des Tödleins in die Stadt zu bringen, war fürs Erste vertan. Der Ätti war ihm in Erschwil zuvorgekommen. Wäre er vor ihm im Gasthof eingetroffen, so hätte er Alois überredet, ihn in die Stadt zu begleiten. Amberg war überzeugt: Er hätte das geschafft – mit guten Worten, mit Versprechungen, wenn nötig mit Alkohol. Irgendwie. Seine bisherigen Bemühungen, Licht in die Ereignisse zu bringen, waren immer wieder gescheitert. An ärgerlichen, kleinen Zufällen.

Hinter der Postautohaltestelle «Schachen» parkierte er seinen alten Renault zwischen zwei Wettertannen und ging zu Fuss weiter. Es erschien ihm klüger, sich Seefelds Hof unauffällig zu nähern. Die Dämmerung hatte unmerklich das helle Licht dieses Maientages abgelöst. Der Kamm der Hohen Winde war in tiefe Schatten gehüllt. Am violetten Abendhimmel erschienen bleich die ersten Sterne. Der Weg führte durch Weideland. Das Gras beugte sich vor einem sanften Wind, der spielerisch über die Halme strich. Es war kühl geworden. Nach einer Viertelstunde hörte er Gesang. Amberg blieb stehen. Unzweifelhaft ein Choral. Er beschleunigte seine Schritte. Der Weg wand sich um einen Geländesporn. Und dann sah er das Refugium der Kinder Salomonis.

Es war einer jener Berghöfe, wie man sie im Jura oft antrifft. Er stand hinter einer Bruchsteinmauer aus roh zugehauenen Kalkbrocken, umgeben von einer Gruppe Weissbuchen, die der Wind gekrümmt hatte. Ein lang gestrecktes Haus. Alles unter einem Dach: der weiss gekalkte Wohntrakt, die Scheune und der Stall. Der Bau wirkte verlottert. Eine Sanierung hätte ihm gut getan.

Der Gesang drang aus einem halb geöffneten, hell erleuchteten Fenster im Erdgeschoss, eine fromme Melodie, begleitet von einem arg verstimmten Harmonium.

Amberg schlich sich näher heran. Ja, schlich. Nicht gerade auf Ellenbogen und Knien, wie er es vor Jahren in der Rekrutenschule hatte üben müssen, aber doch so, dass er durch die Bäume gedeckt war. Er fühlte sich ausgesprochen jung. Eng an den Stamm einer Buche gepresst, blieb er schliesslich stehen. Er hatte einen leidlich guten Einblick ins Wohnzimmer.

Ätti Seefeld war immer für neue Überraschungen gut. Umgeben von seinen Leuten, etwa einem halben Dutzend Männer und Frauen, lag er kopulierend auf Meret, dem Mädchen, das die Blumen liebte. Seefelds grobe Drillichhosen hingen in den Kniekehlen. Sein magerer Hintern bewegte sich rhythmisch auf und ab. Die junge Dame liess ihn gewähren. Sie lag auf dem Fussboden, die Arme unter dem Kopf verschränkt, eine Blume im zerzausten Haar. Das lange, weisse Kleid war über die weit gespreizten Schenkel hochgerutscht. Etwas verwundert betrachtete sie den Ätti, der seiner dionysischen Natur freien Lauf liess.

«Wenn Bruder und Schwester in Liebe vereint,
Herr Jesus in unseren Herzen erscheint»,

sangen die Zuschauer. Das Harmonium jubilierte. Der Musikant, ein etwa fünfzigjähriges Männlein mit spitzer Nase und Brille, griff auch einmal neben die Tasten. Offenbar litt seine Konzentrationsfähigkeit. Was verständlich war.

Seefeld hatte nun den Höhepunkt erreicht. Mit einem brünstigen Schrei ergoss er sich in Meret. Die Kinder Salomonis sangen:

«Der Tempel des Herrn, lasst Euch das verkünden,
ist dort, wo die Menschen in Liebe sich finden.»

Nun ja, einer lustfeindlichen Lehre schienen sie nicht anzuhängen, diese Schwestern und Brüder, die im Lüsseltal gemeinsam ihr Brot brachen.

Der in Ungnade verfallene Alois Peters hatte sich derweil im Hintergrund gehalten, abseits auf einem Hocker. Er hatte nicht mitgesungen, nur beobachtet: genau, begehrlich. Keine Bewegung Seefelds war ihm entgangen. Ein alter, geiler, verwahrloster Mann.

Jetzt, als sich der Ätti von Meret hinunterrollte, stand er auf und näherte sich dem Mädchen, das noch immer auf dem Boden lag. Wieselflink glitten ihre Finger über ihr Geschlecht. Seefelds Männlichkeit hatte nicht ausgereicht, sie zu befriedigen.

Alois beugte sich über sie. Sein Mund war halb geöffnet. Sein schwerer Körper wiegte hin und her. Er stöhnte. Das masturbierende Mädchen erregte ihn. Er griff sich zwischen die Beine. «Ja», stammelte er, «ja, ja!»

«Hör auf du Sau!», sagte Seefeld rüde. Er hatte sich inzwischen die Hosen zugeknöpft und stiess den armen Alois grob beiseite. Wütend knurrte Peters, verstummte aber unter Ättis Blick und zog sich zurück zu seinem Hocker, Schritt für Schritt. Ein geprügelter Hund.

Seefeld ignorierte Meret. «Wenn Bruder und Schwester sich reinen Herzens vereinen», verkündete er den anderen, «so ist das, als würden zwei Steine zusammengefügt beim Bau unseres Tempels. Lasset uns den Herrn preisen. Wir singen.»

Das Männchen am Harmonium stimmte einen neuen Choral an:

«Das fromme Werk, das wir begonnen,
lass froh vollenden uns, oh Herr.

Wir opfern unseres Leibes Wonnen
zu deinem Ruhm und deiner Ehr.»

Während die Kinder Salomonis sangen, sass Alois Peters
dumpf in seiner Ecke. Er hatte keinen Blick für seine Umgebung, nicht einmal für Meret, die, noch immer sich selbst
hingegeben, allmählich in Hitze geriet, ihre schmalen Hüften den eifrigen Fingern entgegen hob, die Augen verdrehte
und endlich hohe, entzückte Laute von sich gab und damit
die Gemeinschaft wissen liess, dass auch sie sich im Zustand
der Gnade befinde.

Draussen, an seine Buche gepresst, ein Voyeur im Dienste
der Sartorius-Schenkung zu Basel, respektive deren Direktors,
lachte Jakob Amberg in sich hinein. Der Gedanke, dass Seefeld zur Rechtfertigung seiner Fleischeslust eine Sekte gründen und sie mit einem Lehrgebäude hatte ausstatten müssen,
entbehrte nicht einer gewissen Komik.

Ein Stoss in den Rücken riss ihn jäh aus seinen Betrachtungen. Erschrocken wandte er sich um. Vor ihm stand Bless,
Seefelds Dürrbächler, das Hundevieh mit den rot unterlaufenen Augen und den triefenden Lefzen. Amberg war kein sehr
mutiger Mensch und vor Hunden, zumal grossen, hatte er
Respekt. Der Anblick des riesigen Sennenhundes weckte die
Ängste seiner Kindheit. Er erstarrte. Dabei war Bless gar nicht
feindselig gestimmt. Im Gegenteil: Er rieb seinen bärenhaften
Kopf an Ambergs Oberschenkel, bis er ihm den Hals kraulte.
Vorsichtig und widerwillig. Als ob es auf seine Liebkosungen gewartet hätte, stellte sich das Tier auf die Hinterbeine,
legte ihm die Pfoten auf die Schultern und versuchte, sein
Gesicht zu lecken. Sein Atem schlug ihm entgegen. Übelkeit
erregend. «Platz!», befahl Amberg leise und scharf. Der Hund
liess von ihm ab. Knurrend deutete er an, dass er auch anders
könne. Erst als er wieder gestreichelt wurde, beruhigte er sich.
Bless, so schien es, war ebenso launisch wie sein Herr. Er warf

sich auf den Rücken und wollte am Bauch gekrault werden, an seinem schmutzigen Fell. Er liess dem unerwarteten Besucher keine Ruhe und verlangte knurrend, flattiert zu werden, ein distanzloses Vieh, unberechenbar und liebestoll.

Inzwischen psalmodierten sie in der Wohnstube. Ätti Seefeld predigte über Fleischeslust und Höllenpein. Dann wieder Gesang. Amberg bekam nur noch Fragmente mit. Er hatte mit Bless alle Hände voll zu tun und musste gleichzeitig darauf achten, hinter seiner Buche in Deckung zu bleiben. Es war nur noch eine Frage der Zeit, bis die drinnen ihn entdeckten. Er fluchte über die Unersättlichkeit des Hundes, als das Tier unvermittelt von ihm abliess und lauschte.

Weiter unten im Tal war Motorengeräusch zu hören. Wenig später leuchtete das Scheinwerferlicht eines Autos auf. Es hielt auf den Hof zu. Bellend sprang Bless ihm entgegen, verstummte aber, als es vor dem Haus stoppte und sich die Wagentür öffnete. Es war ein Mercedes und ein livrierter Chauffeur half einer alten Frau beim Aussteigen. Er führte sie zum Haus.

In der Wohnstube erstarb der Gesang. Unbehelligt von Bless, der sich vor den Wagen gelegt hatte, konnte sich Jakob Amberg wieder den Geschehnissen drinnen widmen, wo jetzt die Alte ihren Auftritt hatte.

Vor Jahren war er auf Sizilien im Convento dei Cappuccini gewesen, wo sich in einem *Danse macabre* die mumifizierten Leichen vornehmer Palermitaner aus dem 18. und 19. Jahrhundert in den Katakomben des Klosters ein Stelldichein geben. Wie eine stumme Garde stehen sie da: Männer, Frauen, Kinder, mit verkrümmten Körpern und herabgesunkenen Köpfen, geschrumpft und ausgetrocknet. In prächtigen Kleidern zum Teil, aber eben – mausetot. Diesem Horrorszenario schien die Greisin entsprungen zu sein, die, gestützt von ihrem Chauffeur, den Raum betrat. Die Besitzerin des dunklen Mercedes war wohl Alois Peters Mutter.

Sollte sich Ambergs nächtlicher Ausflug ins obere Lüsseltal doch gelohnt haben? Die Frau gehörte derselben Generation an wie das Tödlein. Seefeld, er traute seinen Augen nicht, bot ihr galant den Arm und führte sie zu einem Lehnstuhl. Da thronte sie, ein Fossil mit blau onduliertem Haar und lila Kleid, das sie als frühlingshaft begreifen mochte. Sie war geschmückt wie ein Christbaum. Eine dreifach um den mageren Hals geschlungene Perlenkette verbreitete dezenten Glanz. Auch das Ohrgehänge und die Brosche rochen nach Geld, ebenso die Ringe – acht an der Zahl, die sie an den gichtgekrümmten Fingern trug. Sie schleppte ein Vermögen mit sich herum und es hätte nicht erstaunt, wenn der Griff der Reitpeitsche, die auf ihren Knien lag, aus lauterem Gold gewesen wäre, was aber nicht der Fall war. Ein mit irdischen Reichtümern gesegnetes Weib, ganz gewiss, aber eben: eine Mumie.

Mit einer knappen Handbewegung wies sie, die inzwischen wieder schicklich hergerichtete Meret, an, das Fenster zu schliessen, wodurch die Szene für Amberg zum Stummfilm wurde.

Gestik und Mimik sind ehrlicher als die Sprache und er brauchte nichts von der Unterhaltung mitzubekommen, um festzustellen, dass hier die alte Hexe das Sagen hatte. Selbst der Ätti hielt es für geboten, servil hinter ihrem Stuhl stehen zu bleiben, als sie jetzt mit der Peitsche Alois Peters zu sich winkte.

Nein, es war kein guter Tag für den Landstreicher, dieser 20. Mai. Seit seiner Ankunft in Erschwil hatte man ihn herumgestossen und ausgezankt. Auch jetzt ging er nur widerstrebend zur Alten, die doch wohl seine Mutter war. Was für Verhältnisse: Das Tödlein (Friede seiner Asche), dieser geistig behinderte Vagant und eine Greisin mit einem Gesicht, das durch Jahrzehnte des Reichtums und der Macht verwüstet und bösartig geworden war. Darüber täuschten auch das

Wangenrouge und die Schminke nicht hinweg. Sowenig wie das gefärbte Haar und der glitzernde Klunker, mit dem sie ihr Vermögen zur Schau stellte. Alois stand vor ihr, ängstlich, der Angeklagte vor seiner Richterin. Sie nahm ihn ins Gebet, stellte Fragen. Ihr Mund bewegte sich kaum. Er schüttelte den Kopf, mehrmals, schlug die Augen nieder, schwieg vertrotzt. Ätti Seefeld wollte eingreifen, setzte zum Sprechen an, aber die Alte versagte es ihm, wollte selbst reden, genoss die boshafte Freude des Inquisitors und lächelte kaum merklich, als Alois endlich nickte und die Hände vors Gesicht schlug.

Die Greisin erhob sich mühsam. Sie stemmte sich an den Lehnen des Sessels hoch und scheuchte Seefeld, der ihr helfen wollte, weg, wie ein lästiges Insekt. Sie ergriff die Reitpeitsche und schlug Alois, der die Hände hatte sinken lassen, quer übers Gesicht, zweimal, mit aller Kraft, die ihr ausgemergelter Körper hergab. Der siebzigjährige Verdingbub heulte auf. Zwei dünne rote Striemen liefen von seiner Stirn schräg hinunter zum Kinn, wo sie sich in seinen Bartstoppeln verloren. Seefeld und seine Schar beobachteten schadenfroh, wie das Riesenbaby unbeholfen und mit zuckenden Schultern zu seinem Hocker wankte. Er schien zu weinen. Die alte Vettel liess sich in ihren Sessel fallen.

Man soll wissen, wenn man genug gesehen hat, und dass Jakob Amberg auf seinem Posten hinter der Buche ausharrte, war schiere Unersättlichkeit. Vermutlich wollte er noch mehr erleben. Wie ein Kind vor dem Fernsehapparat. Er wusste: Er sollte sich um den Mercedes kümmern, sollte versuchen, die Zulassungsnummer festzustellen, die von seinem Standort aus nicht zu erkennen war. War einmal die Identität der Alten zweifelsfrei geklärt, so konnte auch die Geschichte mit dem Kranz rekonstruiert werden und damit würde wohl der Mord am Tödlein in neuem Licht erscheinen. Selbst für Breitenmoser, den Staatsanwalt. Wie

116

gesagt: Er wusste, was er zu tun hatte, und blieb dennoch stehen, sensationslüstern auf neue Ereignisse in der Wohnstube wartend.

Als er das Geräusch hinter sich hörte, war es bereits zu spät. Schemenhaft erkannte er einen Mann, der in der erhobenen Rechten einen Knüppel hielt. Instinktiv riss Amberg den Arm hoch. Vergeblich. Der andere erwischte ihn an der Schläfe.

XII.

Freitag, 21. Mai, morgens. Jakob Amberg erwachte mit rasenden Kopfschmerzen. Er lag in einem verdunkelten Raum. Ihm war speiübel. Unklar nahm er eine Frau wahr, eine Krankenschwester, die neben seinem Bett sass. Er versuchte sich aufzurichten, sank aber sofort stöhnend ins Kissen zurück.

«Sind Sie wach?», fragte eine kühle, sachliche Stimme.

«Wo bin ich?» Die Frage bereitete ihm unendlich Mühe.

«Im Kantonsspital Laufen.» Die Hand der Schwester tastete nach seinem Puls. «Sie sind gestern Nacht mit einer schweren Gehirnerschütterung eingewiesen worden.» Nach einer kurzen Pause liess sie sein Handgelenk los und trug die Pulsfrequenz auf einer Tabelle ein. «Sie sollten etwas trinken.» Ein Röhrchen zwängte sich zwischen seine Lippen und er sog lauwarmen Tee ein. Vorsichtig wischte sie ihm den Mund ab. Amberg war, als hätte sie versucht, ihn mit einem Hammer zu erschlagen. Er stöhnte.

«Ruhig, nur ruhig!» Er war zum Objekt ihres Pflegetriebes geworden. «Versuchen Sie, sich möglichst nicht zu bewegen. Bleiben Sie einfach liegen.»

Als ob er etwas anderes hätte tun können.

«Ich rufe jetzt den Arzt.» Sie verliess den Raum. Das Licht, das durch die offene Tür drang, blendete ihn. Er schloss die Augen.

Die Krankengeschichte war unspektakulär. Eine Gehirnerschütterung: Kopfschmerzen, Übelkeit, Lichtempfindlichkeit. Die klassischen Symptome sowie eine Platzwunde über dem rechten Auge.

«Vom Aufprall», mutmasste der Arzt, Dr. Heimann, ein verhältnismässig junger Mann. Dem Dialekt nach stammte er aus der Gegend. Er bat Amberg, den Unfallhergang zu schildern, und als dieser, unfähig zu einem Gespräch, schwieg, meinte er, das habe ja noch Zeit. Vorderhand sei Ruhe das Wichtigste. «Still liegen, den Kopf nicht anstrengen. Trinken. Tee und Bouillon. Das stärkt. Vorläufig keine feste Nahrung. Kauen würde nur unnötig Schmerzen bereiten. Und vor allem: Ruhe.» Seine Stimme, obwohl er bemüht war, sie zu dämpfen, dröhnte.

Im Verlaufe des ersten Spitaltages stellte sich allmählich die Erinnerung wieder ein. Bruchstückhaft vorerst. Wie die Teile eines Puzzles, die geordnet sein wollen. Zu jeder Stunde kam die Schwester und kontrollierte schweigend Ambergs Puls. Er war ihr dafür dankbar. Er lag im Dunkeln und schlief immer wieder ein. Dazwischen die Arbeit an seiner Erinnerung, die mit dem Bild eines Mannes endete, der mit einem Knüppel auf ihn einschlug. Er betastete die Wunde über seinem rechten Auge. Der Arzt hatte von einem Aufprall gesprochen. Das Wort schien ihm nicht richtig gewählt. Sowenig wie der Begriff «Unfallhergang». Er fand auch, dass er im falschen Spital liege. Laufen gehört zum Kanton Basel-Landschaft. Er war aber beim Hof der Kinder Salomonis, im Solothurnischen niedergeschlagen worden. Hätte man ihn nicht nach Breitenbach bringen sollen? Dann fiel ihm ein, dass man das dortige Bezirksspital vor ein paar Jahren geschlossen hatte. Im Rahmen von Sparmassnahmen im Gesundheitswesen.

118

Die Liegenschaft diente jetzt als Alterszentrum. Marie Howald lebte dort. Als die Schwester das nächste Mal kam, fragte er: «Wer hat mich hierhergebracht?»

«Die Polizei, wissen Sie das nicht mehr? Sie lagen auf der Strasse. Wahrscheinlich sind Sie angefahren worden. Die Automobilisten sind heutzutage so rücksichtslos», entgegnete sie und wandte sich zum Gehen.

«Wo?»

«Auf der Strasse zwischen Breitenbach und Laufen.»

«Kanton Solothurn oder Basel-Landschaft?»

«Was Sie alles wissen wollen», wunderte sie sich. «Basel-Landschaft natürlich, es waren ja Leute von unserem Polizeiposten, die Sie fanden.» Dann fügte sie streng hinzu: «Jetzt ist aber Schluss mit der Fragerei. Der Herr Doktor hat doch gesagt, Sie sollen den Kopf nicht anstrengen.»

Den Kopf nicht anstrengen. Es bereitete ihm in der Tat Mühe, nachzudenken. In seinem Schädel wütete der Schmerz wie ein Presslufthammer. Nach wie vor war ihm übel. Dennoch: Wer war mit ihm vom oberen Lüsseltal bis kurz vor Laufen gefahren und hatte ihn dann auf der Landstrasse liegen lassen? Weshalb? Und nicht zuletzt: Wie sollte er jetzt reagieren?

Nach drei Stunden fühlte sich Amberg in der Lage, die Schwester zu bitten, Salvi zu informieren und ihn, wenn möglich, zu veranlassen, herzukommen.

Zunächst allerdings kam die Polizei. Ein älterer Beamter in Uniform. Wachtmeister oder Korporal. Jedenfalls trug er irgendein Gradabzeichen am Ärmel. Er nahm umständlich auf dem Besucherstuhl am Bettrand Platz und knipste die Nachttischlampe an. Entschuldigend liess er wissen, dass es ihm leid täte, ihn jetzt schon behelligen zu müssen, nicht einmal vierundzwanzig Stunden, nachdem er, Amberg, von diesem Sauhund über den Haufen gefahren worden sei. Aber es gelte, keine Zeit zu verlieren, und es sei schliesslich auch in seinem eigenen Interesse, wenn man den Strassenrowdy erwische und seiner gerechten Strafe zuführe. Er zog sein Notizbuch hervor und sass wartend da. Breit und behäbig.

Das Licht blendete. Er schien es nicht zu bemerken. «Wie geschah es?»

«Bei der Hohen Winde», sagte Amberg.

«Nein, nein», er schüttelte den Kopf, «kurz vor Laufen auf der Landstrasse.»

«Hohe Winde!»

Der Polizist seufzte. «Sie bringen das durcheinander!» Beruhigend: «Sie sind angefahren worden. Erinnern Sie sich an das Auto?»

Amberg war müde. Trotzdem versuchte er es noch einmal. «Bei der Hohen Winde, Schlag auf den Kopf.»

«Gewiss!» Mit der zähen Geduld eines guten Onkels versuchte der Polizist, ihn aufzuklären. «Sie haben einen Schlag auf den Kopf erhalten, als Sie gegen das Auto prallten. Sie wissen nichts mehr über den Wagen? Marke, Kennzeichen, Farbe?»

Amberg gab auf. Gegen diese verbeamtete Beharrlichkeit kam er nicht an. Dem Mann mangelte es an Fantasie. Zweifellos. Dass es sich um ein Verbrechen handelte und das Opfer weit weg vom Tatort gewissermassen deponiert worden war, überforderte sein Vorstellungsvermögen. Amberg schloss die Augen.

Der Polizist liess sich nicht beirren. Wie einem störrischen Kind erklärte er, die Baselbieter Kantonspolizei in Laufen sei um Mitternacht telefonisch informiert worden, ein Verletzter liege an der Landstrasse, direkt neben seinem Auto, einem Renault. «Der Anruf kam von einer Frau, die ihren Namen nicht nennen wollte. Sie benutzte übrigens Ihr Handy, das wissen wir inzwischen.» Der Polizist empörte sich: «Und dann hat sie einfach aufgehängt! Kennen Sie sie?»

«Nein!»

«Wirklich nicht?» Der Mann war von einer unglaublichen Hartnäckigkeit. «Und Sie erinnern sich tatsächlich nicht an den Unfall?»

Irgendwo, versteckt in einem Winkel von Ambergs Seele, von dem er bisher noch nichts gewusst hatte, gab es ein Fünkchen Energie, das er mobilisierte. «Kein Unfall, ein Verbrechen!»

«Sicher», räumte der andere friedfertig ein, «ein Verbrechen. Fahrlässige schwere Körperverletzung, vielleicht in angetrunkenem Zustand, Fahrerflucht. Da kommt einiges zusammen. Wir werden den Kerl erwischen, aber Sie müssen uns dabei helfen. Denken Sie nach. Versuchen Sie sich an den Wagen zu erinnern. An irgendeinen Anhaltspunkt.»

Dr. Heimann machte dem Ganzen ein Ende. Amberg hatte nicht bemerkt, dass er sich auch im Zimmer aufhielt. «Sie sehen doch», sagte der Arzt, «dass sich der Patient an nichts mehr erinnert. Das kann vorkommen bei schweren Gehirnerschütterungen. Er braucht Ruhe. Dringend.»

Die beiden verliessen den Raum.

Später einigten sie sich darauf, der Arzt und der Polizist, dass Amberg unter einer Amnesie litt, soweit es den Unfallhergang betraf. Dass er sie in diesem Glauben liess, auch als er sich wieder in der Lage fühlte, zusammenhängend zu sprechen, lag unter anderem an Salvi.

Der Alte kam am nächsten Tag. Amberg fühlte sich etwas besser. Die Schwester hatte die Faltstoren des Rollladens schräg gestellt, sodass weiches Tageslicht in den Raum floss. Die Kopfschmerzen überfielen ihn nicht mehr stossweise, sondern lasteten gleichmässig schwer und dumpf auf ihm, was erträglich war, wenn er sich sparsam bewegte. Die Übelkeit hatte nachgelassen.

Salvi war kein geübter Krankenbesucher. Die Blumen, die er mitbrachte, schon wieder rührend in seiner Unbeholfenheit, trug er wie ein Schwert vor sich und war sichtlich erleichtert, als er sie der Schwester übergeben konnte. In altväterlicher Höflichkeit blieb er stehen, bis sie das Zimmer verlassen hatte.

Der Arzt habe ihm eine halbe Stunde zugestanden, sagte er und bat ihn, zu berichten.

Amberg rapportierte. Das Reden strengte ihn an. Er sprach leise, sodass der Alte Mühe hatte, ihn zu verstehen. Manchmal beugte er sich vor, die Hand am Ohr. Amberg ersparte ihm nichts. Auch nicht Seefelds Paarung mit Meret. Das vor allem nicht. Salvi war prüde und es bereitete ihm ein boshaftes Vergnügen zu beobachten, wie sein Chef angewidert das Gesicht verzog. Eine kindische Rache dafür, dass er es unterlassen hatte, sich nach seinem Befinden zu erkundigen. Salvi liess sich Alois Peters' Mutter genau beschreiben. Dass man Amberg niedergeschlagen hatte, nahm er gelassen zur Kenntnis. Der ärgerte sich darüber und sagte es ihm.

Der Alte lächelte schief. «Sie haben Ihre Neugierde nicht gezügelt, das ist zu bedauern. Hätten Sie sich um die Autonummer des Mercedes gekümmert, statt auf weitere Schweinereien in der Wohnstube zu warten, wäre ich in meinen Ermittlungen ein Stück weiter und Sie hätten keine Kopfschmerzen.»

Er hatte ja recht.

Dass man ihn, weit entfernt vom Tatort, auf der Landstrasse abgeladen hatte, quittierte er mit einem anerkennenden Nicken. «Die Leute sind nicht dumm.»

Zu schwach, um zu protestieren, schwieg Amberg beleidigt.

«Die Polizei glaubt, ich sei von einem angetrunkenen Automobilisten angefahren worden», sagte er schliesslich.

«Ja, das war zu erwarten», meinte Salvi, «man hat Sie nach allen Regeln der Kunst übertölpelt.» Nachdenklich fügte er hinzu: «Bevor wir nicht harte Fakten auf den Tisch legen, ist eine Anzeige sinnlos. Ihr Arzt, dieser Heimann, ist überzeugt, dass Sie unter einem partiellen Gedächtnisverlust leiden. Was Sie dem Polizisten gesagt haben, hält er für eine wirre Fantasie.»

Er hatte sich informiert, der Chef, und hielt ihn wohl für einen ausgemachten Trottel. Er konnte es ihm nicht einmal übel nehmen.

«Ich glaube Ihnen ja, aber Ihre Geschichte ist für die Polizei zu dünn.»

«Also keine Anzeige gegen unbekannt.» Eine Feststellung, keine Frage.

Salvi zuckte mit den Schultern. «Wenn Sie sich mit aller Gewalt lächerlich machen wollen. Werden Sie erst einmal wieder gesund. Das Weitere wird sich schon geben.»

Das sollte vermutlich ein Trost sein.

Amberg war froh, als er endlich ging.

Salvi fuhr, wie er ihm später erzählte, hinauf zum Hof der Kinder Salomonis, um zu retten, was es möglicherweise noch zu retten gab: Zeugenaussagen, allenfalls Beweise. Er sprach mit verschiedenen Leuten. Selbst Ätti Seefeld stellte er zur Rede oder versuchte es wenigstens. Er hatte kein Glück und musste unverrichteter Dinge nach Hause fahren. Alois Peters, in den er unsinnige Hoffnungen setzte, blieb an diesem 22. Mai unauffindbar. In Beinwil und Erschwil liess sich der Alte erzählen, was man über die Mutter des Landstreichers wusste. Es war wenig: Berichte vom Hörensagen, Gerüchte. Niemand wollte sie je gesehen haben. Er liess sich nicht entmutigen, gestand sich nicht ein, dass ihm sein Traum von der Siedlung für benachteiligte Familien auf Klosterzelg zwischen den Fingern wie Wasser zerrann.

Amberg war erleichtert, als Salvi gegangen war. Körperlich geschwächt, war er nicht in der Stimmung, sich anzuhören, wie schusselig er sich benommen hatte. Empfindlich wie eine alte Jungfer verbrachte er seine Tage im Krankenhaus.

Er schmollte und sprach mit den Schwestern und dem Arzt nur über Dinge des Spitalalltages. Meist schwieg er sie an und sie waren nicht unglücklich, wenn sie sein Zimmer wieder verlassen konnten. Später gaben sie zu Protokoll, Amberg sei ein mürrischer, launischer Patient gewesen. Und mit leiser Empörung: Er habe niemanden sehen wollen. Nicht einmal seine Eltern, obwohl die Leute in Laufen wohnten, wo er selbst ja aufgewachsen sei. Er habe ihnen verboten, sie zu informieren. Man piesakte ihn nicht mehr mit Fragen. Auch die Polizei liess nichts mehr von sich hören. Was Amberg damals nicht wusste: Seine vermeintliche Amnesie als Folge eines Unfalls war bereits offiziell. Diagnostiziert und besiegelt durch Dr. Heimanns Unterschrift.

Besuch erhielt er nicht mehr. Einmal einen Kartengruss von Marianne Hochstrasser.

Nein, es war keine gute Zeit.

Am 26. Mai wurde er aus dem Krankenhaus entlassen. Er hatte darauf gedrängt und eine Erklärung unterschrieben, wonach der Austritt auf seinen ausdrücklichen Wunsch erfolge. Noch etwas unsicher auf den Beinen, verliess Jakob Amberg das Spital und beschloss, vorerst auf der Polizeistation nach seinem Wagen zu fragen. Das war allerdings nicht nötig. Das Auto stand auf dem Parkplatz vor dem Spital. Er setzte sich ans Steuer und fuhr Richtung Basel. Das schreibt sich so leichthin. Tatsächlich aber bereitete es ihm Mühe, sich zu konzentrieren. Es war sicher unverantwortlich, dass er selbst fuhr. Er wählte den Weg über den Challpass und Metzerlen.

Ein warmer, ergiebiger Frühlingsregen hatte in der Nacht zuvor die durstige Erde getränkt und ihm war, als höre er das Land vor Erleichterung aufstöhnen. Unter ihm breitete sich die oberrheinische Tiefebene aus. Links und rechts eingerahmt von den Vogesen und dem Schwarzwald, verlor sie sich nach Norden im gedämpften Blau des Horizonts. Am

Himmel zogen grosse Wolkengebilde ostwärts, während der Frühling sein Fest mit knallgelben Rapsfeldern, hellen Buchenwäldern und süss duftenden Fliederbüschen feierte.

Erschöpft von der Fahrt, legte er in Mariastein eine Pause ein. Er stellte den Wagen auf den riesigen Parkplatz vor der Klostermauer, der, wie immer an Werktagen, fast leer war. Dann schlenderte er Richtung Kirche.

Im Zusammenhang mit den Vorbereitungen für die nächste Ausgabe des «Dreiland»-Magazins hatte er sich in den Tagen vor seiner zweiten Fahrt ins Lüsseltal mit der Geschichte des Wallfahrtsortes vertraut gemacht.

Der Legende nach soll hier vor Zeiten eine Mutter zusammen mit ihrem Buben Vieh gehütet haben. In der sommerlichen Mittagshitze suchte sie in einer offenen Höhle kühlen Schatten und schlief ein. Das Kind wagte sich unterdessen an den Felsrand, verlor den Halt und fiel ins Tal. Als die Mutter aufwachte und den Knaben nicht mehr fand, ahnte sie, was geschehen sein musste. Sie eilte ins Tal, wo ihr unversehrtes Kind Blumen pflückte. Es erzählte von seiner Errettung durch «eine überaus schön hell glänzende Frau, die ihm gesagt habe, sie sei Maria, die Himmelskönigin und habe diesen Ort und hohlen Felsen zu ihrer Wohnung auserwählt, allwo ihr gebenedeiter Name soll gepriesen werden.»

Noch heute scheint Maria im Stein Wunder zu wirken, wie Amberg überrascht feststellte, als er durch den in den Fels gehauenen Gang zur Gnadenkapelle hinunterstieg. «Hat mich von schwerer Krankheit geheilt», las er auf einem der vielen Votivtäfelchen, und: «Hat mich vor einem Unfall bewahrt», oder: «Hat unser Kind errettet.» Zahlreiche dieser Gaben einer einfachen Volksfrömmigkeit waren neueren Datums. Einen Augenblick lang überlegte Amberg, ob auch er von einem Wunder berichten könnte: «Hat aus einem versuchten Totschlag einen Autounfall gemacht.» Mehr fiel ihm nicht ein.

Amberg war nicht der Einzige, der die Felsengrotte aufgesucht hatte. Ein paar Reihen vor ihm liess eine Frau die
Kugeln des Rosenkranzes durch ihre Finger gleiten und
schaute unverwandt auf die Himmelskönigin und ihr Söhn-
lein, eines jener seltsam erwachsenen Barockkinder. Neben
ihr betete ein alter Mann. Zwei Mädchen standen am Pult
vor dem Altar, wo ein Gästebuch lag. Die beiden drängte der
Wunsch, der Nachwelt von ihrem heutigen Besuch zu berichten. Endlich entschlossen sie sich kichernd zu ihrem Sätz-
lein. Mit gefalteten Händen und verlegen lächelnd, strebten
sie dem Ausgang zu, wo sie sich bekreuzigten.

Amberg fröstelte. Er verliess die Kapelle und stieg hinauf
zum Klosterplatz. Blendendes Tageslicht empfing ihn. Ihn
schwindelte. Er setzte sich auf das Umfassungsmäuerchen
und barg sein Gesicht in den Händen. Ihm war übel.

«Ist Ihnen nicht gut?», fragte eine junge Frau, sie mochte
fünfundzwanzig Jahre alt sein, vielleicht etwas älter. Sie stand
vor ihm und betrachtete ihn besorgt.

Er schüttelte den Kopf.

«Sie wären besser noch einen oder zwei Tage im Spital
geblieben.»

«Woher wissen Sie …?» Er kämpfte gegen einen aufsteigen-
den Brechreiz.

«Ich weiss es eben!» Sie kramte aus ihrer Handtasche eine
kleine Flasche Mineralwasser und reichte sie ihm.

Er trank einen Schluck.

«Sie sind nicht in der Lage, allein nach Basel zurückzu-
fahren», fuhr sie bestimmt fort, «ich bringe Sie nach Hause.
Geben Sie mir Ihren Autoschlüssel.»

Fünf Minuten später stand Ambergs Renault vor dem
Klosterplatz. Sie fasste ihn unter dem Arm und führte ihn
zum Auto.

Während sie den Wagen hinunter nach Flüh steuerte,
schwieg sie. Er hatte das Seitenfenster geöffnet und liess sei-

126

nen heissen Kopf vom Fahrtwind kühlen. Allmählich fühlte er sich wieder etwas besser. Er betrachtete ihr Profil: dichtes, hellblondes Haar, kurz geschnitten, ein Gesicht mit hohen Wangenknochen, klare, graue Augen, ein schmaler Mund. Es war die Frau, die ihm am 20. Mai, bei Seefelds Auftritt vor dem Gasthof in Erschwil, aufgefallen war.

«Ich habe Sie schon einmal gesehen», sagte er.

«Gewiss, vor ein paar Tagen, als dieser Sektenmensch den alten Mann fertiggemacht hat. Du bist in deinem Wagen gesessen und hast zugeschaut.» Sie hatte vom Sie zum Du gewechselt.

«Sie wissen, wer Roland Seefeld ist?»

«Sag nicht Sie zu mir, das stört mich!» Sie dachte nach, fuhr sich mit den Fingern durchs Haar. «Ja, ich kenne ihn. Allerdings nicht so, wie du vielleicht glaubst. Ich gehöre nicht zu seiner Gemeinschaft.»

Das hatte Amberg auch gar nicht angenommen. Sie fuhren jetzt über den sanften Hügel, der Bättwil von Biel-Benken trennt. Acker- und Weideland. Linker Hand grasten Pferde, die von ihren Besitzern im Gehöft an der Strasse untergebracht worden waren und die sie am Wochenende für einen Ausritt abholten. Weiter hinten das französische Leimen mit seinem spitzen Kirchturm. Ein Bild des Friedens.

«Ich heisse Amberg, Jakob Amberg.»

«Ich weiss», erwiderte sie lächelnd.

«Und wer bist du?»

«Ich bin die Frau, welche die Polizei bat, dich ins Spital zu bringen.» Sie warf ihm einen kurzen Blick zu.

«Ach, die anonyme Telefonanruferin.»

«Die anonyme Telefonanruferin», bestätigte sie. «Du lagst an der Strasse, bewusstlos, mitten in der Nacht und brauchtest Hilfe. Ich fuhr vorbei und da musste ich doch etwas tun.»

«Sicher.»

«Ich rief die Polizei an, wie gesagt. Übrigens mit deinem Handy.»

«Aber weshalb anonym?»

«Ich habe meine Gründe. Sie haben nichts mit dem Vorfall zu tun!»

Sie sagte Vorfall, nicht Unfall. Wenigstens etwas.

«Und du weisst auch, wo ich wohne?»

«Im Ahornhof, Türkheimerstrasse 6, 4055 Basel. Ich habe mir natürlich deinen Ausweis angeschaut.»

Natürlich. Die junge Frau, die sich über den Bewusstlosen am Strassenrand beugt und ihm die Brieftasche aus dem Jackett zieht. Vorsichtig. Es ist Nacht. Sie geht zum Auto, knipst die Innenbeleuchtung an, um sich seine Personalien einzuprägen. Dann benutzt sie sein Handy. Er tastete nach seinen Schlüsseln.

Sie bemerkte die Geste, lächelte.

«Wie heisst du?»

«Hanna.»

Hanna. Amberg schloss die Augen. Er war unendlich müde.

Eine Viertelstunde später hielt sie vor dem Ahornhof. Sie liess ihn aussteigen. «Geh schon hoch und lass die Türe offen.»

Das war der Anfang einer Geschichte, die überraschend begann und drei Wochen später ebenso plötzlich wieder abbrach. Eine Geschichte, die Amberg ratlos machte, da er sie erst viel später verstehen sollte.

Während sie sich am Herd zu schaffen machte, sass er am Küchentisch.

Sie bewegte sich rasch und unbefangen, fand sich zurecht, als hätte sie schon immer hier gelebt. Sie deckte den Tisch und füllte seinen Teller mit einer Bouillon, die sie gekocht hatte.

«Iss», sagte sie, «du brauchst es!»

Sie setzte sich ihm gegenüber und beobachtete ihn, während er die Suppe auslöffelte.

«Wer bist du?», fragte Amberg.

«Das ist unwichtig. Ich weiss, wer du bist.» Sie stellte ein Glas Mineralwasser vor ihn hin, drängte ihn zu trinken. Sie war überhaupt besorgt um sein Wohlbefinden an jenem 26. Mai. «Im Übrigen habe ich mich vorgestellt. Ich heisse Hanna.»

«Hanna und wie noch?»

«Hanna genügt.»

«Du könntest auch anders heissen, nicht?»

«Jeder könnte anders heissen. Jeder könnte jemand anders sein. Namen, Gesichter, Lebensgeschichten sind Möglichkeiten, mehr nicht. Jetzt und für dich bin ich Hanna.»

Das war entweder ein bisschen philosophisch oder ein bisschen verrückt. Wahrscheinlich einfach ein Spiel, dessen Regeln er nicht durchschaute. Jakob Amberg mochte nicht darüber nachdenken. Überdies hatte er wieder Kopfweh.

«Du bist müde», sagte sie, «leg dich ein wenig hin. Ich werde hier inzwischen aufräumen.»

Später setzte sie sich zu ihm ans Bett. Hielt sie seine Hand? Er schlief ein. Als er am anderen Morgen erwachte, war sie nicht mehr da.

Er vermisste sie bereits.

XIII.

Dr. Heimann vom Kantonsspital Laufen hatte Amberg für zweieinhalb Wochen krankgeschrieben. Salvi, den er telefonisch informierte, nahm es zur Kenntnis. «Haben Sie jemanden, der nach Ihnen schaut?»

Keine Anstrengung hatte der Arzt gesagt, keinen Alkohol, ab und zu ein Spaziergang im Wald, nur wenig Lektüre, nichts, was den Kopf belastet, Ruhe. Setzen Sie sich nicht unnötig der Sonne aus. Dafür konnte er selbst sorgen. «Ich komme allein zurecht, danke.»

«Also dann, bis später!», sagte Salvi verstimmt. Er nahm ihm noch immer übel, dass er beim Hof der Kinder Salomonis versäumt hatte, die Autonummer von Alois Peters Mutter zu notieren.

Gegen Abend kam Hanna. Sie klopfte an die Wohnungstür, die Amberg tagsüber nicht abschloss, und schlüpfte herein, bevor er ihr öffnen konnte. Sie hielt das so während der gesamten Dauer ihrer Bekanntschaft: dieses für ihn stets überraschende Klopfen an der Wohnungstür und das verstohlene Hereinschlüpfen. Als habe sie vermeiden wollen, gesehen zu werden. Und in der Tat: Niemand im Ahornhof hat sie je bemerkt. Breitenmoser, der Staatsanwalt, liess das später abklären. Salvi war der Einzige von Ambergs Bekannten, der je mit ihr gesprochen hatte. Aber als es darauf ankam, konnte Salvi nicht mehr befragt werden.

Sie kam häufig. Fast täglich. Blieb sie einmal länger als vierundzwanzig Stunden aus, fuhr er mit dem Lift hinunter in die Eingangshalle, um zu kontrollieren, ob die Haustür unverschlossen war.

Gewiss: Es beunruhigte ihn, dass er so wenig von ihr wusste. Sie entzog ihm dadurch die Möglichkeit, aktiv in ihre Beziehung einzugreifen. Sie war es, die Zeitpunkt und Dauer ihres Zusammenseins bestimmte. Amberg war vor Kurzem fünfunddreissig geworden. Seine jungen Jahre waren definitiv vorbei, fand er. So nahm er es als unerwartetes Geschenk, dank Hanna noch einmal verliebt sein zu dürfen wie ein Achtzehnjähriger.

Wenn sie in seinem Wohnzimmer nebeneinander auf der Couch sassen, lehnte sie manchmal ihren Kopf an seine Schulter. «Ich weiss so wenig von dir», sagte sie mit einem anklagenden Unterton, «wie soll ich dir vertrauen, wenn du nicht über dich sprichst?»

Er schnupperte an ihrem Haar. Es roch wie frisches Heu.

Sie rückte von ihm ab und musterte ihn. «Wer bist du?»

«Du hast meine Papiere durchgesehen damals, auf der Landstrasse bei Laufen.»

«Papiere, Führerausweis, Identitätskarte, was bedeutet das schon? Wer hat dich dort hingelegt?»

Er erzählte ihr nicht, dass man ihn niedergeschlagen hatte.

«Das mit dem Autounfall stimmt nicht», fuhr sie fort, «so wenig wie deine angebliche Amnesie.»

Weshalb sie das glaubte, verschwieg sie. Amberg fragte sie nicht danach.

Sie entfernte ein Haar von seinem Pullover. «Nach dem Auftritt vor dem Gasthof in Erschwil bist du Roland Seefeld und diesem alten Mann hinterhergefahren. Stunden später habe ich dich bewusstlos auf der Strasse gefunden. Was ist inzwischen geschehen?»

«Das ist unwichtig!» Amberg wusste nicht, was ihn davon abhielt, ihr zu erzählen, was tatsächlich geschehen war. Er hatte sich in ihr hübsches Lärvchen vergafft, wollte nicht wahrhaben, dass sie ihn beobachtete, dass sie herauszufinden versuchte, wo seine schwachen Stellen waren. Er negierte, was auf der Hand lag: dass sie berechnend war, von Tag zu Tag die Klaviatur seiner Gefühle besser beherrschte. Stattdessen begehrte er sie, war dem süssen Wahn des Verliebtseins verfallen. Ahnte er, dass sie nur zu ihm kam, um ihm die Zunge zu lösen, dass seine Erlebnisse im oberen Lüsseltal das Einzige war, was sie interessierte? Möglicherweise war sein Schweigen nichts als ein verzweifelter Versuch, sie zu halten.

«Du misstraust mir», stellte Hanna fest.

Das traf zu. Er misstraute ihr, aus einem Gefühl heraus, ohne sich darüber Rechenschaft abzulegen. Die Vorstellung, dass sie ihre Beziehung um seiner selbst willen aufrechterhielt, erschien ihm unwahrscheinlich. «Ich möchte wissen, weshalb du zu mir kommst.»

«Vielleicht habe ich ein schlechtes Gewissen, weil ich mich nicht selbst um dich gekümmert habe, als du am Strassenrand lagst, und stattdessen die Polizei gerufen habe.»

Schwach. Sie hatte sich inzwischen davon überzeugen können, dass er ausser Gefahr war und ihre Hilfe nicht mehr brauchte.

Sie spürte seine Skepsis. «Vielleicht brauche ich jemanden, für den ich sorgen kann.»

Noch schwächer. Er, Amberg, als Objekt von Hannas ungestilltem Brutpflegeinstinkt.

«Lach mich nicht aus», sie legte ihre Arme um seinen Hals, schmiegte sich an ihn, «vielleicht mag ich dich.»

Er gab auf. Seine Versuche, mehr über sie und ihre Motive zu erfahren, endeten stets in einer Umarmung. Er gab sich damit zufrieden. Gewiss: Er hatte immer das Gefühl, diese Beziehung stehe ihm nicht zu. Sie beruhte auf Voraussetzungen, die er nicht durchschaute, nicht durchschauen wollte. Was sie ihm zu geben hatte, das waren ihre Gesten, ihre Zärtlichkeit, ihre Nähe. Und diese empfing er wie jemand, der aufgrund einer Verwechslung etwas erhält – schuldbewusst. Worin sie konsequent blieb: Wenn er mehr wollte, verweigerte sie sich ihm, wehrte sie ihn ab. «Lass mich», sagte sie und küsste ihn, «ich bin noch nicht so weit!» Oder: «Du musst Geduld mit mir haben, ich brauche Zeit!»

Es mag unglaublich klingen, aber es trifft zu: In den drei Wochen, die die Beziehung mit Hanna dauerte, brachte sie es fertig, ihm nichts über sich selbst zu verraten. Er erfuhr weder ihren Nachnamen noch ihr Alter noch ihre Adresse. Amberg nahm es hin. Er wusste nicht, wie sie ihre Tage verbrachte. Er vermutete, wenn er überhaupt so weit dachte, dass sie arbeitete, denn sie kam ausschliesslich am Abend. Auch an den Wochenenden. Amberg sah sie nie ausserhalb

132

seiner Wohnung. Meist verliess sie ihn noch vor Mitternacht.

Sie war eine junge Frau wie viele. Jeans, Bluse, Pullover, T-Shirt – je nach Temperatur. Keine teuren Accessoires. Kunstgewerblicher Schmuck aus Silberdraht. Wenn sie rauchte, was selten vorkam, benutzte sie ein Wegwerffeuerzeug. Kein Ehering. Das hatte er schon früh festgestellt. Auch keine verräterisch helle Stelle am Ringfinger.

Er gewöhnte es sich ab, über ihren sozialen Hintergrund nachzudenken. Wer sie war, woher sie kam, war unwichtig. Er versuchte, im Augenblick zu leben, die Dinge zu nehmen, wie sie sich ihm anboten, im Bewusstsein, dass Hanna aus seinem Leben verschwinden könnte, wie sie gekommen war: unvermittelt, gleichsam aus dem Nichts.

Sie registrierte sein verändertes Verhalten und machte sich darüber lustig, indem sie Geschichten über sich zu erzählen begann, versponnene und verwickelte Geschichten, die einander ausschlossen, was sie aber nicht störte. Das Leben selbst sei versponnen und verwickelt, behauptete sie, wenn er auf ihre Widersprüche hinwies, was sei schon dabei, wenn sie ihren eigenen Lebenslauf ab und zu neu erfinde.

Worin sie jedoch konsequent blieb, war ihr Anspruch, alles über seine Erlebnisse im Schwarzbubenland zu erfahren, und zwar Tatsachen, keine Poesie. Sie empfand das übrigens nicht als Widerspruch.

Ab und zu gab sie etwas von sich preis. Sie liess durchblicken, dass sie sich im Lüsseltal auskannte. Sie erzählte vom Priester von Beinwil, demselben, bei dem sich Amberg seinerzeit über Alois Peters informiert hatte. Sie wusste, dass er als schwul galt und dass er vom Bischof deswegen in die Verbannung geschickt worden war. Sie hatte sich auch mit den Kindern Salomonis beschäftigt, intensiv genug, um sich über deren abstruse Philosophie, die sie amüsierte, lustig zu machen. Sie hatte sogar von jener seltsamen Alten gehört –

so Hannas Worte –, die in einer geheimnisvollen Beziehung zum Landstreicher stehe, der bei Roland Seefeld das Gnadenbrot esse. Dass sie seine Mutter war, schien sie nicht zu wissen.

Gegen Ende der ersten Woche seiner Rekonvaleszenz besuchte ihn Marianne Hochstrasser. Amberg war allein zu Hause. Sie brachte Blumen mit, einen grossen Strauss. Noch nie hatte ihm jemand Blumen geschenkt. Er war verlegen. Aber nicht nur wegen des Bouquets. Sie spürte das. «Du hast eine andere Frau, Jakob!», stellte sie sachlich fest.

Sie tranken Kaffee.

«Erzähl mir von ihr.»

Amberg reagierte wie ein ertappter Ehemann: aggressiv. «Ich habe deinen Mann auch immer aus dem Spiel gelassen.»

«Stimmt.» Lächelnd: «Ich habe nicht das Recht, von dir Erklärungen zu verlangen.» Sie wandte sich den Blumen zu, ordnete sie in der Vase, in die er sie gestellt hatte. «Paul hat mir vom Überfall auf dich erzählt. Ich wollte dir sagen, dass es mir leidtut. Ich konnte nicht früher kommen, weil …», sie brach den Satz ab und schaute ihn an. Erkannte sie, dass sie ihm von einem Tag auf den anderen fremd geworden war? Sie küsste ihn auf die Stirn, schwesterlich. «Es ist wohl besser, wenn ich jetzt gehe.» Und bereits in der Türe stehend, sagte sie ihm ein: «Leb wohl!»

Ihr Besuch hatte keine Viertelstunde gedauert. Er blieb sitzen und starrte auf die Blumen. Schliesslich nahm er den Strauss aus der Vase und stopfte ihn in den Abfalleimer. Er wollte nicht, dass Hanna danach fragte.

Das war das vorläufige Ende seiner Bekanntschaft mit Marianne Hochstrasser. Damals, Ende Mai, löste er sich leicht von ihr, so wie er sich überhaupt von seiner Aussenwelt löste. Er vernachlässigte seine wenigen Bekannten. Eine gut gemeinte Einladung seiner Kollegin Carmen Heyer zu einem gemeinsamen Abendessen mit ihr und ihrem Mann schlug er aus. Ebenso das Angebot seines Freundes, Thomas Jermann, mit ihm ein Wochenende in den Freibergen zu verbringen, wo seine Eltern ein Ferienhaus besassen. Das Risiko, einen von Hannas Besuchen zu verpassen, erschien ihm unerträglich.

Seine Tage verbrachte Amberg zurückgezogen. Die Zeit schien stillzustehen. Er hielt sich an die ärztlichen Empfehlungen, widmete sich seiner Genesung, verwöhnte sich mit viel Schlaf und ausgedehnten Spaziergängen im nahen Elsass. Er genoss den weiten Himmel über dem Land zwischen Oberrhein und Vogesen. Zuweilen blieb er stehen und betrachtete Kumuluswolken, die sich bis in die Unendlichkeit hinauf türmten. Er beobachtete Bussarde, die mit hellen Schreien über den bewaldeten Höhenzügen kreisten oder eine Schar Tauben, die in spielerischen Formationen grau schillernd über die Felder jagte. Es ging auf den Sommer zu, das Gras stand bereits kniehoch und ihm schien, als habe er die Natur noch nie so intensiv wahrgenommen.

Am Abend wieder Hanna. Sie sassen nebeneinander auf der Couch und hörten Klassische Musik. Sie liebte Debussy. Manchmal legte sie ihren Kopf in seinen Schoss. Er fuhr mit dem Zeigefinger den Konturen ihres Gesichtes nach. Sie lächelte, ohne die Augen zu öffnen. Ihr Zusammensein erschien ihm leicht, schwebend, wie ein Blatt im Wind. Es gab nicht viel zu reden. Ab und zu eine ihrer erfundenen Geschichten aus einem ihrer Leben. Entwürfe vielleicht, wie er sie sehen sollte. Möglicherweise. Je nach Situation und Stimmung. Manchmal wollte sie von ihm etwas wissen. Über Salvi beispielsweise, der eine stadtbekannte Persönlichkeit war. Ob er ein Despot sei, wie so viele Sozialaufsteiger. Aus ihrem Mund hatte das Wort einen schalen Nachklang, so als sei sozialer Aufstieg etwas Verächtliches. Ihre Fragen bezogen sich oft auf die Sartorius-Schenkung. Sie liess sich Ambergs Tätigkeit erklären, hörte aufmerksam zu. Ihr Gesicht veränderte sich, wurde wacher. Das Thema interessierte sie. Dann, die immer wiederkehrende Frage, weshalb er ins Lüsseltal gefahren war und wonach er dort hinten gesucht habe. Amberg wich ihr aus. Aber es liess sich nicht vermeiden, dass sie sich der Wahrheit näherte, da ihn das Geplänkel um die immer gleiche Frage zermürbte. An jenem Abend, als Salvi ihn besuchte, wusste sie bereits, ohne dass der Name Alois Peters gefallen wäre, dass er im Auftrag seines Chefs im Lüsseltal Nachforschungen angestellt hatte.

Freitag, 11. Juni, 19 Uhr. Hanna war soeben gekommen, unangemeldet wie immer. Er sass auf dem Balkon und schaute kleinen Gruppen orthodoxer Juden zu, die acht Stockwerke unter ihm ihrer Synagoge an der Ahornstrasse zustrebten. Für sie begann der Sabbat. Sie trugen schwarze Hüte und schwarze Mäntel. Manche von ihnen hatten Schläfenlocken. Die Frauen trugen Perücken und Kleider, die Knie und Ellenbogen bedeckten. Die jüdische Gemeinde in Basel war im Laufe der vergangenen Jahrzehnte klein geworden. Nur noch etwas mehr als tausend Menschen gehörten ihr an. Die meisten von ihnen lebten im Gotthelfquartier, das sich zwischen dem Schützenmattpark und der Ahornstrasse im Südwesten der Stadt ausbreitet.

Amberg zeigte Hanna Dr. Ephraim Uhlmann, einen ihm bekannten Rechtsanwalt, der in der Palmenstrasse wohnte, die in die Ahornstrasse mündet: ein beleibter älterer Herr mit grauem, gepflegtem Bart. Auch er trug eine Kopfbedeckung, einen Hut, der allerdings eleganter war, gewissermassen weltlicher, als jene seiner orthodoxen Glaubensgenossen. Er gehörte der liberalen Richtung der jüdischen Gemeinde an, die ihr Zentrum in der Synagoge an der Ecke Leimenstrasse/ Eulerstrasse hat.

«Woher kennst du ihn?», fragte Hanna. Sie war in der Tür zum Balkon stehen geblieben, als wolle sie vermeiden, von irgendjemandem gesehen zu werden.

«Ich habe ihn einmal zur Geschichte der Juden in Basel

interviewt.» Er und Uhlmann hatten sich über Theodor Herzl unterhalten, der nach dem ersten Zionistenkongress von 1897 in sein Tagebuch notierte, in Basel habe er den Judenstaat gegründet.

Hanna war uninteressiert. Sie schien schlecht gelaunt und als Salvi plötzlich in der Wohnungstür stand, unangemeldet, so wie sie das selbst stets tat, reagierte sie fast panikartig, schickte sich dann aber ins Unvermeidliche.

Er habe mehrmals geklopft, entschuldigte sich der Alte. Und da die Türe nur angelehnt gewesen sei, habe er sich erlaubt hereinzuschauen. Er könne natürlich wieder gehen und später kommen.

Amberg stellte ihm Hanna vor: «Frau Hanna …», er zögerte.

«… Vielmeier», sagte sie rasch, «Hanna Vielmeier.» Sie schenkte Amberg ein strahlendes Lächeln. Und zu Salvi: «Ich habe Jakob im Jura kennengelernt.»

Vielmeier. Sie hätte auch Meier sagen können. Oder Müller. Oder irgendetwas. Er kannte sie inzwischen gut genug, um zu wissen, dass sie sich, sobald Salvi fort sein würde, mit Leichtigkeit vom neuen Namen verabschiedete. Im Übrigen fand Amberg den Namen nicht, als er ihn anderntags unter tel.search.ch suchte. Es gab auch keine Vielmeyer oder Vielmayer.

Salvi glaubte ihr. Warum sollte er ihr auch nicht glauben? Sie schien ihm zu gefallen. Er unterhielt sich mit ihr, plauderte kunstbeflissen über Klöster und Abteien im Jura: Lucelle, St-Ursanne, Bellelay, Mariastein. Er musste sich einiges angelesen haben. Hanna, eine interessierte junge Frau, hörte ihm zu. Sie stellte Fragen, die zeigten, dass ihr das Thema nicht fremd war, und sie animierte ihn zu weiteren Ausführungen. Schliesslich stand sie auf. Sie wolle nicht länger stören. Er, Salvi, habe sicher Wichtiges mit Amberg zu besprechen, wenn er sich eigens hierher bemühe.

Er bestritt es, bat sie zu bleiben. Sein Besuch sei nicht geschäftlicher Natur und ausserdem sei es für einen alten Mann angenehm, eine Stunde mit jungen Leuten verbringen zu dürfen. Er schien es ernst zu meinen.

Hanna setzte Kaffee auf und übernahm die Rolle der Gastgeberin. Salvi liess sich bedienen, sass da und strahlte Wohlwollen aus. Ein Papa zu Besuch bei Sohn und Schwiegertochter.

Amberg wartete irritiert. Handelte es sich lediglich um einen Höflichkeitsbesuch? Der Alte erkundigte sich nach seinem Befinden, behauptete, froh zu sein, wenn er am Montag wieder zur Arbeit komme. Er habe ihn vermisst. Und mit einem Mal merkte Amberg, dass Salvi meinte, was er sagte. Er war ein einsamer, alternder Mann. Schwer zu sagen, woran das zu erkennen war. Kaum wahrnehmbare Zeichen der Resignation. Vielleicht sein ungewohntes Bedürfnis nach Bestätigung, seine Dankbarkeit für das Interesse, das die junge Frau ihm entgegenbrachte. Vielleicht seine Körperhaltung: eine Spur zu straff, wie einer, der verbergen will, dass er eine Grenze erreicht hat.

Von Hanna dazu aufgefordert, erzählte er von der Sartorius-Schenkung. Nichts von Bedeutung. Es blieb bei Anekdotischem, Fussnoten aus dem Leben eines Stiftungsdirektors.

Sie brachte das Gespräch auf Johann Balthasar Sartorius, den Gründer, und behauptete, er habe nicht das Recht gehabt, sein ganzes Vermögen der Stadt zu vermachen, solange ein legitimer Erbe vorhanden gewesen sei.

Erstaunt registrierte Amberg, dass ihr die Familienverhältnisse des Stifters bekannt waren. Möglicherweise hatte sie eine der zahlreichen Broschüren von Professor Chrétien, dem Historiker, gelesen.

Salvi hob die Brauen. «Sie spielen auf seinen Sohn an, Caspar Emanuel, der mit dem Alten brach und nach Paris ging, um die Luft des revolutionären Frankreichs zu schnuppern.»

Gut gelaunt fügte er hinzu: «Der junge Mann war bereit, für seine Gesinnung zu bezahlen. Das ist mehr, als man von manchem rebellischen Bürgersöhnchen unserer Achtundsechzigergeneration behaupten kann.»

Sie liess das Argument nicht gelten. Johann Balthasar habe treuhänderisch ein Vermögen zu verwalten gehabt, das seine Familie im Laufe von Jahrhunderten ehrlich erworben habe. Mit der Schenkung habe er lediglich einen Vater-Sohn-Konflikt auf seine Weise gelöst, eigenmächtig einer grossen Geste den Vorzug gegeben, statt dafür zu sorgen, dass Caspar und seine Nachkommen die Tradition einer alten Familie weiterführten.

Salvi amüsierte sich. Die Diskussion regte ihn an. «Wir wollen nicht darüber rechten, wie ehrlich das Sartoriusvermögen zustande kam. Immerhin weiss ich, dass diese Familie, neben der höchst einträglichen Seidenbandweberei, auch mit dem Verkauf junger Männer in fremde Kriegsdienste erhebliche Gewinne gemacht hat.»

Das Söldnerwesen sei ein normaler Wirtschaftsfaktor in unserem Land gewesen, damals. Hanna ereiferte sich: «Sie können von Johann Balthasars Vorfahren nicht ein Bewusstsein erwarten, das der Zeitgeist noch nicht kannte!»

«Selbst wenn das stimmen würde», widersprach er, «aber es stimmt nicht, bleibt die Tatsache bestehen, dass an den Sartorius-Millionen Blut klebt. Vielleicht hat das Johann Balthasar erkannt.» Und mit leisem Spott: «Er soll ja aufs Alter sehr fromm geworden sein.»

«Er stiftete die Schenkung aber nicht, um ein vermeintliches Unrecht zu sühnen!» Hanna blieb hartnäckig. «Die Armut wählte er nicht für sich selbst, er auferlegte sie lediglich seinem Sohn Caspar als Strafe dafür, dass er aus der Art schlug, dass er fortschrittlicher war als der Vater. Dass sich der Alte damit gleichzeitig ein Denkmal setzte, als Wohltäter der Stadt, beweist höchstens, dass er für sich das Eintrittsticket ins Himmelreich erkaufen wollte.»

Salvi schüttelte den Kopf. «Ich kann zwar Ihrer Argumentation folgen, aber es wird Ihnen schwer fallen, mich davon zu überzeugen, dass irgendein Erbe des verschollenen Caspar Emanuel Sartorius das Riesenvermögen sinnvoller verwenden würde als unsere gemeinnützige Stiftung.»

«Darum geht es doch nicht!», wandte sie impulsiv ein. «Der alte Sartorius hat seine eigene Familie bestohlen. Er war ein Mann, der das Gut, das ihm von früheren Generationen anvertraut worden war, jenen, die nach ihm kamen, vorenthalten hat.»

«Eine reichlich dynastische Betrachtungsweise!» Salvi zog eine seiner Zigarren hervor. «Ich darf doch rauchen, Amberg? Nebenbei: Warum äussern Sie sich nicht zu unserem Disput?»

Jakob Amberg hatte den beiden aufmerksam zugehört, nicht etwa, dass ihn der Streit um die Haltung des alten Sartorius berührt hätte, es war vielmehr die Vehemenz, mit der Hanna ihre Meinung vertrat, die ihn überraschte.

«Nun?» Salvi zündete sich umständlich die Zigarre an. Er wartete auf eine Stellungnahme. Ebenso Hanna. Als ob Amberg ein neutrales Schiedsgericht sei.

«Falls Caspar Emanuel Sartorius, von dem man nichts weiss, Nachkommen hat und ich wäre einer von ihnen», meinte er schliesslich, «ich denke, ich würde reden wie Hanna.»

Hanna lachte. «Vielleicht war Caspar mein Ururgrossvater.» Der Gedanke machte ihr Spass. Sie hatte soeben wieder eine Geschichte erfunden.

Sie kamen auf anderes zu sprechen. Der Alte wurde zusehends einsilbiger, düsterer. Gegen 22 Uhr brach er auf.

Amberg begleitete ihn zum Aufzug.

«Sie wissen gar nicht, wie gut mir dieser Abend getan hat. Ich danke Ihnen», sagte Salvi. Und dann, fast gequält: «Ich habe Sorgen. Ich bin in dieser verflixten Angelegenheit keinen Schritt weitergekommen. Inzwischen ist Alois Peters verschwunden. Wie vom Erdboden verschluckt. Auch von der alten Hexe keine Spur mehr. Was immer ich unternehme, ich laufe stets ins Leere. Ist wenigstens Ihnen etwas eingefallen? Irgendein Anhaltspunkt?»

«Nichts. Nicht die Nummer des Mercedes, nichts über den Mann, der mich niedergeschlagen hat. Nichts.»

Salvi ging. Ein Riese mit hängenden Schultern.

Hanna stand hinter der offenen Tür. «Du bist also niedergeschlagen worden», sagte sie. Sie hatte gelauscht.

XIV.

«Wer hat dich niedergeschlagen? War es Seefeld, dieser verrückte Säulenheilige?», wollte sie wissen.

Amberg zuckte mit den Schultern.

«Vielleicht kam ihm dein Besuch ungelegen», mutmasste sie, «vielleicht hatte er etwas zu verbergen. Er kann sehr jähzornig sein.»

Das wusste er auch. Aber Seefeld kam als Täter nicht infrage. Er und seine Kinder Salomonis befanden sich in der Wohnstube, als ihm ein Unbekannter beim Lindenbaum im Vorgarten einen Knüppel über den Schädel gezogen hatte.

Hanna schmiegte sich an ihn. Ihr Blondschopf kitzelte ihn am Hals. «Wer war es, Jakob?»

Der Chauffeur hätte es sein können. Bereits als die Alte ihren Sohn mit der Reitpeitsche züchtigte, war er nicht mehr im Zimmer. Amberg nahm ihre Hand und küsste ihre Fingerspitzen. «Ich weiss es nicht.»

«Du gibst also zu, dass du niedergeschlagen worden bist?»

«Gar nichts gebe ich zu!» Er küsste ihren Arm. «Du vergisst, dass man mir für den Unfall einen partiellen Gedächtnisverlust bescheinigt hat.»

Sie hob den Kopf und schaute ihn an. Ihre Augen wurden schmal. «Du solltest dich über mich nicht lustig machen.»

Er küsste ihre Schulter.

Sie seufzte. Hatte sie geglaubt, an diesem Abend ihr Ziel erreichen zu können? Sie stand auf, schickte sich an zu gehen. Er hätte sie gerne zurückgehalten, liess es aber bleiben. Er wusste, dass es sinnlos war, sie zu bitten, das Wochenende mit ihm zu verbringen. Die Tagesstunden gehörten ihr, gingen ihn nichts an.

Am Montag, den 14. Juni, nahm er seine Arbeit wieder auf und fädelte sich unauffällig ein in den Fluss der laufenden Geschäfte. Auf seinem Schreibtisch stapelten sich die unerledigten Aufgaben, nichts von Belang, Korrespondenz vor allem. Carmen Heyer hatte einen Teil davon bereits erledigt. Man konnte die Papierstösse auch als Zeichen dafür nehmen, dass dem Zurückgekehrten die Illusion erhalten bleiben sollte, er sei unentbehrlich. Die Manuskripte verschiedener Autoren, die er mit Artikeln über Mariastein beauftragt hatte, warteten darauf, redigiert zu werden. Er sichtete das Bildmaterial, Fotos und alte Stiche, und vereinbarte einen Termin mit der Agentur, die für die grafische Gestaltung seines Magazins zuständig war.

Salvi schottete sich ab. Seine Bürotür blieb meist verschlossen und er war oft ausser Haus. Amberg nahm an, dass er sich neben seinem Alltagskram mit der Klosterzelgsache beschäftigte, unbeirrbar und zäh, unfähig, sich seine Niederlage einzugestehen.

Ihm war das gleichgültig. Salvis soziales Siedlungsprojekt war für ihn gestorben, dahingegangen mit Karl Peters, dem Tödlein.

Manchmal unterbrach er seine Arbeit und schaute durchs Fenster auf den Münsterplatz. Er dachte oft an Hanna und freute sich auf den Abend, auf ihr verstohlenes Erscheinen: unverhofft und erwartet zugleich.

«Was macht Salvi?», fragte sie, immer wieder: «Was macht Salvi? Hat er Alois Peters gefunden oder wenigstens die alte Hexe?»

«Welche alte Hexe?»

«Du weisst schon, er hat von ihr gesprochen, als du ihn nach seinem Besuch zum Aufzug gebracht hast. Wer ist sie überhaupt? Gehört ihr der Mercedes, dessen Nummer ihr nicht kennt?»

Sie hatte aufmerksam gelauscht an jenem Abend. Nichts war ihr entgangen. Amberg lächelte.

Wenn sie sich über ihn ärgerte, so liess sie es sich nicht anmerken. Zärtlich berührte sie die Narbe über seinem rechten Auge. «Peters hiess doch der Bauer von Klosterzelg, der im Frühling ermordet wurde?»

Die Frage kam nicht unerwartet. Die Zeitungen hatten damals ausführlich über das Verbrechen geschrieben. Es war nur folgerichtig, dass Hanna Querverbindungen herzustellen begann.

Sie küsste seine Narbe. «Der Landstreicher, der bei Seefeld lebt, heisst doch auch Peters. Sind die beiden verwandt?»

«Sein Sohn, den er ein Leben lang verleugnet hat», sagte er.

«Ach, und die Alte?!»

«Welche Alte?»

«Kindskopf!» Sie lachte.

Nein, sie nahm es ihm nicht übel. Belustigt ging sie auf seine Spielchen ein und dachte nicht daran, ihn mit Liebesentzug zu bestrafen. Sie gab sich mit den kleinsten Informationen zufrieden, erfreut, wie jemand, der in einem komplizierten Puzzle ein passendes Teilchen entdeckt hat.

Am Freitag, den 19. Juni, kurz vor Arbeitsschluss, suchte Salvi Amberg in dessen Büro auf. Er setzte sich auf die Kante seines Schreibtisches und betrachtete ihn nachdenklich.

«Alois Peters bleibt unauffindbar», sagte er, «aber es spricht alles dagegen, dass er den Hof dieser Sektierer aus eigenem

Antrieb verlassen hat. Man hat ihn fortgeschickt oder fort-
gebracht.

Salvi, so schien es, war gekommen, um über seine Schwierigkeiten zu reden. Das erklärte auch die familiäre Attitüde,
mit der er auf der Tischkante hockte.

Amberg schaute ihn an. «Fortgeschickt? Seefeld?»

«Wohl kaum!» Und mit verächtlichem Unterton: «Dieser
Kerl spielt eine subalterne Rolle. Er ist Befehlsempfänger. Der
Mann ist unfähig zu planen, sein Handeln erfolgt spontan
und wird von Impulsen gesteuert.»

Er musste es ja wissen. Nachdem er Jakob Amberg im Kantonsspital von Laufen besucht hatte, war Salvi ins Lüsseltal
gefahren, um mit dem Ätti zu sprechen. «Er ist ein Psychopath», stellte Salvi fest, «ein verschrobener Kerl mit religiösen
Wahnvorstellungen, machtbesessen und geldgierig, Wachs in
den Händen für jemanden, der seine Schwächen zu nutzen
weiss.» Zynisch fügte er dann noch hinzu: «Er hat das Geld,
das ich ihm angeboten habe, nur abgelehnt, weil er von anderer Seite mehr erhält – und weil er Angst hat.»

«Alois Peters Mutter?»

Salvis Finger trommelten auf der Tischplatte. «Erinnern
Sie sich an ihren Auftritt bei diesen Kindern Salomonis?»

«Eine Monarchin der absoluten Art.» Amberg konnte sich
ein Lächeln nicht verkneifen, als er daran dachte, wie sie die
Szene beherrschte, kaum dass sie, gestützt auf den Arm ihres
Chauffeurs, Seefelds Wohnstube betreten hatte. Die herri-
sche Geste, mit der sie Meret anwies, das Fenster zu schliessen. Der Ätti, ein Lakai, der hinter dem Stuhl, auf dem sie
thronte, stehen blieb. Die hündische Ergebenheit des armen
Alois, als er vor ihr Rechenschaft ablegte.

«Eben», sagte Salvi trocken, «eine Frau, die gewohnt ist,
zu regieren. Das ist angeboren, Amberg, das lernt man nicht.
Da stehen Generationen dahinter und wenn wir erst einmal
ihren Namen kennen, werden wir uns nicht mehr wundern.»

Die Frau habe sich an Karl Peters rächen wollen, fuhr er fort, am Mann, der sie vor einem Menschenalter geschwängert habe. Der verkommene Alois sei ein Leben lang eine Last für sie gewesen, ein Mühlstein an ihrem Hals. Manchmal griff Salvi auf biblisches Vokabular zurück. Den alten Peters habe er gekannt. Eine bauernschlaue Kreatur, berechnend, geizig und geil, aber ohne Format. Ganz gewiss nicht von jenem Kaliber, das der Mutter von Alois gewachsen sei. Die Alte habe wohl bitter bereut, dass sie ihre Jungfräulichkeit an diesen Bauern weggeworfen habe und vor dem eigenen Tod habe sie die Sache noch ins Reine bringen wollen.

Seine Interpretation schien Amberg etwas weit hergeholt. «Warum hat sie Karl Peters nicht schon vor fünfzig oder sechzig Jahren erschlagen?»

«Erschlagen lassen», korrigierte Salvi, «erschlagen lassen! Leute wie sie pflegen die Dreckarbeit zu delegieren. An Seefeld, an den Chauffeur oder», zögernd, «an den eigenen Sohn, wenn Sie Sinn für die griechische Tragödie haben.»

Amberg lachte. «Alois Peters alias König Ödipus.»

«Lachen Sie nur!» Er steckte sich eine Zigarre an. «Sie fragen, warum sie mit ihrer Rache so lange gewartet hat. Da sind viele Gründe denkbar.» Er stand auf und öffnete das Fenster. Halb abgewandt sprach er weiter. «Vielleicht ergab sich früher keine Gelegenheit. Sie müssen bedenken, die Frau ist nicht irgendwer. Sie musste ihre Familie vor einem Skandal bewahren. Vielleicht hoffte sie auch, der liebe Gott werde ihr das schmutzige Geschäft abnehmen. Ihresgleichen neigt zur Ansicht, die höhere Gerechtigkeit als eine Art Dienstboten zu betrachten. Und nun, steinalt geworden, erkannte sie, dass sie die Sache selbst in die Hand nehmen musste. Die Zeit lief ihr davon.» Nachdenklich schaute er einem Rauchring nach, der sich auf seinem Weg zur Decke auflöste. Dann warf er Amberg einen Blick zu. Zornig: «Ich werde sie entlarven, Amberg, ich werde ihr die Maske vom Gesicht reissen.»

Die Wunschträume eines geschlagenen Mannes?

«Sie sind skeptisch?» Er stand jetzt mit dem Rücken gegen das Fenster. Sein Gesicht lag im Schatten. Salvi als grosse, dunkle Silhouette. Er lachte trocken und böse. Dann verliess er den Raum. Zurück blieb der Rauch seiner Zigarre.

Wie gefährlich nahe er der Wahrheit gekommen war, merkte Amberg zwei Tage später.

Was folgte, war sein letztes Wochenende in Freiheit. Er behielt es in schlechter Erinnerung. Anlass dazu war Hanna. Sie liess nichts von sich hören. Tauchte weder am Freitag- noch am Samstagabend auf. Es stimmt schon: Sie pflegte ihre Besuche so wenig anzukünden, wie sie ihm gegenüber ihr Wegbleiben begründete. In den vergangenen drei Wochen war es aber höchstens ein- oder zweimal geschehen, dass sie einen Abend ausliess.

In der Nacht von Samstag auf Sonntag war Amberg beunruhigt. Bis in die frühen Morgenstunden sass er wach in seinem Wohnzimmer, unfähig, sich auf das Buch zu konzentrieren, das zu lesen er sich selbst einredete. Immer wieder trat er auf den Balkon hinaus und schaute hinunter auf die Strasse, ob sie nicht doch, ob nicht das energische Klappern ihrer Schuhe … vergeblich. Er wanderte im Zimmer auf und ab wie in einem Käfig. Auch eine Wohnung kann zum Gefängnis werden. Ihn quälte der Gedanke, ihr sei etwas zugestossen, schlimmer: Sie sei seiner überdrüssig geworden. Der Egoismus des Verliebten, dem die Vorstellung des Todes der Geliebten erträglicher ist, als die Idee, sie könnte ihn verlassen. Gegen Morgen warf er sich angekleidet aufs Bett. Er schlief unruhig.

Bereits um 8 Uhr war er auf seinem Rennrad. In der Sundgauer Hügellandschaft tobte er sich aus, kämpfte gegen einen stürmischen Westwind, der an ihm zerrte und ihn warm anfauchte. Es war Sommer draussen auf dem Land: dort, wo die letzten Jurahänge in die Ebene abfallen, dort, wo sich

146

von Gott und der Welt vergessene Dörfer um alte, baufällige Kirchen drängen, auf deren Türmen Störche nisten, dort, wo die Wälder noch Wälder sind und die Wiesen noch Wiesen. Ein grosser Himmel voller Zirren, nur drüben im Norden, über dem Schwarzwald, eine dunkle Wolkenfront: Ein Tief, das, wie er im Radio gehört hatte, an jenem 20. Juni ganz Deutschland einen Regentag bescherte.

Er fuhr dem Wind entgegen, wie gesagt, westwärts, in ein weites Land hinein. Hügelauf, hügelab, über Hagenthal, Bettlach, Oltingen, Ferrete. Er spürte seinen Körper, der von einem Schweissfilm bedeckt war. Hoch über ihm ein Turmfalke, der mit schwirrenden Flügeln der Windsbraut trotzte. Er ahnte nicht, dass ihm dieses Bild als Illusion der Freiheit in den nächsten Monaten immer wieder erscheinen würde.

Im Laufe des Nachmittages kehrte er nach Hause zurück und nahm seinen Posten auf dem Balkon wieder ein.

Als Hanna gegen 20 Uhr durch die Wohnungstür schlüpfte, umarmte er sie. Er klammerte sich an sie wie ein Ertrinkender. Sie spürte es und lachte: «Hast du geglaubt, ich würde nicht mehr kommen?»

Sie löste sich von ihm und ging in die Küche, um etwas zum Essen zuzubereiten. Er schaute ihr zu. Sie hatte eingekauft: Käse, Brot, Salat, eine Flasche Wein. Sie würzte die Sauce. Ohne sich umzudrehen, sagte sie: «Nun?»

Amberg begriff: Sie war gekommen, um zu kassieren. Sie wollte die Informationen, um derentwillen sie sich mit ihm eingelassen hatte. Jetzt. Sie hatte ihn achtundvierzig Stunden lang schmoren lassen, auf dass er mürbe würde oder – wenn einem das lieber ist – reif, wie der Camembert, den sie auftischte.

Amberg begriff. Und dennoch hatte er ihr nichts mehr entgegenzusetzen. Ihre Rechnung war aufgegangen und er erzählte, auch wenn er ahnte, dass sich damit ihre Beziehung erschöpft haben würde.

Er berichtete von Karl Peters, dem Tödlein, und dessen Plan, Klosterzelg für eine lächerliche Rente und eine Bronzetafel der Sartorius-Schenkung zu vermachen. Er erzählte von Marianne Hochstrasser, die den Alten bearbeitet hatte, zusammen mit Paul Salvi, ihrem Bruder, und vom Kaufvertrag, der im Grunde eine Schenkung war.

Hanna öffnete ein Glas mit Oliven und schnitt zwei Tomaten in Scheiben. Sie nahm seinen Bericht schweigend zur Kenntnis.

Er fuhr fort. Nichts liess er aus: weder die Sitzung des Stiftungsrates, in der Pfarrer Ellenberger-Davatz nur widerwillig seine Zustimmung zum Kauf des Hofes erteilt hatte, noch Kommissar Kammermann, der wie das Schicksal persönlich ans Portal des Sartorius-Hauses geklopft und die Nachricht von Karl Peters Tod überbracht hatte, noch die Akte der Vormundschaftsbehörde über den armen Alois, den Sohn des Tödleins. Er erzählte vom dunklen Mercedes, der in der Mordnacht beim Hofgut gesehen worden war, und vom Narzissenkranz, den ein graulivrierter Chauffeur Marianne Hochstrasser übergeben hatte, kurz nachdem der Mord entdeckt worden war. Er berichtete über seine erste Anhörung durch den Staatsanwalt und sein Verhältnis mit Marianne.

Hanna wusch die Salatblätter gründlich, jedes einzelne mehrmals. Ab und zu nahm sie einen kleinen Schluck Wein aus dem Glas, das neben ihr auf der Anrichte stand. Sie wandte ihm den Rücken zu.

Als Jakob Amberg an jenem Sonntagabend in seiner Küche die Ereignisse vollständig Revue passieren liess, schien sich Hanna ausschliesslich auf die Zubereitung des Essens zu konzentrieren. Keine Bemerkungen, kaum Rückfragen. Auch wenn sie sich ihm zuwandte, blieb ihr Gesicht unverändert. Ein Abend, wie andere auch.

Er erzählte von seinem ersten Besuch in Beinwil, von seiner Begegnung mit dem Priester, vom Wirt des Gasthofes in

Erschwil, vom Mädchen Meret, das sich so gut aufs Kranz-
flechten verstand, und von Seefeld und seinem Sennenhund.
Er erzählte von seinem Besuch auf dem Friedhof am Hörnli und vom verschwundenen Kranz, von Salvi und seinen
Überlegungen, auch von Marie Howald im Altersheim in
Breitenbach. Aber erst als er auf seine zweite Fahrt ins Lüsseltal zu sprechen kam, auf die Alte mit der Reitpeitsche, erst da
gab Hanna zu erkennen, dass sie sehr aufmerksam zuhörte.

«Und in welcher Beziehung steht die alte Frau zu Alois
Peters?»

«Ich nehme an, dass sie seine Mutter ist», sagte Amberg.

«Wie bitte?» Hanna schien schockiert.

«Weshalb soll sie nicht seine Mutter sein?»

«Ja, warum eigentlich nicht!» Hanna hatte sich wieder
gefasst. Sie stellte Fragen nach ihrem Aussehen, ihrer Klei-
dung, ihrem Verhalten, speziell Alois gegenüber.

«Alois dürfte der Erbe von Klosterzelg sein», bemerkte
Amberg, «soviel ich weiss, ist er der einzige lebende Verwandte von Karl Peters.»

Hanna schaute überrascht auf. «Das stimmt!», sagte sie verblüfft.

Jakob Amberg deckte den Tisch.

Sie hatten mit dem Essen noch nicht angefangen, als das
Telefon klingelte. Widerwillig nahm er den Hörer ab. Es war
Salvi. Seine Stimme klang erregt: «Sie müssen umgehend
ins Büro kommen, ich weiss jetzt, wer hinter der Mordsache
steht.»

Hanna hatte sich neben ihn gestellt und ihr Ohr an den
Hörer gelegt.

«Hat das nicht Zeit bis morgen früh?»

«Nein, wir müssen sofort handeln», antwortete er mit
Nachdruck, als habe er Angst, «ich bin auf Ihre Hilfe angewiesen, als Zeuge. Kommen Sie sofort!» Und nach einer Pause: «Bitte!» Er legte auf.

Ein veränderter Salvi: Er hatte «bitte» gesagt.

Amberg schaute Hanna an.

Sie lächelte: «Geh nur, ich warte!»

«Es kann aber lange dauern.» Er zögerte.

«Ich werde warten», wiederholte sie, «wir essen, wenn du zurückkommst.»

Er verwünschte Salvi, damals an jenem 20. Juni, als er mit dem Fahrrad durch die Birmannsgasse und Missionsstrasse an der Uni vorbei und den Petersgraben hinunter zur Schiffländе fuhr. Er beschimpfte ihn halblaut als Despoten und sich selbst als Trottel, der sich nun seit über zwei Monaten zum Laufburschen für eine Idee machen liess, in die sich der Alte verrannt hatte. Und während er trotz Fahrverbot den steilen Rheinsprung hinaufkeuchte, an der Condomeria vorbei und am Elfdausigjumpfere Kaffee, schwor er, dass es das letzte Mal sei, dass er wegen Klosterzelg den Kasper mache.

Er hätte sich den Schwur ersparen können.

Etwa um 22.30 Uhr betrat er das Sartorius-Haus, dessen Portal unverschlossen war. Er stieg die Treppe hinauf in die erste Etage. Im Korridor vor dem Direktionsbüro brannte Licht. Die Tür war nur angelehnt. Auf der Schwelle lag ein Schlagstock, wie ihn die Flics in Paris benutzen. Amberg hob ihn auf. Ein Reflex. Er war blutverschmiert. Ausserdem klebten Haare an ihm. In seinem Büro lag Paul Salvi, das Gesicht nach unten, auf dem Teppich vor seinem Schreibtisch. An seinem Hinterkopf klaffte eine hässliche Wunde. Jemand hatte ihm den Schädel eingeschlagen.

Der Tod war für Amberg nichts Fremdes. Er erinnerte sich noch gut daran, wie man vor vielen Jahren die Leiche seines Grossvaters aufgebahrt hatte. Während dreier Tage lag sie in seinem Zimmer und die Nachbarn kamen vorbei, um sich zu verabschieden. Er selbst war damals zehn Jahre alt gewesen. Man hatte dem Verstorbenen die Sonntagskleider angezogen und die Hände über der Brust gefaltet. Alles in allem ein friedliches Bild. Der zehnjährige Jakob war enttäuscht gewesen. In seiner kindlichen Fantasie hatte er sich den Tod spektakulärer ausgemalt.

Vielleicht so wie Paul Salvi, der jetzt vor ihm lag, gewalttätig niedergestreckt. Sein Anblick löste einen Schock aus. Ambergs Hände zitterten und er vermochte seine Augen nicht von ihm abzuwenden, genauer: vom kleinen, weisslichen Stück Hirnmasse in der offenen Wunde. Ein Brechreiz überkam ihn. Er liess den Knüppel, den er noch immer in der Hand hielt, fallen und kotzte in den Papierkorb. Dann setzte er sich in Salvis Stuhl hinter den mächtigen Schreibtisch. Von hier aus konnte er die Leiche nicht sehen. Er glaubte, einen Geruch von Blut wahrzunehmen, der sich mit dem säuerlichen Geschmack seiner eigenen Kotze vermengte. Endlich rief er die Polizei an.

Während er wartete, erst dann, vermochte Amberg allmählich wieder vernünftig zu denken. Paul Salvi war auf dieselbe Art umgebracht worden wie Karl Peters, das Tödlein. Möglicherweise mit derselben Waffe, dieselbe vielleicht, mit der man ihn, Amberg, vor dem Hof der Kinder Salomonis niedergeschlagen hatte. Salvis Mörder war wohl identisch mit dem Mörder des alten Bauern. Er konnte noch nicht weit sein.

Sie kamen kurz nach elf, vier oder fünf Mann, unter ihnen Kammermann. Einer von den Beamten, wohl der Polizeiarzt, kniete sich neben die Leiche, während die anderen mit der Spurensicherung begannen. Jeder von ihnen schien zu wissen, was er zu tun hatte. Ein Mordfall als Routine. Der Kommissar zog einen Stuhl heran und begann, Amberg zu verhören. Seine Fragen waren knapp und sachlich. Er verstand es, zuzuhören. Ab und zu machte er sich Notizen. Die Sache mit Hanna schien ihn zu erstaunen. Er zog die Brauen hoch: «Und den Namen der Dame kennen Sie tatsächlich nicht, obwohl Sie seit rund drei Wochen bei Ihnen ein- und ausgeht?»

«Ihm gegenüber», Amberg wies mit dem Kopf zur Leiche, «behauptete sie, sie heisse Vielmeier, aber das stimmt wohl nicht.»

«Nun, das werden wir gleich haben.» Er bat ihn um seine Festnetznummer und tippte sie ins Handy. «Sie scheint nicht abnehmen zu wollen», sagte er schliesslich. Ich werde einen meiner Leute hinschicken und die Frau holen lassen. Geben Sie mir bitte Ihren Wohnungsschlüssel.»

Er erteilte einem Beamten den Auftrag. Dann stand er auf und öffnete das Fenster. «Es stinkt fürchterlich. Von wem stammt wohl die Kotze im Papierkorb?»

«Das war ich.» Aggressiv: «Ich bin an Leichen nicht gewöhnt!»

«Aha!», und zum Polizeiarzt, der sich noch immer mit dem Toten beschäftigte: «Wissen Sie schon etwas über die Todeszeit?»

Der Mann richtete sich auf. Ein grämliches Gesicht. Desillusioniert. Er streifte die Gummihandschuhe ab. «Schätzungsweise vor einer Stunde. Den Rest können Sie morgen gegen Abend im Obduktionsbericht selbst nachlesen.»

«Wollen Sie keine Fahndung auslösen?», fragte Amberg.

Kammermann sah ihn irritiert an.

«Der Mörder kann noch nicht weit sein.»

«Wenn Sie mir eine Beschreibung des Täters geben», sagte der Polizist ironisch, «und selbst dann. Wir sind nicht das FBI auf Terroristenhatz. Was Sie hier erleben, ist polizeiliche Kleinarbeit.» Zu einem seiner Mitarbeiter: «Bringen Sie die Tatwaffe ins Labor. Vielleicht lassen sich Fingerabdrücke finden.»

Amberg sagte: «Ich habe den Knüppel angefasst.»

Kammermann drehte sich abrupt um: «Wie bitte?»

«Er lag auf der Türschwelle, als ich kam.» Und kleinlaut: «Ich habe ihn aufgehoben. Instinktiv.»

Der Kommissar schwieg. Er hätte ebenso gut einen ellenlangen Fluch ausstossen können. Die Botschaft wäre dieselbe gewesen. Schliesslich fragte er: «Wie kam das Ding auf den Teppich?»

«Ich liess ihn fallen, als ich mich erbrechen musste.»

Er schüttelte den Kopf. Dann gab er Anweisung, den Korridor nach Spuren abzusuchen. «Als ob das noch einen Sinn hätte, nachdem wir wie eine Herde Elefanten darüber getrampelt sind!», kommentierte er die Lage.

Sie warteten schweigend. Kammermann zündete sich ein Zigarillo an. Blitzlichter flammten auf. Man fotografierte die Leiche aus allen möglichen Perspektiven. Das Telefon läutete. Der Kommissar nahm den Hörer ab, lauschte, runzelte die Stirn. «Moment», sagte er und legte die Hand über die Sprechmuschel. Zu Amberg: «Sie haben doch gesagt, sie seien durch Salvis Anruf beim Essen gestört worden und diese Hanna habe versprochen, bis zu ihrer Rückkehr zu warten?»

«Sicher!»

«Schauen Sie in der Küche nach», sagte er ins Telefon, «ob der Tisch gedeckt ist. Ob Salat auf dem Tisch steht, Käse, Wein, irgendetwas. Ich warte.» Und nach einer Weile: «Nichts? Keine Anzeichen, dass sich eine zweite Person in der Wohnung aufgehalten hat? Kleidungsstücke, Lippenstift, Schmuck, irgendetwas, das von einer Frau stammen könnte?» Dann, kühl: «Fahren Sie zurück auf den Posten und schreiben Sie einen Bericht.» Er legte den Hörer auf und schaute Amberg an. «Die Dame ist nicht mehr dort. Falls es sie überhaupt gibt», fügte er hinzu. «Keine Spur von einem gemeinsamen Abendessen. Es sieht nicht gut aus für Sie.»

«Das ist doch unmöglich!» Amberg war, als ob man ihm den Boden unter den Füssen weggezogen hätte.

Der Kommissar zuckte mit den Schultern. «Ich muss Sie festnehmen.»

«Sie wollen mich verhaften? Aus welchem Grund denn?»

Kammermann lächelte müde. «Ich nehme Sie lediglich fest gemäss Paragraf …» Er nannte eine Zahl des kantonalen Polizeigesetzes. «Innerhalb von vierundzwanzig Stunden wird der Staatsanwalt entscheiden müssen, ob die Indizien für eine Verhaftung ausreichen.» Er schaute nachdenklich auf die Leiche, die man inzwischen auf eine Bahre gelegt und mit einem Tuch zugedeckt hatte. «Ich denke», sagte er und wandte sich wieder Amberg zu, «Dr. Breitenmoser wird Sie des Mordes beschuldigen, vielleicht auch nur des Totschlags.»

XV.

Bis dahin hatte Jakob Amberg keinen Anlass gehabt, über die Umstände einer Inhaftierung nachzudenken, und so traf ihn das Eintrittsprozedere im Untersuchungsgefängnis unvorbereitet. Dabei verlief alles korrekt, vorschriftsgemäss. Der diensthabende Beamte führte ihn in eine Zelle und befahl ihm, sich zu entkleiden. Er nahm ihm alles weg, womit er sich selbst oder andere hätte gefährden können. Das geschah sehr sachlich und routiniert. Auf sein Geheiss bückte sich Amberg und musste es zulassen, dass er mit seinem behandschuhten Finger in seinem After wühlte. Dann leuchtete er mit einer Taschenlampe in seine Mundhöhle. Wie gesagt, er übte seinen Job korrekt aus. Amberg konnte sich davon später anhand der Gefängnisordnung überzeugen. Er erstellte eine Inventarliste und bat ihn, sie zu unterschreiben. Anderntags händigte er ihm den Haftbefehl aus. In Amtsdeutsch war da zu lesen, er sei wegen Mordverdachtes vorläufig festgenommen. Ferner ein Hinweis auf seine Rekursmöglichkeiten, denen die aufschiebende Wirkung entzogen war. Das Formular trug die Unterschrift Dr. Breitenmosers.

Am Morgen des 21. Juni wurde er erkennungsdienstlich behandelt. Man nahm seine Fingerabdrücke und fotografierte ihn aus verschiedenen Perspektiven. Dann begann das lange Warten. Vier Tage vergingen bis zum ersten Verhör, vier Tage, an denen er nur den Wärter sah, der ihm morgens, mittags und abends das Essen in die Zelle brachte.

An sich ist das Handwerk eines Staatsanwaltes weder besonders respektabel noch verächtlich. Alles hängt davon ab, wie er mit dem Spielraum umgeht, den ihm der Gesetzgeber zubilligt. Dass Breitenmoser Amberg fast eine Woche lang in Einzelhaft sitzen liess, herausgerissen aus seinem Alltag, konfrontiert mit einer ungeheuren Anschuldigung und ohne Möglichkeit, sich zu rechtfertigen, machte ihn fertig.

Ein Mensch, der sich einem so starken Druck ausgesetzt sieht, dass er ihn mit seinen normalen Verhaltensmechanismen nicht mehr bewältigen kann, nimmt Zuflucht zu frühen Formen der Problemlösung: Er regrediert. Ob es in Breitenmosers Absicht lag, Amberg in einen Zustand kindlicher Verzweiflung zu drängen, ist fraglich. So subtil dachte der Mann kaum. Es ging ihm wohl schlicht darum, seinen Gefangenen für das erste Verhör weichzukochen. Möglicherweise wartete er auch nur darauf, dass ihm Kammermann, der die polizeilichen Abklärungen leitete, erste Ergebnisse brachte. Ob sein Vorgehen rechtens war, sei dahingestellt. Jedenfalls war Amberg in schlechter Form, als er ihm vorgeführt wurde.

Er kam gleich zur Sache: «Ich beschuldige Sie, am 20. Juni zwischen 21.30 und 22.30 Uhr Paul Salvi ermordet zu haben. Ich halte es ferner für meine Pflicht, Ihnen mitzuteilen, dass ich Sie verdächtige, auch am Mord an Karl Peters beteiligt gewesen zu sein.» Dann, ohne Amberg zu Wort kommen zu lassen, klärte er ihn, formell korrekt, über seine Rechte auf.

«Wollen Sie ein Geständnis ablegen?», fragte er.

«Warum sollte ich Salvi umgebracht haben und dazu noch den alten Peters?»

«Ich sehe, dass Sie seit der ersten Befragung Ihre Taktik nicht geändert haben. Sie versuchen nach wie vor, mittels Gegenfragen auszuweichen. Aber ich werde Sie überführen.»

Sehr gerade sass er hinter seinem Schreibtisch. «Ich werde die Fakten Punkt für Punkt vor Ihnen ausbreiten, bis Sie, erdrückt von der Last der Beweise, gestehen werden.»

Émile Zola: «J'accuse.» Der Mann hatte einen Hang zum Pathetischen. Ein Ankläger aus Leidenschaft.

Seine Theorie beruhte im Wesentlichen auf folgenden Tatsachen: Man hatte auf dem Schlagstock, mit dem Salvi umgebracht worden war, Ambergs Fingerabdrücke gefunden, sonst keine. Peters war vermutlich vom selben Täter ermordet worden wie Salvi. Hanna, die Amberg hätte entlasten können, blieb unauffindbar. «Kommissar Kammermann hat die Dame gesucht. Ohne Erfolg.» Und mit schneidender Stimme: «Wir hätten uns die Mühe sparen können, wir waren von Anfang an überzeugt, dass die Frau lediglich ein Produkt Ihrer Fantasie ist.»

Amberg protestierte. Es sei unmöglich, dass sich ein Mensch in Nichts auflöse.

«Dann sind wir uns ja einig.» Ironisch: «Ein real existierender Mensch kann das nicht. Aber Sie lügen mich bezüglich dieser Frau an, wie Sie mich am 9. April angelogen haben, als Sie behaupteten, Frau Marianne Hochstrasser, die Schwester Salvis, erst zwei Tage zuvor kennengelernt zu haben.»

«Das war keine Lüge!»

«Unmittelbar nach der Befragung begaben Sie sich mit Frau Hochstrasser Arm in Arm ins Café Huguenin und verbrachten die Nacht auf den 10. April, um genau zu sein, von 17.45 bis 5.30 Uhr, in ihrer Wohnung am Nadelberg.» Wie üblich wusste er Daten und Zeiten auswendig.

«Ich habe Sie überwachen lassen», sagte Breitenmoser. «Bestreiten Sie etwa den Sachverhalt? Sie haben in der Folge Frau Hochstrasser mehrmals bei sich empfangen.» Er hüstelte. «Auch über Nacht.»

«Und?»

Einen Moment lang war er sprachlos. Einen Moment nur. Dann fuhr er ihn an, behauptete, es sei schwer für ihn, die Fassung zu bewahren, wenn Amberg unverfroren ein ehebrecherisches Verhältnis eingestehe und gleichzeitig leugne, seine Geliebte – er spuckte das Wort förmlich aus – nicht schon längere Zeit gekannt zu haben.

Der Mann hatte sich offenbar die Wertvorstellungen seiner Eltern aus der Nachkriegszeit bewahrt.

«Ich werde Ihnen sagen, wie es war.» Er wischte ein imaginäres Staubkorn vom Ärmel seines dunklen Anzuges. «Gemeinsam mit Paul Salvi und seiner Schwester haben Sie versucht, Karl Peters Klosterzelg für ein Linsengericht abzukaufen. Als der Plan misslang, ermordeten Sie den alten Mann, vermutlich im Auftrag Salvis und probierten mit anderen Mitteln, an das Landstück zu kommen.»

«Das ist absolut lächerlich!», schrie Amberg. Er war, wie gesagt, nach einer Woche Einzelhaft nicht in guter Form und entsprechend erregbar.

«So? Der Mann wurde auf dieselbe Art erschlagen wie Paul Salvi, und zwar mit derselben Waffe.» Breitenmoser klopfte auf eine Akte, die vor ihm lag, bündig zur Schreibtischunterlage. «Ich habe hier ein Gutachten des wissenschaftlichen Dienstes der Kriminalpolizei. Wir haben diese Woche Karl Peters exhumiert. Die Ergebnisse lassen keinen Zweifel zu.» Er schaute sein Opfer triumphierend an.

Sie hatten das Tödlein ausgebuddelt. Der Gedanke erschütterte Amberg. Er stellte sich vor, wie man den verwesenden Körper auf den Seziertisch gelegt hatte. Der kriminalistischen Wissenschaft zuliebe, nur um mit letzter Sicherheit nachzuweisen, was ohnehin auf der Hand lag: Salvis und Peters Mörder war dieselbe Person.

«Was sagen Sie nun?»

«Ich sage, dass Ihre Theorie weder Hand noch Fuss hat.» Breitenmosers Gesicht blieb ausdruckslos. «Lassen wir die

Fakten sprechen. Am 7. April suchten Sie, gemeinsam mit Salvi, Karl Peters auf, angeblich um die Einzelheiten dieses sogenannten Kaufvertrages zu besprechen. Falls der alte Mann dem Vertrag zugestimmt haben sollte, hätte man ihn für unzurechnungsfähig erklären müssen. Man gibt bestes Bauland nicht für ein Butterbrot weg. Sie versuchten, ihn über den Tisch zu ziehen, was deutlich wird, wenn man diesen Vertragsentwurf studiert, den Sie geschrieben haben.» Er streichelte fast zärtlich die Akte. «Damit mögen Sie Ihren Stiftungsrat täuschen. Eine ernsthafte juristische Prüfung allerdings würde das Papier als das entlarven, was es ist: eine üble Bauernfängerei. Lassen Sie mich ausreden», fauchte er Amberg an, «ich gestatte Ihnen nicht, mich zu unterbrechen. In der Nacht auf den 8. April fuhren Sie mit Salvi im Dienstwagen der Stiftung auf den Hof zurück, warteten, bis Peters seinen Morgenspaziergang machte, und erschlugen ihn. Dank Frau Hochstrasser wussten Sie bestens Bescheid über seine Gewohnheiten. Ich verfüge über einen Zeugen, der den Mercedes in der Mordnacht gesehen hat. Ausserdem fanden wir in unmittelbarer Nähe der Leiche einen Zigarrenstummel, der, wie sich inzwischen herausgestellt hat, von Salvi stammte.»

Er liess Amberg Zeit, nachzudenken. Dann fiel es ihm wieder ein: Nachdem sie Peters verlassen hatten, unterhielt sich Salvi mit ihm im Auto, das er im Obstgarten von Klosterzelg parkiert hatte. Der Chef rauchte eine seiner Davidoffs und warf den Stummel aus dem Fenster, offenbar dorthin, wo anderntags ein Jogger fast über den Toten gestolpert wäre. Er sagte das Breitenmoser.

Mit einer Handbewegung, als wäre es eine lästige Fliege, wischte der das Argument beiseite. «Als Sie Kommissar Kammermann am 13. April fragte, ob Sie jemanden kennen, der Davidoff-Zigarren raucht, bestritten Sie das. Ohne Zweifel werden Sie auch eine originelle Erklärung für die Anwesenheit des Dienstwagens am Tatort haben, dessen Schlüssel Sie nach dem Besuch bei Karl Peters bei sich behielten, statt ihn ordnungsgemäss dem Hauswart abzuliefern.»

«Es gab zwei Mercedes. Salvi war zwar in der Mordnacht nochmals in Klosterzelg, aber er kehrte um 22 Uhr in die Stadt zurück. Frau Hochstrasser kann das bezeugen.»

Überlassen Sie es mir, Aussagen von Zeuginnen wie Frau Hochstrasser zu gewichten! Sagen Sie mir lieber, woher Sie den zweiten Mercedes hervorzuzaubern.»

Der Mann glaubte ihm nicht. Er hielt ihn für einen Lügner, ausserdem für moralisch minderwertig. Dennoch entschloss sich Amberg, ihm alles zu sagen, was er wusste. Er wiederholte die ganze Geschichte, so wie er sie eine Woche zuvor Hanna erzählt hatte.

Breitenmoser liess ihn reden. Ab und zu machte er sich Notizen. In gestochen scharfer Schrift, mit gespitztem Bleistift. Alles sehr ordentlich. Dann zerpflückte er die Aussage nach allen Regeln untersuchungsrichterlicher Kunst:

«Betrachten wir das Ganze etwas näher!», sagte er. «Sie verdächtigen die unbekannte Mutter von Alois Peters, und möglicherweise ihn selbst, sowie eine Gruppe von abstrusen Sektierern. Ihrer Meinung nach ging es darum, den Verkauf, oder sprechen wir doch gleich von einer Schenkung, von Klosterzelg an Ihren Arbeitgeber zu verhindern. Sie erheben keine konkreten Beschuldigungen, dafür sind Sie zu gerissen. Sie deuten lediglich an. Sie stützen sich auf einen Narzissenkranz, den eine – nach Ihrer Meinung – geistesschwache junge Frau irgendwo an den Hängen der Hohen Winde angefertigt haben soll. Sie ziehen einen livrierten Lakai aus dem Ärmel, der praktischerweise einen dunklen Mercedes chauffiert, und lassen ihn diesen Kranz Frau Hochstrasser übergeben, und zwar zu einem Zeitpunkt, als der Tod von Karl Peters noch nicht bekannt war. Wo ist denn der Kranz? Der Friedhofsgärtner hat ihn jedenfalls nicht gesehen. Gesehen hat er lediglich, wie Sie sich am Mittwoch, den 14. April, bei strömendem Regen am Grab des Ermordeten zu schaffen machten. Wollten Sie vielleicht eine falsche Spur legen? Doch lassen wir das.» Mit Blick auf seine Notizen: «Ihre Behauptungen werden bizarr, wenn Sie Ihren zweiten Besuch im Lüsseltal schildern. Ich habe da einen Bericht von Herrn Dr. Heimann vom Kantonsspital Laufen, in dem er bei Ihnen nach dem Unfall vom 20. Mai eine Amnesie diagnostiziert. Ein Autofahrer hat Sie kurz vor Laufen angefahren und anschliessend Fahrerflucht begangen. Leider gelang es der örtlichen Polizei nicht, den Täter ausfindig zu machen, was Sie, wie Sie glauben, berechtigt, mir zu erzählen, sie seien niedergeschlagen worden. Aber nicht mit mir!» Er regte sich zusehends auf: «Wir haben Fakten, die für sich sprechen. Dass Alois Peters existiert, wissen wir längst. Die lächerliche Geheimhaltungsstrategie, die Sie und Salvi verfolgten, war überflüssig. Wir haben über den Mann Erkundigungen eingezogen: Es handelt sich bei ihm um einen Alkoholiker und Landstreicher, der keineswegs fähig ist, um sein Erbe, das ihm von Rechts wegen zusteht, zu kämpfen.»

«Ich habe nichts anderes gesagt!», warf Amberg ein.

«Nein, Sie haben nichts anderes gesagt», bestätigte Breitenmoser, «aber Sie deuten ein Komplott an, mit der ominösen Mutter von Alois Peters, die als graue Eminenz ihre Fäden zieht. Sie haben die Frechheit, mir vorzuwerfen, meine Theorie habe weder Hand noch Fuss, während Sie selbst Geschichten erzählen, über die man nur noch lachen könnte, wenn die Sache nicht derart ernst wäre.»

«Sie wollen mir nicht glauben», sagte Amberg, halb wütend, halb resigniert.

Der Staatsanwalt richtete sich auf. «Mein Amt verpflichtet mich, Wahrscheinliches und Unwahrscheinliches anzuhören, zu prüfen und gegebenenfalls zu verwerfen.» Wieder dieser pathetische Ton. «Ein Angeklagter hat das Recht, zu lügen, und Sie sind nicht der Erste, der auf diesem Stuhl sitzt und mir etwas vorflunkert. Aber noch nie», er hob die Stimme, «habe ich derart viel Unsinn gehört, wie in der letzten halben Stunde. Nehmen Sie nur die Geschichte mit dieser jungen Dame, die Sie Hanna nennen! Drei Wochen wollen Sie mit einer Frau eine Beziehung gehabt haben, ohne ihren Namen zu kennen. Drei Wochen lang soll sie Sie fast täglich besucht haben, ohne von jemandem gesehen worden zu sein. Wir haben uns bei Ihren Nachbarn im Ahornhof erkundigt. Niemand, ich wiederhole, niemand hat eine Frau, wie Sie sie beschrieben haben, bemerkt, während Ihr Umgang mit Frau Hochstrasser für die Nachbarn ein offenes Geheimnis war.» Er schöpfte Atem. «Und dann die Ereignisse vom 20. Juni. Diese Hanna soll gehört haben, wie Sie mit Salvi telefonierten. Sie hatten soeben mit dem Abendessen begonnen. Aber als die Polizei eine Stunde später in Ihre Wohnung kam, waren keine Spuren mehr vorhanden, kein Essen, kein schmutziges Geschirr, nichts, und vor allem: keine Hanna. Dafür gab es Spuren im Büro des Ermordeten. Fingerabdrücke. Von Ihnen und von Salvi. Sonst von niemandem. Geben Sie es zu: Sie gerieten mit Salvi in Streit. Sie beide waren zu tief in den Mord an Karl Peters verstrickt – Sie als Täter, Salvi als Anstifter. Vielleicht wollte er reinen Tisch machen, vielleicht konnte er, der Ältere und Erfahrenere, nicht länger mit dieser Schuld leben, vielleicht erfasste ihn Reue und er wollte gestehen, wollte die schreckliche Tat vor Gott und den Menschen zugeben. Sie gerieten in Panik, sahen nur die Strafe, die Sie erwartete. Einmal hatten Sie schon gemordet ...» Er war aufgesprungen, als hielte es ihn nicht länger auf seinem Stuhl. Erregt sprach er auf ihn ein, beschwörend, Dr. Jules Breitenmoser, Staatsanwalt, mitgerissen vom eigenen Redefluss. Er stand vor Amberg und packte ihn am Revers. «Gestehen Sie!»

Amberg stiess seine Hand weg. Er mochte es nicht, angefasst zu werden. Er hatte das noch nie gemocht. «Sie verbohrter Ignorant!», schrie er.

Breitenmoser wich zurück. Seine Hand suchte tastend nach dem Knopf der Gegensprechanlage. Eine Stimme meldete sich: «Sie wünschen, Herr Doktor?»

Der Staatsanwalt beugte sich über den Apparat, ohne den Blick von Amberg abzuwenden. «Bringen Sie den Angeklagten in seine Zelle zurück.»

So endeten sie immer, die Verhöre bei Breitenmoser: Ein Druck auf den Knopf der Gegensprechanlage und ein Ärgerliches: «Bringen Sie den Angeklagten in seine Zelle zurück.» Ärgerlich, denn das Geständnis, das er forderte, blieb aus. Amberg brach unter der Last der Beweise nicht zusammen, wie er prophezeit hatte. Die Ungewissheit seiner Situation setzte ihm zu, das stimmt, die Kontaktsperre, die er über ihn verhängt hatte, und vor allem die Frage nach dem Verbleib von Hanna. Stundenlang sass er in seiner Zelle und versuchte, sich ihr Gesicht in Erinnerung zu rufen. Vergeblich. Es löste sich auf, zerfloss und stattdessen starrte er auf weisse Wände, in die andere Untersuchungshäftlinge, Vorgänger, Zeichnungen und Sätze, meist obszöner Natur, geritzt hatten. Er litt. Aber das sollte wohl so sein, war vermutlich Bestandteil von Breitenmosers Strategie. Trotzdem kam der Mann nicht vorwärts. Immer wieder scheiterte er an Ambergs Frage, warum er Karl Peters und Salvi hätte umbringen sollen. Breitenmoser wusste es auch nicht. Das Bild, das er von Amberg als Doppelmörder zeichnete, war sorgfältig konstruiert. Sein Fleiss war bewundernswert. Er kannte die Akten auswendig und war in der Lage, Zeugenaussagen, Daten und Zeiten ohne zu zögern aus dem Gedächtnis abzurufen. Sein Problem: Er war fantasielos und unflexibel, unfähig, von seiner eigenen Interpretation der Fakten abzuweichen. Es gab kein erkennbares Motiv. Deshalb wohl entschied er sich, wie jeder Staatsanwalt, der nicht mehr weiter kommt, dafür, den Angeklagten forensisch begutachten zu lassen. Er mochte sich von der Psychiatrie Hinweise auf eine Persönlichkeitsstruktur erhoffen, die seinem Täterprofil entsprach. Dr. Jules Breitenmoser wollte seine Theorie retten. Mit allen Mitteln.

INTERMEZZO IN PASTELLGRÜN

Der folgende Bericht, tagebuchartige Notizen von Jakob Amberg, wurde am Morgen des 27. November nach seiner Flucht aus der Psychiatrischen Universitätsklinik, von einer Mitarbeiterin des Reinigungsteams in seinem Zimmer gefunden. Er hatte die Einträge in ein sogenanntes Leerbuch geschrieben, fadengeheftete Blätter in einem Einband aus Halbleinen, wie man es in jeder Papeterie kaufen kann. Die Stationsschwester übergab mir den Band, den ich den Akten beifüge, die ich im Rahmen meiner forensischen Begutachtung über Amberg angelegt habe.

Gezeichnet: Prof. Dr. Hannes Fahrländer

Montag, 18. Oktober

Professor Hannes Fahrländer ist ein Windhund.

Den Bericht, den zu schreiben ich mich anschicke, hat er mir abgepresst. Wenn ich in diesem Zimmer (das Wort Zelle beschreibt die Tatsachen genauer), in das man mich gesteckt hat, nicht durchdrehen will, bleibt mir nichts anderes übrig als – wie sagte er schon? – zu kooperieren.

Diese Zelle: Vier auf fünf Meter ist sie gross. Über die Farben der Wände hat sich wohl ein Psychologe das kluge Köpfchen zerbrochen. Grüne Pastelltöne, was vermutlich beruhigend wirken soll. Die Einrichtung besteht aus einem Bett, einem Tisch und zwei Stühlen aus massivem nordischem Kiefernholz. Ein Fenster aus dickem Sicherheitsglas mit verstellbarer Belüftungsklappe gibt den Blick frei auf den Park der Psychiatrischen Klinik, in dem zwischen hohen Buchenstämmen ein Rudel Dammhirsche äst. Im Gehege befinden sich auch zwei Kraniche. In der Türe ist ein Guckloch, hinter dem ab und zu das Auge des Polizisten auftaucht, den man zu meiner Bewachung abkommandiert hat. Der Mann hat, denke ich, ausserdem die Aufgabe, sich periodisch zu vergewissern, dass ich mich (noch) nicht umgebracht habe. Zu meiner Zelle gehört ferner – getrennt durch eine nicht verschliessbare Schiebetüre – ein WC mit Waschbecken. Das Warmwasser erreicht eine Temperatur von schätzungsweise sechsunddreissig Grad. Ich könnte mich nicht einmal verbrühen, selbst wenn ich wollte.

Das wärs dann: meine Bleibe für die nächsten Wochen oder Monate. Angesichts dieser sterilen Sicherheitszelle wünsche ich mich bereits zurück ins Untersuchungsgefängnis.

Wie Fahrländer, der Chefarzt für forensische Psychiatrie, unter diesen Bedingungen herausfinden will, ob ich den Mord, gegebenenfalls die beiden Morde, verübt habe, die mir der Staatsanwalt Breitenmoser verbissen nachzuweisen versucht, ist mir unklar.

Nach meiner Einlieferung in die Klinik, in Handschellen notabene, liess mich Fahrländer sechs Stunden warten, bis er mich mit seinem Besuch beehrte. Meinen Protest nahm er gelassen zur Kenntnis. Die Hände in den Taschen seines weissen Arztmantels, musterte er mich mit sachlichem Interesse. Ein Mann um die sechzig. Ein schmales, blasses Gesicht mit einer überproportionalen Nase. Leicht gewelltes, aus der Stirn gekämmtes, graues Haar. Ein kurz gestutzter Bart. Grüngraue Augen hinter einer Goldrandbrille. Eine gepflegte Erscheinung.

Es sei nicht seine Aufgabe, erklärte er, herauszufinden, ob ich ein Mörder sei. Er habe lediglich die Glaubwürdigkeit meiner Aussagen zu beurteilen.

«Das ist dasselbe!»

Er bot mir eine Zigarette an, die ich – ich bin Nichtraucher – zurückwies. Er lächelte dünn und meinte: «Ich will mich mit Ihnen nicht über sprachliche Spitzfindigkeiten streiten. Wir sollten uns wohl eher bemühen, eine Strategie auszuhandeln, die sowohl Ihren, als auch meinen Interessen dienlich ist.»

Ein Windhund, wie gesagt.

«Sie werden gegen Ihren Willen hier festgehalten», fuhr er fort. «Ihr Wunsch, möglichst bald aus dieser unangenehmen Situation herauszukommen, ist legitim. Ich meinerseits muss einen Gutachterauftrag erfüllen und bin auf Ihre Kooperation angewiesen.»

«Und wenn ich nicht kooperiere?»

«Dann verlieren wir wertvolle Zeit mit der Erarbeitung Ihrer Motivation.» Wieder das dünne Lächeln: «Denken Sie darüber nach.» Er erhob sich.

«Moment!», rief ich. «Sie lassen mich in dieser Isolierzelle, ohne Möglichkeit, mich abzulenken. Ich verlange Bücher, Zeitungen, ein Radio.»

«Ich werde Ihnen Papier und Schreibzeug bringen lassen, damit Sie einen Bericht verfassen können.»

«Worüber?»

«Über alles, was mit den beiden Mordfällen zusammenhängt, soweit Sie davon Kenntnis haben.»

«Ein Geständnis?»

Meine Ironie glitt an ihm ab. «Ich bin Psychiater», entgegnete er kühl, «juristische Fakten interessieren mich nur am Rande. Ich will etwas über Ihre Wahrnehmung erfahren und über die damit verbundenen Gefühle. Ausgehend von ihrem Bericht, können wir die Frage Ihrer Glaubwürdigkeit diskutieren.»

«Zum Teufel mit meiner Glaubwürdigkeit! Ich bestehe darauf: Bücher, Zeitungen, ein Radio.»

Er ignorierte meine Wut. «Ich will einen Bericht.»

«Sie schlagen mir ein Geschäft vor?»

«Ich suche eine Basis für unsere künftige Zusammenarbeit.»

Ich weiss, wenn ich geschlagen bin. «Beschaffen Sie mir Papier und einen Kugelschreiber. Als Erstes erhalten Sie eine Bücherliste.»

Dienstag, 19. Oktober

Weshalb er mir zunächst eine Geschichte der Psychiatrischen Klinik in Basel zu lesen gab, bleibt Fahrländers Geheimnis. Mangels anderer Lektüre – sie soll mir ausgehändigt werden, sobald ich meinen ersten Bericht abgebe – habe ich die Broschüre gelesen.

Ich erfahre für mich Neues:

Bis ins 16. Jahrhundert wurden in Basel Leute, die «von iren Sinnen kommen sein» und ausserhalb des «Hospitale novum», das sich in der Nähe des Barfüsserklosters befand, in «toubhüsslin» eingesperrt. Bis in die erste Hälfte des 19. Jahrhunderts war es den Wärtern erlaubt, die Irren anzuketten und prügelnd zur Räson zu bringen.

Die Psychiatrische Klinik – nach dem Willen des Staatsanwalts meine neue Heimat – wurde 1886 auf dem Areal der Bürgergemeinde erbaut. Man gab ihr den Namen Friedmatt, da sich ihr Standort auf einer «friedlichen Matte» ausserhalb der Stadt, nahe der französischen Grenze befand. So sahen es die Behörden. Im Volksmund ist sie noch immer die Spinnwinde, was damit zusammenhängen mag, dass man schon früh erkannte, dass eine sinnvolle Beschäftigung nicht von Übel sein konnte. Unter anderem spannte man in jenen Jahren zwanzig bis dreissig Insassen vor einen Pflug und liess sie die geduldige Erde umbrechen. Ob man auch Friedrich Nietzsche, der sich 1889 wegen eines Schubs progressiver Paralyse in der Klapsmühle aufhielt, dieser Therapie unterzog, wird nicht berichtet.

Wie auch immer. Die Verhältnisse haben sich seither geändert, sind humaner geworden. Behauptet zumindest der Autor: Kalte Bäder, Elektroschocks und Fixiergurte seien passé.

Professor Walter Kielholz, Klinikdirektor von 1959 bis 1985, lese ich weiter, sei es gelungen, bei den Politikern, das Verständnis für die psychisch Kranken zu fördern, was gewiss kein einfaches Unterfangen gewesen sein wird. Ausserdem sorgte er dafür, dass zur Freude von Patienten und Besuchern im Park Tiere angesiedelt wurden: Kraniche, Enten und Hirsche.

Verständnisvolle Politiker, Tiere, die mich erfreuen und keine Elektroschocks. Nein, ich kann mich offensichtlich nicht beklagen.

Mittwoch, 20. Oktober

Vordringlichstes Problem: die Zeit in den Griff bekommen. In dieser Zelle zerrinnen mir die Minuten und Stunden wie Wasser zwischen den Fingern. Von den Tagen gar nicht zu reden. Heute ist Mittwoch. Dieser Satz ist ein Kraftakt meines Bewusstseins. Seit Montag bin ich hier. Es könnten auch schon vier Wochen sein, die ich in meinem – meinem! – pastellgrünen Käfig verbracht habe. Oder vier Stunden. Der Verlust des Zeitgefühls droht.

Fixpunkte des Tages: die drei Mahlzeiten um 7.30, 12 und 18.30 Uhr. Eine Schwesternhilfe (oder sagt man heute «Pflegeassistentin»?), beschützt vom Polizisten, der sich, mich bewachend, im Korridor vor meiner Zelle langweilt, stellt das Tablett auf den Tisch. Schweigend. Ich weiss nicht, ob es ihr untersagt ist, mit mir zu sprechen. Vielleicht graut ihr vor mir. Möglicherweise bin ich ja ein Mörder, unter Umständen sogar ein Doppelmörder und obendrein geisteskrank.

Obwohl ich schon vier Monate Haft im Untersuchungsgefängnis hinter mir habe, wache ich morgens um 7 Uhr auf. Mein Organismus reagiert in dieser Beziehung nach wie vor bürgerlich. Täglich zweimal eine halbe Stunde Gymnastik. Morgens und nachmittags je zwei Stunden Arbeit an meinem Bericht. Den Rest der Zeit verbringe ich lesend oder höre Radio. Professor Fahrländer hat Wort gehalten. Immerhin.

Besuche sind mir untersagt. Breitenmoser, der Staatsanwalt, fürchtet Kollusionsgefahr. Was mir dienlich wäre: ein Schachspiel.

Eben war Fahrländer hier. «Sie strukturieren Ihren Tagesablauf», stellte er fest. Eine seiner wohlformulierten Phrasen.

Ich sah ihn fragend an.

«Ich habe mich beim Polizeibeamten im Korridor informiert.»

Er lässt mich beobachten, der Windhund.

«Ich habe Ihren Bericht gelesen.» Er wedelte mit den Blättern in der Luft, auf denen ich den Besuch mit Salvi in Klosterzelg geschildert habe, und setzte sich auf mein Bett. «Sie nannten ihn ‹Tödlein›, interessant.»

«Ich wusste, dass er sterben würde.»

«Ach?», entgegnete er gedehnt, abwartend, professionell.

«Er war achtundachtzigjährig. Das konnte nicht mehr ewig so weitergehen.»

Fahrländer lächelte säuerlich. «Mochten Sie Peters?»

Ich zuckte mit den Schultern.

Er schlug die Beine übereinander. Graue Hosen aus englischem Tuch mit messerscharfen Bügelfalten. Glänzend polierte, schwarze Schuhe. Ein Fuss wippte auf und ab. Dann bemerkte er wie beiläufig: «Sie hatten einige Gemeinsamkeiten, Peters und Salvi.»

Das stimmt. Beide kamen aus einfachen Verhältnissen. Peters war der Sohn eines Pächters, Salvis Vater war Arbeiter gewesen. Beide hatten es zu etwas gebracht: der eine zu millionenschwerem Grundbesitz, der andere zu Ansehen und Macht. Beiden bedeutete Geld wenig. Beide waren unverheiratet. Beide wurden ermordet und – letzte Gemeinsamkeit – in beiden Fällen wurde ich der Tat verdächtigt.

Fahrländer musterte mich aus seinen grauen Augen und als ich schwieg, fragte er: «Wissen Sie übrigens, wem Klosterzelg gehörte, ehe es um 1940 in den Besitz der Peters kam?»

«Keine Ahnung!»

«Es wäre nicht uninteressant, dieser Frage nachzugehen», meinte er nachdrücklich: «Ich denke, es würde sich lohnen.» Er schaute auf die Uhr. «Nebenbei: Der Staatsanwalt hält die Besuchersperre weiterhin aufrecht. Sie dürfen vorderhand nur Ihren Anwalt und den Anstaltsgeistlichen sehen.»

«Dann schon lieber meinen Anwalt. Ich möchte, dass er vorbeikommt.»

«Gut, ich werde ihn benachrichtigen.» Fahrländer erhob sich. «Wann erhalte ich den nächsten Bericht?»

«Morgen, im Austausch gegen ein Schachspiel und ein Buch mit Meisterpartien.»

Sein Gesicht blieb unbewegt. «Ich sehe, unser Arrangement funktioniert.»

Freitag, 22. Oktober

Gestern besuchte mich mein Rechtsanwalt, Dr. Ephraim Uhlmann. Ich habe ihn mit der Vertretung meiner Interessen beauftragt, weil er der einzige Advokat ist, den ich kenne. Er wohnt im Gotthelfquartier, wie ich, und ich hatte einmal im Zusammenhang mit Recherchen für das «Dreiland»-Magazin zum Thema «Juden in Basel» mit ihm zu tun.

Da mich die Bemerkung Fahrländers beschäftigte, bat ich ihn, abzuklären, wem Klosterzelg gehörte, bevor es in den Besitz der Peters überging.

Er wollte nicht so recht in meine Zelle passen, der kultivierte ältere Herr, im dunklen Anzug, der mir gegenüber am Tisch sass, die Hände über der sanften Wölbung seines Bauches gefaltet. Sein weicher Filzhut lag zwischen uns.

«Weshalb möchten Sie das wissen?», fragte er.

Ich lächelte: «Lassen Sie mir meine kleinen Geheimnisse.»

«Als ob Sie nicht schon genug verheimlicht hätten.» Er seufzte.

Zu Recht, gewiss. Meine Aussagen beim Staatsanwalt haben nicht dazu beigetragen, die Klärung der ohnehin komplizierten Mordfälle zu erleichtern. Obwohl Dr. Uhlmann von meiner Unschuld überzeugt ist, deutet er oft an, dass mein Verhalten seine Aufgabe erschwere. Aber er tut sein Bestes, der Gute. Rührend, wie er sich über die Zelle in der

Klinik echauffierte. «Das ist ja die reinste Isolationshaft!», wiederholte er mehrmals, als ich ihm erzählte, dass ich seit meiner Einweisung noch nie an der frischen Luft gewesen bin. Er stand auf und ging erregt im Zimmer auf und ab. Vier Schritte hin, vier Schritte zurück. «Ich werde eine Beschwerde schreiben: gegen den Staatsanwalt und den Klinikdirektor. Noch sind wir ein Rechtsstaat. Die Besuchersperre muss aufgehoben werden. Kollusionsgefahr! Ausgerechnet Breitenmoser, der versucht, die Morde als Tat eines irren Einzelgängers darzustellen. Der ist ja selbst meschugge!» Er blieb stehen und lächelte mich an. «Verzeihen Sie meinen Ausbruch. Ich bin eben ein alter Jude und in diesen Dingen etwas penibel.»

Vor dem Fenster aus Sicherheitsglas findet der Herbst statt. Der Park ist in gedämpftes Licht getaucht. Nebelschleier am frühen Morgen, die sich gegen 10 Uhr auflösen. Die prächtigen, hochstämmigen Buchen verfärben sich rot und gelb. Der Dammhirsch-Stier, den man in ein separates Gehege weggesperrt hat, röhrt brünstig. Manchmal sehe ich Patienten mit trippelnden Schritten und leerem Blick am Gehege vorbeigehen. Den meisten schlottern die Kleider um den Leib.

Warum gibt man psychisch Kranken oft viel zu grosse Kleider?

«Das seien langjährige Patienten aus der Allgemeinabteilung», erklärte Professor Fahrländer, den ich danach fragte. «Sie haben keine Verwandten, die sich um sie kümmern, und kein Geld. Ihre Bekleidung erhalten sie aus alten Klinikbeständen. Manchmal passt sie tatsächlich nicht.» Kein weiterer Kommentar. Stattdessen mäkelte er an meinem zweiten Bericht herum, in dem ich die Sitzung des Stiftungsrates vom 8. April geschildert habe:

«Wenn Sie die heutige Politik der Schenkung in einen historischen Kontext stellen wollen, genügt der Hinweis auf die Zugehörigkeit von Johann Balthasar Sartorius zum Stadtpatriziat nicht. Notwendig wäre eine differenzierte Analyse der

174

Beziehungen zu anderen ehemals regierenden Familien, den Ellenbergers, beispielsweise, oder den Linigers, von denen heute je ein Angehöriger im Stiftungsrat der Sartorius-Schenkung sitzt. Sein linkes Augenlid zuckte. «Sie deuten an, dass die Mordfälle, die man Ihnen zur Last legt, ihre Wurzeln in Geschehnissen haben, die weit zurückliegen. Wenn das zutreffen soll, muss Ihre Beweisführung, bitteschön, überzeugender sein!»

Dabei habe ich gar nichts angedeutet. Auch keine Beweise geführt.

Er bemerkte meine Irritation und wechselte das Thema. «Ich bin gekommen, um Ihre Anamnese aufzunehmen.»

Er stellte eine Menge Fragen, gekonnt, fachkundig, ganz Psychiater. Nichts liess er aus: weder die Schwangerschaft meiner Mutter noch meine Geburt. Die frühe Kindheit kam zur Sprache, meine ersten Erinnerungen, meine Ängste, mein Spielverhalten, meine Freunde. Was ihn auch interessierte, das war mein Vorname. «Weshalb Jakob? In Ihrer Generation heisst man doch nicht mehr so?»

«Der Name hat bei uns Tradition. Schon mein Grossvater und mein Vater hiessen Jakob.»

Fahrländer machte sich Notizen.

Er kam auf meine Herkunft zu sprechen, wollte wissen, ob es so etwas wie eine Laufentaler-Identität gebe.

Was soll man dazu sagen? Eine gemeinsame Identität setzt ein Wir voraus, auf das man, zu Recht oder zu Unrecht, stolz ist. Das Laufental hat nie gestaltend in die Geschichte eingegriffen. Es war stets ihr Objekt. Es wurde militärisch besetzt, verkauft, verpfändet. Untertanenland eben. Man gehörte zum Fürstbistum Basel, zu Frankreich, zu Bern, schliesslich zum Baselbiet.

«Nun?» Fahrländer schaute mich an.

«Da ist nichts, worauf man sich etwas einbilden könnte. Der Rest der Schweiz nimmt uns höchstens zur Kenntnis, wenn die Birs wieder einmal über die Ufer tritt und das Städt-chen überschwemmt. Der Satz, ‹Ich bin Laufentaler›, klingt nicht besonders.»

«Und ihre Vorfahren?»

«Steinhauer, Holzflösser, Bauern, Fischer: Kleingewerbler, Angestellte – nichts Bedeutendes.»

Dann löcherte er mich mit weiteren Fragen zu meiner Familie. Vor allem mein Vater interessierte ihn. Mir schien, er suche Parallelen zu Salvi. Ich tat ihm den Gefallen und wies darauf hin, dass mein ehemaliger Chef eine prächtige Vaterfigur abgegeben hatte.

«Ja, ich habe daran gedacht», räumte er ein. «In Ihrem Bericht befassen Sie sich unverhältnismässig mehr mit ihm als mit sich selbst. Sie scheinen ihn idealisiert zu haben. Es fällt mir schwer zu glauben, dass er den Tod des alten Peters so gelassen hinnahm, wie Sie das schildern.»

«Vatermord», schlug ich vor, «das wäre doch ein Motiv!»

Er ignorierte meine Bemerkung, wischte sie mit einer ärgerlichen Handbewegung weg. Stattdessen betrachtete er nachdenklich das Schachbrett. Die Figurenkonstellation fes-selte ihn. Mit leisem Lächeln führte er den schwarzen Läufer des die weissen Steine Führenden von d6 nach e7. «Das Matt bei Anderssen gegen Kieseritzky, irgendwann im letzten Jahr-hundert in Grossbritannien, nicht wahr? Man nennt sie die unsterbliche Partie, ein Sieg des Geistes über die Materie.»

Ein Schachspieler war er also auch, der Professor. Einer von der Sorte, die Meisterpartien auswendig kennt. «1851 in London», sagte ich mürrisch. Ich kannte Jahreszahl und Ort, weil ich mich erst heute damit beschäftigt habe. Im Übri-gen mag ich sie nicht: die kalte Berechnung Anderssens, der Figur um Figur opfert, um am Schluss seinem an Material weit überlegenen Gegner den Todesstoss zu versetzen, will mir nicht gefallen.

Samstag, 23. Oktober

Ob ich ihn idealisiert habe, sei dahingestellt.

Um aufs Schach zurückzukommen. Paul Salvi wäre von der Partie Anderssen – Kieseritzky nicht beeindruckt gewesen. Die Art des Meisters, Bauern und Leichtfiguren, ja selbst die Dame hinzugeben, um schliesslich zum grossen Schlag auszuholen, war nicht sein Stil. Im Gegenteil: Hätte er Schach gespielt, was er meines Wissens nicht tat, wären ihm Material und Raum wichtiger gewesen als Zeitgewinn. Salvi hätte mit einer defensiven Strategie operiert, jede Figur doppelt und dreifach gesichert, die zentralen Felder besetzt und endlich dem Gegner keine andere Wahl gelassen als die Kapitulation.

Um beim Schach zu bleiben. Auch der Verlust der Dame hätte ihn nicht entmutigt. Im Gegenteil: Mit allen Mitteln würde er versucht haben, einen seiner Bauern auf die gegnerische Grundlinie zu bringen, um eine neue Dame zu bekommen und die Situation zu retten.

Im Klartext: Der Tod des alten Peters bedeutete gewiss einen harten Rückschlag für ihn. Das Bäuerchen, das er in Marsch setzte, um die Dinge wieder ins Lot zu rücken, war ich.

Dienstag, 26. Oktober

Ich werde mir fremd. Aus dem Metallspiegel (verschraubt, unzerbrechlich und ungeeignet zur Selbsttötung) starrt mir ein Mann entgegen, in dem ich mich nur mit Mühe wiedererkenne. Sicher, das bereits licht werdende blonde Haar, die schmalen, grünen Augen, das Grübchen am Kinn – alles ist noch vorhanden. Auch die Narbe über dem rechten Auge, die mich daran erinnert, dass man mich vor dem Hof der Kinder Salomonis niedergeschlagen hat. Und dennoch: ein Fremder. Es lässt sich nicht leugnen, ich werde nachlässig. Es kostet Mühe, das selbst auferlegte Tagesprogramm durchzuhalten. Zwar fällt mir die Arbeit an meinem Bericht nicht schwer, aber für die täglichen Gymnastikübungen bedarf es einer bewussten Anstrengung. Wenn ich lese, lasse ich das Buch oft sinken und verfalle in Tagträumereien. Schwerfällig wie grosse, müde Vögel kreisen meine Gedanken um ein Thema, verlassen es, flattern zum nächsten. Immer wieder die Sorge um die Zukunft.

Selbst wenn sämtliche Indizien entkräftet werden, die dafür sprechen, dass ich Salvi und möglicherweise Peters umgebracht habe, stehe ich vor den kläglichen Überresten meiner beruflichen und gesellschaftlichen Existenz. Durch die lange Untersuchungshaft und die psychiatrische Begutachtung, die Breitenmoser angeordnet hat, bin ich stigmatisiert. An eine Rückkehr in die Sartorius-Schenkung ist nicht mehr zu denken. Von meinen wenigen Bekannten höre ich nichts. Kein Wunder, angesichts der Besuchssperre, die der Staatsanwalt seit Haftbeginn über mich verhängt hat! Einmal ein Brief von meinen Eltern, den ich unbeantwortet liess. Was soll ich ihnen schreiben? Dass ich kein Mörder bin?

Dass eine Strafuntersuchung nur Opfer hinterlässt, ist wohl ein Gemeinplatz. Aber man ist sich dessen nicht bewusst, bis man selbst in die Mühle des Justizapparates gerät. Die Unschuldsvermutung, auf die ein Angeklagter Anspruch hat, erweist sich im konkreten Fall als Leerformel.

Meine Konzentrationsfähigkeit lässt nach. Schachpartien, die ich beginne, gebe ich wieder auf, bevor sie zu Ende gespielt sind. Der Fremde im Spiegel ist schlecht rasiert. Die Bartstoppeln lassen seine Wangen hohl erscheinen. Dabei ist dies erst mein neunter Tag im Irrenhaus.

Professor Fahrländer registriert Spuren beginnender Verwahrlosung. Den einen Bügel seiner Brille zwischen den Lippen, betrachtete er mich interessiert. «Sie ringen um Ihre Balance, Herr Amberg.»

Als ob ich das nicht selbst wüsste.

«Wenn ich Ihr Arzt wäre» (oh Konjunktiv!), «würde ich Ihnen eine Schlafkur empfehlen. Sie sind gestresst und erschöpft.»

Wütend stand ich auf und ging zum Waschbecken. Die einzige Ecke, die mich vor seinem gutachterlichen Blick schützt. Ich begann, mich zu rasieren, die Schatten auf meinen Wangen zu vertreiben.

Er wartete, bis ich fertig war. «Es ärgert Sie, wenn ich mir um Ihren Zustand Sorgen mache...», bemerkte er mit einer Mischung aus Professionalität und Freundlichkeit.

Er war neugierig heute, der Professor.

«Ich muss gestehen, dass ich mich über Sie wundere», fuhr er fort, als ich schwieg. «Was sollen die historischen Exkurse in Ihrem Bericht? Wollen Sie mir mitteilen, dass Sie, obwohl Sie aus dem Laufental stammen, mehr über Basel wissen, als Menschen, die hier geboren sind?

Beklagte er sich etwa darüber? Schliesslich ist es sein Job, mich kennenzulernen.

Fahrländer lächelte sein dünnes Lächeln und zog aus der Tasche seines Jacketts ein abgegriffenes Büchlein. «Lektüre, Herr Amberg, eine kleine Schrift über die Klingentalerinnen, ich schenke sie Ihnen. Das dürfte Ihre Forschertätigkeit anregen.

Ich blätterte in der Broschüre.

«Seite 94», sagte er leichthin, «das Kapitel über die Reformation und das Klostergut, darunter Klosterzelg, das an die Stadt fiel.»

Ein seltsamer Charakter, dieser Hannes Fahrländer. Weshalb will er, dass ich mich mit der Geschichte des Bauernhofs auseinandersetze? Seinetwegen habe ich bereits meinen Anwalt, Dr. Uhlmann, gebeten, abzuklären, wem Klosterzelg vor 1940 gehörte. Bisher hat er sich noch nicht gemeldet. Und nun dieses Büchlein über das Kloster Klingental. Ist das Teil der Begutachtung oder leidet er an einem Helfersyndrom? Will er mich zu geistigen Turnübungen anregen, damit ich in dieser Isolierzelle nicht verblöde?

Diese gottverdammte, pastellgrüne Isolierzelle, in der die Sekunden zuweilen wie grosse, schwere Tropfen in die Tiefe der Zeit fallen. Eine um die andere.

Ich klappte das Büchlein zu. «Ich werde es lesen. Danke!»

«Bitte! Übrigens: Ab heute haben Sie täglich Anspruch auf eine Stunde Bewegung im Freien. «Ihr Anwalt war mit seiner Beschwerde erfolgreich.» Lächelnd: «Ihr Intimfeind, der Staatsanwalt, hat angeordnet, dass Sie in Begleitung von zwei Polizeibeamten um 16 Uhr im Park spazieren gehen dürfen.»

Der leichte Herbstwind traf mich wie ein Keulenschlag. Ich atmete tief durch. Schmerzhaft füllte die frische Luft meine Lunge. Auf dem Weg unter meinen Füssen raschelte das Laub. Ich hob eine Handvoll davon auf und presste die welken, braungelben Blätter gegen meine Nase. Seit Monaten zum ersten Mal ein Geruch wie – ja, wie Freiheit. Die beiden Polizisten, die verdriesslich neben mir hertrotteten, betrachteten mich befremdet. Mein Verhalten überforderte ihre Fantasie. Sie froren und es wäre ihnen wohl lieb gewesen, bald wieder ins Warme zu kommen.

Im Untersuchungsgefängnis durfte ich täglich ins Freie. Allerdings nur auf eine eigens dazu bestimmte Dachterrasse. Seit die Schweiz die Menschenrechtskonventionen ratifiziert hat, müssen auch an Gefangene einige Konzessionen gemacht werden. Und sei es nur eine mit Stacheldraht gesicherte Terrasse.

Nein, sie begriffen es nicht, die beiden Beamten! Wie auch? Ich ging weiter. Rechter Hand ein mit alten Bäumen bestandener Rasen. Mich überkam ein schier unwiderstehliches Bedürfnis, zu laufen. In gleichmässigem Rhythmus durch den Park joggen, den Puls hochjagen, den Schweiss spüren, der über die Stirne rinnt und in den Augen brennt, den weichen, federnden Boden unter den Füssen.

Und dann sah ich Marianne Hochstrasser. Sie stand auf der anderen Seite des Rasens und schaute zu uns herüber. Sie trug eine Schwesterntracht, die ihre runden Hüften betonte. Das rote Haar war zu einem Schwanz gebunden. Eine vorwitzige Strähne fiel ihr ins Gesicht. Wie früher. Offenbar hatte Sie inzwischen eine Stelle in der Psychiatrischen Klinik angenommen.

«Marianne!», rief ich und begann, auf sie zuzulaufen.

«Bleiben Sie sofort stehen!», befahl eine scharfe Stimme in meinem Rücken.

Ich stoppte und wandte mich um.

Der ältere der beiden Polizisten hatte seine Pistole auf mich gerichtet. «Kommen Sie hierher!», ordnete er heiser an. Er war unsicher. Und entsprechend gefährlich.

Widerstrebend ging ich ihm entgegen, direkt auf die Mündung seiner Waffe zu. Wäre er tatsächlich bereit gewesen, auf mich zu schiessen, mich zu verletzen oder gar zu töten? Er, ein vielleicht fünfzigjähriger Polizeibeamter, grau geworden in einem Metier, das nur gut und schlecht kannte.

«Wohl verrückt geworden?», fuhr er mich an und liess Handschellen um meine Gelenke schnappen.

Sein jüngerer Kollege packte mich am Oberarm.

Die Frau war zögernd näher gekommen. Die Szene verwirrte sie. Neugierig starrte sie auf die Handschellen. Dann trafen sich unsere Blicke. Ich erschrak. Wie war es möglich, dass mich meine visuelle Erinnerung derart im Stich gelassen hatte? Die Frau war eine Fremde.

Donnerstag, 28. Oktober

Das Gebräu, das sich, wie das Radio meldete, vor einigen Tagen in der Biskaya zusammenballte, hat jetzt unsere Region erreicht. Auf der anderen Seite des Sicherheitsglases fällt schräg der Regen, gepeitscht von Windböen. Die Blätter verlieren ihren herbstlichen Glanz. Stumpf und dunkelbraun fallen sie müde zu Boden. Das Dammhirschrudel im Park sucht den Schutz der Blockhütte. Die schweren Leiber aneinandergedrängt, schauen sie mit ihren grossen, sanften Augen in den Regen.

Wohl dem, der andere hat, zu denen er gehört, und die ihm Wärme geben, denke ich und lache spöttisch in die unzerbrechliche Fensterscheibe, die schemenhaft meine Gesichtszüge spiegelt. Meine Gedanken drehen sich im Kreis wie eine kleine, graue Maus, die in eine Schüssel voller Wasser geworfen worden ist und sich nun schwimmend dem Rand entlang bewegt, angetrieben von der wahnwitzigen Hoffnung, ein Ufer zu erreichen.

Meine Maske zeige Risse, findet Professor Fahrländer. Man kann es auch so sehen.

Als mich die beiden Polizisten vorgestern aus dem Park zurückbrachten und mich von den Handschellen befreiten, rastete ich aus. Ich tobte, hämmerte schreiend mit den Fäusten gegen die Sicherheitsscheibe, trat mit den Füssen gegen Tisch und Stühle. Als die Beamten eingriffen, diesmal ohne Waffengewalt, rammte ich einem von ihnen mein Knie in die Eier. Während sich der Mann am Boden krümmte, kamen zwei Pfleger hereingestürzt und überwältigten mich. Man rief einen Arzt, der mir eine Beruhigungsspritze gab. Dann sank ich erschöpft in einen Tiefschlaf.

Der Aufwasch folgte am Tag danach.

«Ich will Sie nicht mit psychiatrischen Fachausdrücken

langweilen», dozierte Fahrländer, «im Wesentlichen ist Folgendes geschehen: Während Ihrer Haftzeit hat sich ein immenses Aggressionspotenzial aufgestaut und es bedurfte nur eines geringfügigen Anlasses, um diese Energien explosionsartig freizusetzen.»

Ich kenne das Erklärungsmodell. Fehlte nur noch, dass er den viel bemühten Vergleich mit dem Dampfkochtopf brachte.

«Sie fühlen sich jetzt vermutlich entspannt und zugleich leer», fuhr er fort.

Ich schwieg.

«Sehen Sie, genau das ist Ihr Problem.» Er wurde lebhaft. «Sie bauen eine Mauer um sich und bringen Ihre Empfindungen nicht zum Ausdruck und das führt dann zu diesem Stau ...»

«Also gut, ich bin ein Dampfkochtopf.»

«... oder Sie versuchen, einer ernsthaften Auseinandersetzung mit einer ironischen Bemerkung auszuweichen. Aber Ihre Abwehr wird löchrig. Oder, wenn Ihnen das lieber ist: Ihre Maske bekommt Risse.»

Ich zuckte mit den Schultern. Was gingen mich seine Interpretationen an? Schliesslich liefere ich ihm meinen Bericht. «Hören Sie», sagte ich gehässig, «in unserer Abmachung war nicht von einer Psychoanalyse die Rede.»

Selbst wenn ihn meine Zurückweisung getroffen haben sollte, liess er sich nichts anmerken. «Sie haben recht», er breitete die Arme aus, «ich bin lediglich Ihr Gutachter. Beschränken wir uns darauf. Damit bleibt mir nur noch, Ihnen mitzuteilen, dass ich in den nächsten Tagen unsere Psychologin bei Ihnen vorbeischicken werde. Sie hat den Auftrag, verschiedene Tests mit Ihnen zu machen.»

Ob er tatsächlich glaubt, eine Testbatterie sei seinen Untersuchungen dienlich? Er verliess die Zelle und ich wandte mich dem Büchlein über das Kloster Klingental zu, das er mir gegeben hat. Die Schrift ist eine echte Trouvaille. Sie wurde in den 1930er-Jahren gedruckt und ist längst vergriffen. Kein Zweifel: Ich bin ein Opfer, gewiss nicht das einzige, in einem Streit um ein Stück Land, der seine Wurzeln im Mittelalter hat:

Um 1256 liessen sich einige Augustinerinnen als klösterliche Gemeinschaft im Wehratal bei Säckingen nieder, wo sie vom Ritter Walter von Klingen Güter erhalten hatten. Ihm zu Ehren nannten sie das Kloster Klingental. Der Name blieb erhalten, als die Stiftsdamen achtzehn Jahre später ans Kleinbasler Rheinufer zogen. Durch die Aufnahme reicher Witwen und Mädchen kamen sie in den Besitz von Ländereien in Basel, im Elsass und im Breisgau. Dazu gehörte auch ein Hof oberhalb von Basel: Klosterzelg. Nach der Reformation fiel das Land an die Stadt, die es dem Ratsherrn Rudolf Sartorius verkaufte, einem direkten Vorfahren von Johann Balthasar, zu dessen Lebzeiten Klosterzelg noch der Familie gehörte.

Das alles ist mir neu und ich nehme an, dass auch Salvi nichts davon gewusst hatte. J. B. Sartorius muss das Land, das die Schenkung rund hundertsechzig Jahre nach seinem Tod kaufen wollte, selbst veräussert haben, sonst wäre es Teil der Erbmasse geworden. Salvis Siedlung wäre längst gebaut und ich sässe in meinem Büro am Münsterplatz und nicht in diesen vier pastellgrünen Wänden.

Es ist schon seltsam: Wenn man so will, hat mich eine Entscheidung des alten Sartorius in Teufels Küche gebracht.

In der Jubiläumsschrift, die Professor Chrétien, der Präsident des Stiftungsrates, vor einigen Jahren geschrieben hat, wird der Stifter als Geschäftsmann geschildert, der Landbesitz als die sicherste Kapitalanlage betrachtete und deshalb stets darauf bedacht war, sein Grundeigentum zu mehren. Umso erstaunlicher ist es, dass er sich von Klosterzelg trennte.

An wen also ging das Land in der ersten Hälfte des vorigen Jahrhunderts und wer hat es um 1940 an die Familie Peters verkauft?

Der Besuch meines Anwaltes, Ephraim Uhlmann, kam mir sehr gelegen.

«Haben Sie die Unterlagen zu Klosterzelg, um die ich Sie gebeten habe?», fragte ich, noch bevor er Platz genommen hatte.

Der alte Herr legte seinen Hut auf den Tisch und setzte sich. Aus seiner Aktentasche zog er ein Bündel Fotokopien und reichte sie mir. «Wie können Sie nur an diese Dokumente denken, Herr Amberg, wissen Sie denn nicht, dass der Polizist, den Sie tätlich angegriffen haben, Strafanzeige erstattet hat?»

Ich ignorierte ihn. Die Papiere waren im Moment wichtiger. Es handelte sich um eine chronologische Zusammenstellung sämtlicher Grundstückverkäufe, die 1940 im Kanton Basel-Stadt getätigt worden waren. Zuerst kam der Name des Verkäufers, dann derjenige des Käufers und schliesslich die Umschreibung der Parzelle. Offensichtlich war mein Anwalt im Staatsarchiv fündig geworden.

«Herr Amberg», Dr. Uhlmann tippte mir auf den Arm, «der Polizist hat Strafanzeige gegen Sie erstattet.»

«Ich habe es gehört. Wenigstens hat der Staatsanwalt endlich einen nachweisbaren und unbestrittenen Tatbestand.» Ich hatte nun sämtliche Fotokopien überflogen, neunundzwanzig Blätter, fand aber nirgendwo die Namen Klosterzelg oder Peters.

«Herr Amberg!» Er wurde ungeduldig. «Sie arbeiten der Anklage in die Hände. Sie stehen unter Mordverdacht. Ihr Verhalten gegenüber dem Polizeibeamten unterstützt die Hypothese, dass Sie gewalttätig und unberechenbar sind.»

Widerstrebend wandte ich mich Uhlmann zu: «Der Polizist hat mich mit der Pistole bedroht, wer ist denn da gewalttätig?»

Er lächelte fein. «Muss ich Ihnen wirklich den Unterschied zwischen staatlichem Gewaltmonopol und individueller Tätlichkeit darlegen? Wir können uns darüber unterhalten, ob der Beamte verhältnismässig handelte oder ob Sie in einem psychisch erregten Zustand waren. Wir werden Ihr Verhalten erklären müssen, um die Schlussfolgerungen zu entkräften, die daraus gezogen werden.»

Während er sprach, hatte ich nochmals die Fotokopien durchblättert. «Ich habs!», rief ich. Dr. Uhlmann zuckte zusammen. «Sehen Sie selbst: Die Liste ist nicht vollständig. Der Oktober 1940 fehlt.» Ich schob ihm die Blätter über den Tisch.

Er seufzte. Ein verwirrter, älterer Herr. «Was ist denn so wichtig an diesen Kopien? Ich habe einen vollständigen Auszug bestellt, genau wie Sie es verlangten.» Er sah die Blätter durch. «Sie scheinen recht zu haben. Im Oktober sind keine Grundstückkäufe aufgezeichnet. Da muss jemandem auf dem Grundbuchamt ein Fehler unterlaufen sein.»

«Prüfen Sie das nach, bitte. Ich muss den ganzen Jahrgang haben.»

Dr. Uhlmann legte mir die Hand auf die Schulter. «Wollen Sie mich noch immer nicht ins Vertrauen ziehen?»

Ich zögerte. «Es ist nur so eine Idee von mir. Ich möchte wissen, wer vor Peters Besitzer von Klosterzelg war. Das Land wurde 1940 an seine Familie verkauft. Bis Achtzehnhundertsowieso gehörte es Johann Balthasar Sartorius.

Er schaute mich verwundert an. «Und was haben die Besitzverhältnisse von Klosterzelg mit den beiden Mordfällen zu tun?»

«Ich weiss es nicht», sagte ich und stützte den Kopf in die Hände, «aber genau das möchte ich herausfinden!»

Montag, 1. November

Die Tatsache, dass ein Staatsanwalt zum Schluss kommt, bestimmte Verdachtsmomente rechtfertigten eine Inhaftierung, unterwirft den Angeschuldigten Bedingungen, die darauf abzielen, seine Identität zu zerstören. Es ist schon schlimm genug, während Wochen und Monaten im Gefängnis auf einen Lebensraum beschränkt zu sein, der oft kleiner ist, als dies die Tierschutzgesetze für das liebe Vieh garantieren, schlimm genug, dass der Tagesablauf vom Wecken bis zum Zimmerlöschen reglementiert ist, auch schlimm, dass man sich Leibesvisitationen unterziehen und wildfremden Menschen Einblick in seinen After gewähren muss; schlimm ist ferner der Verzicht auf Gürtel und Schnürsenkel, aber was bedeutet das alles gegen den Frontalangriff auf die Persönlichkeit des Angeklagten durch die Psychiatrie, die sich willig zum Werkzeug der Untersuchungsbehörden macht und unter dem Mäntelchen einer Expertise mit grosser Unverfrorenheit die Intimsphäre eines Häftlings, als ihr Tummelfeld auswählt. Da wird lustvoll untersucht, getestet, überprüft, erwogen, verworfen, beurteilt – mit wissenschaftlicher Akribie –, und dass es sich beim Objekt dieser psychiatrischen Begierde um einen Menschen handelt, der laut Gesetz Anspruch auf die sogenannte Unschuldsvermutung hat, stört höchstens diesen selbst. Konkret: mich.

Ich protestiere.

Gestern tauchte die Klinikpsychologin in meiner Zelle auf, ein ältliches Frauenzimmer, das die Tafeln des Rorschachtests vor mir ausbreitete und mich aufforderte, meinen Fantasien zu den Farbklecksen freien Lauf zu lassen.

Ich sagte ihr, sie solle sich zum Teufel scheren. Samt ihren Tafeln.

Sie erstarrte. Es war wohl lange her, dass sie von jemandem

grob angefahren worden war. Als sie sich vom ersten Schrecken erholt hatte, erklärte sie mit hoher, erregter Stimme, dass ich sie nicht anzuschreien brauche. Sie erfülle nur ihre Pflicht, einen Auftrag, den ihr der Herr Professor erteilt habe, und überhaupt geschehe diese testpsychologische Abklärung zu meinem Besten. Meine Interpretation der Farbtafeln sei ein wesentlicher Bestandteil des Gutachtens, das mich gegebenenfalls vor Gericht entlasten könne.

Gegebenenfalls. Ich war aufgestanden. «Raus!»

Ihre Augen weiteten sich. Sie wich vor mir zurück. Am Guckloch in der Tür erschien das Auge des wachhabenden Polizisten. Seit dem Intermezzo im Park galt ich als rauer Bursche.

«Raus!» Ich machte einen Schritt auf sie zu.

Der Polizeibeamte öffnete die Tür und zog die Psychologin in den Korridor, während ich mich an den Tisch setzte und die Arbeit am Bericht über meine erste Fahrt ins Lüsseltal aufnahm.

Es dauerte lediglich zehn Minuten, bis Fahrländer erschien. «Spielen wir schon wieder den wilden Mann, Herr Amberg?»

«Wir schreiben, Herr Professor», ich schaute von meinem Blatt auf, «wir schreiben und wir haben keine Lust aufgrund unserer Einfälle zu irgendwelchen Klecksografien be- und verurteilt zu werden. Wir sind misstrauisch Leuten gegenüber, die glauben, die Wahrheit lasse sich im Gestrüpp krauser Fantasien finden.»

«Interessant.» Er setzte sich auf die Tischkante. «Haben Sie schon bedacht, dass die Fantasie die Sprache der Seele sein könnte?»

«Davon verstehe ich nichts.» Ich legte den Kugelschreiber neben den Block, sehr ordentlich. «Aber selbst wenn es so wäre, weigere ich mich, bei einem Spiel mitzumachen, dessen Regeln ich nicht kenne.»

«Ah ja!» Er nahm die Brille ab und putzte sie umständlich.

«Aber ist das ein ausreichender Grund, Frau Höllerhagen in Angst und Schrecken zu versetzen?»

«Frau Höllerhagen?»

«Die Psychologin. Sie erzählte mir, Sie seien drohend auf sie zugegangen und hätten sie angeschrien.»

Ich sagte: «Frau Höllerhagen beugt sich von Berufes wegen über die Abgründe der menschlichen Seele, da sollte sie nicht so schnell die Contenance verlieren, wenn jemand ein bisschen laut wird. Im Übrigen täte sie gut daran, ihre eigenen Fantasien zu reflektieren, bevor sie sich mit anderer Leute Innereien befasst.»

Fahrländer lächelte wieder sein sparsames Lächeln. «Frau Höllerhagens Fantasien stehen nicht zur Debatte, Herr Amberg. Es geht um Ihre Begutachtung.»

Ich lächelte zurück: «Um Ihre Begutachtung, Herr Professor, um Ihre. Sie haben diesen Auftrag übernommen. Sehen Sie zu, wie Sie damit fertig werden!»

«Wie meinen Sie das?»

«Ich habe keine Lust, Begutachtungsobjekt zu sein. Ich werde die testpsychologische Abklärung verweigern. Was Sie von mir bekommen, sind meine Berichte. Mehr nicht.»

«Und die auch nur, weil es Ihnen Spass macht, sie zu schreiben, nicht wahr?» Er dachte nach. «Aber ob das genügt? Ob ich den Auftrag nicht zurückgeben muss, wenn eine vollständige Begutachtung nicht durchzuführen ist?»

Glaubte er tatsächlich, mich damit zu beeindrucken? Was hatte ich schon zu verlieren? Schlimmstenfalls würde mich der Staatsanwalt ins Untersuchungsgefängnis zurückbringen lassen. Schlimmstenfalls? Ich lachte.

«Der Gedanke, den Klinikaufenthalt abzubrechen, amüsiert Sie?» Fahrländer stand auf und steckte die Hände so in die Taschen seines weissen Arztkittels, dass die Daumen sichtbar blieben. Die Nägel waren tadellos manikürt. «Sie sind bereit, auf die Chance zu verzichten, die Wahrheit herauszufinden?»

«Die Wahrheit meiner gegenwärtigen Seelenverfassung ist nicht von Bedeutung. Ich weiss selbst, wie schlecht sie ist. Kein Wunder bei dieser Isolationshaft.»

«Ihre Seele interessiert mich nicht.» Er war bis auf einen Schritt an mich herangetreten. Ich roch sein Rasierwasser. «Mich interessiert, wer tatsächlich Salvis und Peters Mörder ist.»

«Ach …?!»

Er setzte sich wieder auf die Tischkante. «Ich habe die Verhörprotokolle des Staatsanwaltes studiert. Es gibt keine haltbaren Indizien, die dafür sprechen, dass Sie Peters erschlagen haben.»

Das wusste ich selbst. Aber darum ging es nicht. Der Gerichtsmediziner hatte nachgewiesen, dass Salvi und Peters vom selben Täter umgebracht worden waren. Mit derselben Waffe.

«Anders ist es mit dem Mord von Salvi», fuhr er fort, «Sie waren unmittelbar nachher am Tatort. Ihre Fingerabdrücke waren auf dem Totschläger. Sie haben dafür eine Erklärung. Man nimmt sie Ihnen nicht ab. Darauf stützt sich die ganze Anklage. Der Rest ist eine erbärmliche Konstruktion. Weil Sie mit Frau Hochstrasser geschlafen haben, wird Ihre Moral infrage gestellt. Hinter dem Umstand, dass Sie bei Peters Beerdigung vor dem Friedhof warteten, werden dunkle Beweggründe vermutet. Ihre in der Tat oft unklaren Aussagen werden gegen Sie verwendet, man ist versucht zu sagen: böswillig. Es scheint, dieser Dr. Breitenmoser habe sich gewissermassen dafür entschieden, dass Sie der Mörder sind. Was ihn irritiert, ist das Fehlen eines offenkundigen Motivs. Deshalb will er ja das Gutachten. Er möchte, dass wir Psychologen aus Ihnen einen potenziellen Mörder machen. Aber da verrechnet sich dieser Herr gründlich.

«Und nun wollen Sie mittels Rorschachtafeln nachweisen, dass ich keiner Fliege etwas zuleide tun könnte?»

190

«Unsinn! Die Testbatterie ist traditioneller Bestandteil eines Gutachtens. Sie gehört einfach dazu. Dekor.» Er machte eine verächtliche Handbewegung. «Ich will den Mörder finden und das kann ich nur mithilfe Ihrer Berichte. Sie verfügen, möglicherweise ohne es zu wissen, über Informationen von Bedeutung.»

Er schien es tatsächlich ernst zu meinen. War er aus seiner Rolle als forensischer Psychiater gefallen? Wollte er, frustriert von der ständigen Beschäftigung mit der Psyche Krimineller, selbst einmal einen grossen Fall lösen, in die Schlagzeilen kommen: Basler Arzt klärt Doppelmord!?

Er ignorierte meine Verblüffung. «Sie stehen nur deshalb unter Mordverdacht», dozierte er ungerührt weiter, «weil Sie für die Tatzeit kein Alibi haben beziehungsweise die Person, die Ihr Alibi bestätigen könnte, spurlos verschwunden ist.»

Die Person, die mein Alibi bestätigen könnte – Hanna. Ich hatte in letzter Zeit den Gedanken an sie erfolgreich verdrängt.

Steif sagte ich: «Diese Person ist ausschliesslich ein Produkt meiner Fantasie.»

«Ja, das behauptet der Staatsanwalt, aber Sie wissen es besser.»

«Ich weiss es besser.» Ich presste die Lippen aufeinander.

«Erzählen Sie mir von ihr.» Fahrländers Brillengläser blitzten auf wie ein Seziermesser unter der Operationslampe.

Falls er glaubte, ich sei der Frosch in der Anatomiestunde, so hatte er sich getäuscht. «Ich spreche nicht über sie.»

«Dann schreiben Sie es auf.» Er erhob sich und wandte sich zur Tür. Über die Schulter liess er mich noch wissen: «Die Testerei lassen wir vorderhand bleiben.»

Dienstag, 2. November

Nein, verehrter Professor, den Gefallen, über Hanna – genauer gesagt, die Frau, die sich Hanna nannte – zu schreiben, tue ich Ihnen nicht, noch nicht. Ich gebe zu: Als er mich gestern auf sie angesprochen hat, hat er mich verunsichert, oder, um seine Terminologie zu benutzen, setzte dies in mir starke affektive Impulse frei. Sein plötzliches Interesse an dieser Frau ist mir unklar. Schon das allein wäre Grund genug, sie aus meinem Bericht auszuklammern. Gewiss, es wird sich nicht vermeiden lassen, meine Beziehung zu ihr zu überdenken. Aber alles zu seiner Zeit. Auch wenn Hanna einmal erwähnte, sie habe mich bereits bei meinem ersten Besuch im Lüsseltal gesehen, gehört sie definitiv nicht in den Bericht über meinen Ausflug ins Schwarzbubenland vom 12. April dieses Jahres, den ich zurzeit in Arbeit habe.

Ich weiss nicht, wann ich ihr begegnet sein soll. War es in Beinwil, wo ich mit dem Priester über Alois Peters sprach, oder später im Gasthof in Erschwil? War es erst auf dem Rückweg, im Altersheim in Breitenbach, wo ich Marie Howald, der früheren Meisterin des alten Landstreichers, einen Besuch abstattete? Und vor allem: Weshalb beobachtete sie mich schon damals? Was wusste sie? Was konnte sie wissen?

Mittwoch, 3. November

Ob ich Roland Seefeld für den Mörder Alois Peters halte, wollte Professor Fahrländer wissen. Er hatte mich, unangemeldet wie immer, in meiner Zelle aufgesucht und am Tisch Platz genommen. Vor ihm lagen alle meine bisherigen Berichte, rund siebzig eng beschriebene Blätter im A4-Format,

Versuche, aus den zwanzig Quadratmetern, die man mir zugesteht, wenigstens gedanklich auszubrechen.

Ich war auf dem Bett liegen geblieben und starrte in den abendlichen Herbsthimmel. Die Luft war unbeschreiblich klar. Es sind diese Abendstunden, in denen ich meiner Gefangenschaft am meisten bewusst werde. Freiheit: Laufen, immer wieder laufen, durch den Wald beispielsweise, das Hämmern des Blutes in meinen Schläfen spüren, mit Lungen, die schier zerbersten wollen. Laufen: die Fussballen abrollen lassen und locker über Baumstrünke springen. Laufen: dem breiten Strom meiner Gedanken folgen, die im Gleichklang mit meinem entspannten Körper dahinfliessen und wie von selbst Ideen produzieren, Lösungen finden.

Ob ich Roland Seefeld noch immer für den Mörder Alois Peters halte?

Was weiss ich! Mein Denken ist träge geworden in diesen vier Wänden. Träge wie mein Körper. Zwanzig Liegestützen und Rumpfbeugen sind kein Ersatz für Freiheit. Auch nicht die täglichen Spaziergänge, die man mir wieder zugesteht, flankiert von zwei misstrauischen Polizisten. Nicht die Schachpartien mit mir selbst, nicht die Bücher, die ich lese, nicht die Berichte, die ich schreibe.

Fahrländer räusperte sich ungeduldig.

Ungeduld kann man sich nur in Freiheit leisten. Ein Luxus. Kürzlich habe ich in einer Zeitschrift einen Bericht entdeckt über europäische Häftlinge im Zentralgefängnis von Bangkok. Ein deutscher Heroinschmuggler, las ich, habe drei Monate, überwiegend angekettet, in einer Dunkelzelle verbracht, bevor er in seinem Prozess zu fünfundzwanzig Jahren verurteilt wurde.

Es gibt welche, denen es schlechter geht als mir. Als ob das ein Trost wäre.

Der Himmel draussen wurde dunkler. Von meinem Bett aus sah ich die rot und gelb verfärbten Kronen der Bäume im Park. Die Blätter bewegten sich im Wind. Ein weiterer Tag ging zu Ende. Wie Sand zwischen den Fingern zerrinnt die Zeit meiner Untersuchungshaft, die ich für einen anderen, vielleicht Seefeld, absitze. Seefeld als Mörder respektive als Doppelmörder. Warum nicht? Er wäre verrückt genug, sich als Werkzeug Gottes zu sehen, aufgerufen, das Unrecht, das man Alois Peters angetan hat, zu rächen.

Ich sagte: «Absurd!»

«Was ist absurd?»

«Wenn der Mord an Peters und Salvi lediglich die Tat eines Verrückten wäre.»

Ein Mord habe immer paranoide Züge, behauptete Fahrländer.

«Eine Paranoia ist doch ein in sich geschlossenes Wahnsystem?», fragte ich, ohne meine Lage auf dem Bett zu verändern.

«Ungefähr», bestätigte der Professor, «in sich kann dieses System durchaus folgerichtig sein.»

Ich setzte mich auf den Bettrand und schaute Fahrländer an: «Dann war der Mord an Peters und Salvi die Tat von mehreren Verrückten. Ätti Seefeld war möglicherweise das Werkzeug, möglicherweise, keinesfalls mehr.»

«Worauf stützen Sie diese Behauptung?»

«Peters wurde im letzten Moment vor der Vertragsunterzeichnung erschlagen. Es ging darum, den Verkauf von Klosterzelg an die Sartorius-Schenkung zu verhindern. Wenn Seefeld der Mörder ist, wurde er von Hintermännern gesteuert, die über genügend Einfluss verfügten, sich über den Stand der Verhandlungen zwischen Salvi und dem Tödlein zu informieren. Salvi selbst musste man ermorden, weil er zu viel wusste.»

Fahrländer blätterte in einer Akte, die neben meinem Manuskript lag. «Sie haben behauptet, Direktor Salvi habe Sie in der Nacht seines Todes telefonisch zu sich bestellt, weil er zu wissen glaubte, wer der Drahtzieher sei.»

Ich legte mich wieder auf den Rücken und schwieg.

«Für diesen Anruf gibt es aber keinen Zeugen», fuhr er fort, «es sei denn, die Frau, die sich nach Ihren Angaben Hanna nennt, taucht wieder auf.»

«Na ja», sagte ich, «es scheint mein Schicksal zu sein, dass sich meine Behauptungen nicht beweisen lassen, dass Zeugen erschlagen werden oder sich in Luft auflösen, als habe es sie nie gegeben.»

«Erzählen Sie von der Frau», drängte er mich, «ich muss mehr von ihr wissen.»

Sie sei ein Produkt meiner Fantasie, hatte der Staatsanwalt geschrien, und auch Kammermann, der weniger voreingenommen ist, hatte meinen Beteuerungen keinen Glauben geschenkt. Und in der Tat, ausser mir und Salvi hat nie jemand Hanna gesehen. Das wurde mir aber erst klar, als Breitenmoser spöttisch nach Zeugen fragte.

«Herr Amberg!» Fahrländer war an mein Bett getreten und schaute auf mich herunter. Er war erregt. Warum war sie ihm so wichtig? Fragte er als Psychiater oder gefiel er sich in der Rolle des Amateurdetektivs? Ging es ihm darum, eine Wahnvorstellung zu entlarven, oder suchte er nach juristisch beweisbaren Fakten? Ich konnte ihm in beiden Fällen nicht dienen.

«Lassen Sie mich in Ruhe!», sagte ich grob.

Seine linke Wange zuckte. Dann sagte er kühl: «Nach unserem letzten Gespräch habe ich gehofft, unsere Zusammenarbeit lasse sich auf eine neue Basis stellen. Aber Sie scheinen mir nach wie vor nicht zu vertrauen.»

«Nein!»

Er wandte sich zur Tür, blieb aber abrupt stehen. «Eh ich es vergesse, Ihr Anwalt hat Ihnen geschrieben.» Er griff in die Rocktasche und legte einen Briefumschlag auf den Tisch. Dann ging er.

Ich trat ans Fenster. Zwei Männer, Patienten, standen mit dem Rücken zum Dammhirschgehege und schauten zu mir herauf. Ich hob grüssend die Hand. Sie verzogen keine Miene, starrten mich weiter an, wie ein seltenes Insekt. Die Figur am erleuchteten Fenster, ich, schien sie zu verwirren. Ich lächelte ihnen zu, worauf sich ihre Gesichter zu einem breiten Grinsen verzogen. Sie wurden lebhaft, zeigten mit den Fingern auf mich und brachen in Gelächter aus, das ich durch das Sicherheitsglas nicht hören konnte. Sie hielten mich für verrückt, offensichtlich, und harmlos, die beiden Gestalten, die sich jetzt gegenseitig auf die Schultern klopften und mit den Händen an imaginären Gitterstäben rüttelten. Sie hatten einen entdeckt, der noch jenseits jener Welt war, in die man sie abgeschoben hatte. Möglicherweise versüsste diese Erkenntnis ihr eigenes Ausgestossensein. Sie freuten sich wie Kinder. Einer von ihnen drehte mir eine lange Nase. Ich lachte. Das erschreckte sie, löschte ihre Heiterkeit mit einem Schlag aus. Ihre Augen füllten sich mit Misstrauen. Die Gesichter nahmen den Ausdruck leerer Masken an. Nach einem letzten ängstlichen Blick traten sie den Rückzug an. Mit unsicheren Schritten strebten sie in die Dunkelheit des Parks.

Freitag, 5. November

Dr. Uhlmann schreibt, er habe in Erfahrung bringen können, dass Klosterzelg bis 1940, also bis zum Verkauf an die Peters, jemandem aus der weit verzweigten Familie Ellenberger gehört habe. Da mein Verteidiger in den Ferien ist, muss ich mich noch zehn Tage gedulden, bis ich Genaueres erfahre.

Ich fragte Fahrländer, der gekommen war, um mit mir die Fortsetzung meines Berichtes zu besprechen, was er über die Ellenbergers wisse.

Er dachte nach. «Sie gehören auch zu den alten Basler Familien. Es gibt einige von ihnen. Friedrich Ellenberger war, glaube ich, in der ersten Hälfte des 20. Jahrhunderts Direktor der Sartorius-Schenkung. Den Münsterpfarrer Gaudenz Ellenberger, seinen Grossneffen, kennen Sie persönlich. Er ist, wenn ich mich richtig erinnere, mit einer Davatz verheiratet.»

Ich nickte. «Mit einer Davatz, von den Liniger-Davatz-Werken.»

«Ja.» Er nahm seine Brille ab und putzte sie. «Ellenberger, Liniger, Davatz – sie gehören zur städtischen Oberschicht. Man war reich, sass im Rat, übernahm Landvogteien im Baselbiet. Zusammen mit anderen, Angehörigen von Geschlechtern, die inzwischen ausgestorben oder von der Zeit zur Bedeutungslosigkeit verurteilt worden sind.

«Wie die Sartorius», sagte ich.

«Richtig, die auch. Nebenbei bemerkt, ein interessanter Gedanke», fuhr er lächelnd fort, «dass die Sartorius-Schenkung nicht existierte, wenn Johann Balthasars Sohn nicht aus der Art geschlagen und enterbt worden wäre. Das Vermögen wäre in der Familie geblieben und ich müsste Sie jetzt, anderthalb Jahrhunderte später, nicht begutachten.»

Tatsächlich: ein interessanter Gedanke. Aber vielleicht gäbe es anstelle der Sartorius-Schenkung eine Davatz- oder Liniger- oder Ellenberger-Schenkung, wer weiss?! Die Zeit war günstig für solche Stiftungen, damals während der Restauration. In Basel gab es allenthalben Reiche, die im Verlauf der revolutionären Ereignisse nach 1798 in der pietistischen Variante des Glaubens an den lieben Gott fromm geworden waren. Sie begriffen diese Welt als Jammertal und wollten sich ein Plätzchen im Himmelreich sichern. Vor allem dann, wenn sie keine direkten Nachkommen mehr hatten. Das kam vor. Man war schon zu lange am Ruder und hatte, um Geld und Gut zusammenzuhalten, zu oft untereinander geheiratet, was letztlich wenig gesund ist.

«Warum fragen Sie nach den Ellenbergers?», nahm Fahrländer den Faden wieder auf.

«Ach, nur so!»

Er lächelte dünn und setzte die Brille wieder auf. «Amberg'sche Geheimniskrämerei. Dabei geben Sie in Ihrem letzten Bericht zu, sinngemäss, dass es sich manchmal lohnte, eigene Gedanken anderen zugänglich zu machen.» Er hob die Brauen. «Sie haben herausgefunden, dass Klosterzelg einmal den Ellenbergers gehörte, nicht wahr?»

«Stimmt!»

«Wie zuverlässig ist Ihre Quelle?»

«Ist das von Bedeutung?»

«Eventuell. Wie zuverlässig ist sie?»

«Wenn Sie damit meinen, ob ich die Besitzverhältnisse juristisch hieb- und stichfest nachweisen kann, muss ich passen.»

«Hm!» War er enttäuscht? Er selbst hatte mich seinerzeit darauf hingewiesen, dass es nicht uninteressant wäre – ja, das war seine Formulierung gewesen –, der Frage nachzugehen, wem Klosterzelg gehörte, bevor es in den Besitz von Peters kam.

«Sie wussten es bereits, Herr Fahrländer.»

«Gerüchte!» Er machte eine vage Geste. «Nichts als Gerüchte!»

Ich gab eine weitere Information preis: «Der entsprechende Grundbuchauszug ist nicht mehr auffindbar.»

«Ah ja?!» Wusste er das auch schon?

Der Mann ist mir ein Rätsel. Nach wie vor. Sein Dialekt verrät, dass er nicht in Basel aufgewachsen ist. Dennoch scheint er mehr über die Verhältnisse in dieser Stadt und die Genealogie der hiesigen Oberschicht zu wissen als mancher, der hier geboren ist. Er hat ja recht, wenn er die Davatz, Linigers und Ellenbergers in einem Atemzug nennt. Diese Familien bestimmen noch heute, wie anno dazumal, nur nicht mehr so sichtbar, das Leben am Rheinknie. Es gibt sie hier wie anderswo, diese alteingesessenen Sippen, die über ein heimliches Imperium verfügen, die Macht ausüben durch Aktienpakete, Landbesitz, noch mehr aber durch verwandtschaftliche und gesellschaftliche Verbindungen. So wie sie früher ihre Verwalter und Meier hatten, haben sie heute ihre Vertrauten in den Führungsetagen von Banken und Industrie, in den Zeitungsredaktionen, in der Politik und in der öffentlichen Verwaltung. Es drängt sie nicht mehr nach Ämtern. Das ist nicht nötig. Sie haben die Technik der Einflussnahme und Manipulation kultiviert und beherrschen virtuos das subtile Spiel der Macht aus dem Hintergrund.

Will mir Fahrländer suggerieren, dass ein Zusammenhang besteht zwischen ihnen und den beiden Mordfällen, die zu meiner Verhaftung geführt haben? Und wenn ja, weshalb?

Er sass da, locker, entspannt. Vertrauen erweckend. Ein älterer Herr, bereit zuzuhören, ganz Psychiater. «Was beschäftigt Sie, Herr Amberg?»

«Sie. Sie beschäftigen mich. Wollen Sie mir nicht verraten, woher der Name Fahrländer stammt. Ich meine, ich müsste ihn kennen, es gelingt mir aber nicht, ihn einzuordnen.»

Er lächelte. «Sie denken vermutlich an Sebastian Fahrländer, der während der Helvetik, nach dem Sturz des Ancien Régime durch Napoleon anno 1798, ein, zwei Jahre Statthalter des kurzlebigen Kantons Fricktal war, ehemals vorderösterreichisches Untertanenland, das Napoleon den Habsburgern weggenommen hat.

«Und von diesem Sebastian Fahrländer stammen Sie ab?»

«Ich glaube kaum.» Und spöttisch: «Selbst wenn – es wäre unwichtig. Ich definiere mich nicht über die Vergangenheit. Sie suchen zu weit. Wenden wir uns lieber wieder Ihren (Ihren!) Basler Familien zu.»

Ich fragte: «Was wollen Sie genau von mir hören?»

«Die Wahrheit», entgegnete er lächelnd.

«Die ganze Wahrheit und nichts als die Wahrheit?»

«So hoch sind meine Ansprüche nicht. Erzählen Sie mir von Alois Peters Mutter. Wissen Sie, wer sie ist?»

Ich dachte nach. Ich habe sie nur einmal gesehen, diese alte, mit Klunkern behängte Vettel mit der Reitpeitsche. Das war bei meiner zweiten Fahrt zu den Kindern Salomonis. «Wer sie ist, weiss ich nicht», sagte ich zögernd, «im Gegensatz zu Salvi, der, glaube ich, ihre Identität herausgefunden hatte.»

«Und Direktor Salvi hat Ihnen nicht den geringsten Hinweis gegeben?», wollte er erregt wissen, «Mann, Sie waren doch sein Vertrauter, seine rechte Hand!»

Ich hob die Achseln. «Eine Zeit lang hatte ich den Verdacht, er glaube, sie sei mit Lukas Liniger verwandt, diesem Wunderkind.»

«Wie bitte?» Fahrländer starrte mich erstaunt an. «Mit seinem Nachfolger?»

Die Nachricht traf mich unvorbereitet. «Ist Lukas Liniger Salvis Nachfolger?»

«Wussten Sie das nicht?»

«Ich bin hier vielleicht ein wenig von der Welt abgeschnitten», sagte ich bitter, «Isolationshaft, Sie verstehen. Seit wann ist dieses Herrgöttlein Schenkungsdirektor und wie kam er zu diesem Amt?»

Fahrländer musterte mich amüsiert. «Überrascht Sie die Wahl?»

Nein, nicht wirklich. Der Direktorenposten in der Sartorius-Schenkung ist ein begehrter Job. Einfluss, Macht, gesellschaftliches Ansehen. Salvi war für Leute wie den Münsterpfarrer Ellenberger-Davatz und seinesgleichen wohl immer eine Fehlbesetzung gewesen. Das war jetzt korrigiert. Die Siedlung auf Klosterzelg war damit definitiv gestorben. «Bringen Sie mir bitte die Zeitungsartikel, in denen über Linigers Wahl berichtet wird», bat ich.

«Wird gemacht!» Noch immer spielte ein Lächeln um Fahrländers Mundwinkel. «Kommen wir auf Alois Peters Mutter zurück.»

Ich schüttelte den Kopf.

«Ich verstehe», sagte er und erhob sich, «Sie müssen nachdenken. Welchen Nachfolger haben Sie denn erwartet?»

Ich gab ihm keine Antwort.

Mittwoch, 10. November

Arbeitsreiche Tage in meiner pastellgrünen Zelle. Ein Raum von vier mal fünf Metern, ich stelle das immer wieder fest, ist gross genug, meine Gedanken ausufern zu lassen. Ich sichte die Zeitungsartikel über Lukas Linigers Wahl – Professor Fahrländer hat sie mir bringen lassen – und erfahre Neues: Liniger ist der Enkel von Samuel Samhofer, der die Sartorius-Schenkung von 1950 bis 1983 leitete. Sein Porträt hängt, wie diejenigen seiner Vorgänger, im blauen Zimmer im Haus am Münsterplatz. Ob Salvi dort inzwischen auch sein Plätzchen hat? In einem Interview erinnert sich Liniger: Er schildert Samhofer als gütigen Patriarchen. Auch dessen inzwischen über neunzigjährige Witwe findet Erwähnung, Salome, jene Grossmutter offenbar, nach der sich Salvi seinerzeit vor dem Sartorius-Haus erkundigt hatte, als ich vom Gespräch mit Pfarrer Ellenberger aus dem Münster-Kreuzgang kam.

Lukas Linigers Vater, Matthäus, ist Mitglied des Verwaltungsrates der LIDA-Werke, die damals auch um Klosterzelg buhlten. Bekanntlich ist er mit dem Münsterpfarrer Ellenberger-Davatz verwandt. Liniger, Davatz, Ellenberger: Sie gehören zu den Familien, die in dieser Stadt während Jahrhunderten die politische Grosswetterlage bestimmten. Und die Samhofers?

Ich habe Fahrländer um das Telefonbuch gebeten. Es ist immer wieder erstaunlich, wie prompt er mein Begehren nach Lesestoff, und sei er noch so ausgefallen, erfüllt. Ohne mich mit lästigen Fragen nach meinen Motiven zu behelligen.

Der Name Samhofer ist nicht zu finden. Dafür Ellenberger, gleich reihenweise, insgesamt einunddreissig Mal. Elf von ihnen sind Frauen, möglicherweise unverheiratete Töchter. Von den zwanzig männlichen Ellenberger haben sechzehn einen akademischen Titel: Professoren, Dr. med., Dr. phil., Dr. iur., ein Dr. theol. Das ist Gaudenz, der Münsterpfarrer. Ähnlich verhält es sich mit den Davatz und Linigers, wobei man hier häufiger auf die Berufsbezeichnung «Kaufmann» stösst, die viel bedeuten kann. Aufschlussreich die Wohnadressen. Standesgemäss. Strassen im Gellert, in der St. Alban-Vorstadt, im Paulusquartier und in der Altstadt.

In der Tat: eine informative Lektüre, das städtische Telefonverzeichnis. Man kann feststellen, dass nicht jeder, der einen bekannten Namen trägt, Ansehen und Macht geniesst. Zum Beispiel jener Davatz, der Briefträger ist und im unteren Kleinbasel wohnt. Es gibt auch in solchen Familien arme Schlucker, für die nur ein paar Krümel vom Kuchen abfallen.

Professor Fahrländer lachte, als ich mit ihm darüber plauderte: «Informativ», bestätigte er gut gelaunt, «aber ungenügend für Forschungszwecke. Beispielsweise finden Sie im Verzeichnis keinen von denen, die in der Privatabteilung unserer Klinik leben.»

Ich schaute ihn fragend an.

«Zu wenig Blutauffrischung», erklärte er amüsiert. «Immer nur untereinander heiraten ist zwar gut für die Vermögensbildung, aber langfristig eher ungesund.»

Fahrländer war gekommen, um mir einen Brief zu übergeben. Lukas Liniger, seit dem 1. November in seinem neuen Amt, findet bereits Zeit, mir zu schreiben. Die Ungewissheit bezüglich meiner Zukunft, teilt er mit, zwinge ihn, mein

Arbeitsverhältnis mit der Schenkung per Ende Februar des nächsten Jahres aufzulösen. Mein Gehalt bis dahin werde auf ein Sperrkonto beim Bankhaus Sartorius überwiesen. Sobald sich die schweren Anschuldigungen seitens der Strafverfolgungsbehörden gegen mich als gegenstandslos erweisen würden, könne ich selbstverständlich frei über das Geld verfügen. Er hoffe, dass mir das Kapital künftig beim Aufbau einer neuen beruflichen Existenz dienlich sei. Er schliesst den Brief mit der Bitte, ich solle ihm, auf dem Formular, in der Beilage, bestätigen, dass ich mit dieser Regelung einverstanden sei und auf weitere Ansprüche verzichte.

Er pflegt einen artigen Stil, der junge Herr.

Der Kopie des Bankauszuges, die er mitschickt, entnehme ich, dass sich die Sartorius-Schenkung mein Ausscheiden mehr als fünfzigtausend Franken, inklusive Anteil 13. Monatslohn, kosten lässt, falls sich meine Unschuld erweisen sollte.

«Gute Nachrichten?» Professor Fahrländer hatte mich während der Lektüre des Briefes beobachtet.

Ich zuckte mit den Achseln. «Meine Kündigung. Ich habe gar nicht mehr damit gerechnet, noch auf der Gehaltsliste der Schenkung zu stehen.»

«Was bedeutet das für Sie?», fragte er in einem therapeutisch-teilnehmenden Ton.

«Mehr als fünfzigtausend Franken, wenn ich Salvi nicht erschlagen habe.»

«Eine reichlich materialistische Betrachtungsweise.»

Er möchte Gefühle, der Professor. Als ob ihn das etwas anginge. Was ist schon geschehen? Linigers Brief macht mir bewusst, dass ein weiteres Band, das mich mit der Welt draussen verbindet, durchschnitten ist. Meine Wohnung im Ahornhof wurde aufgelöst. Dr. Uhlmann hat Ende August, glaube ich, veranlasst, dass mein Mobiliar und was ich sonst noch besitze, in einem Lagerhaus untergebracht wurde. Gegen Gebühren. Meine Mietschulden sind bezahlt. Ich habe Uhlmann eine Vollmacht über mein Sparkonto erteilt.

«Nun, Herr Amberg, wo stehen wir?» Fahrländer lässt nicht locker.

«Vis-à-vis de rien. Selbst wenn ich den Mühlen der Justiz entrinne. Irgendjemand lebt in meiner Wohnung, irgendjemand sitzt an meinem Schreibtisch.»

«Als ob es Sie nicht gegeben hätte – draussen.»

«Als ob es mich nicht gegeben hätte.»

«Und Ihre Freunde haben Sie auch fallen gelassen?»

Ich habe kaum Freunde. Die meisten meiner Bekannten sind mir bereits nach meiner Scheidung abhandengekommen. Sie gehörten gewissermassen zum Frauengut. Was blieb: einige Kollegen, unverbindliche, oberflächliche Beziehungen. Und natürlich Thomas Jermann. Aber mit ihm verbindet mich auch nicht viel mehr als eine Zweckgemeinschaft sitzengelassener Männer.

«Da ist niemand, der auf mich wartet!», meinte ich spöttisch.

«Hanna?»

«Lassen Sie mich in Ruhe!»

Er lächelte: «Sie weichen mir aus. Wie üblich.»

«Schön», sagte ich, «ich weiche Ihnen aus.»

«Wir haben Zeit», er erhob sich, «viel Zeit. Früher oder später werden Sie sich der Auseinandersetzung stellen müssen.»

Muss ich? Als er den Raum verlassen hatte, versuchte ich es mit einem Monolog. Ich betrachtete mich im Spiegel über dem Waschbecken und sagte laut: «Ich bin Jakob Amberg, geboren und aufgewachsen in Laufen. Später weggezogen nach Basel, wo ich als Redaktor einer reichen Stiftung diente, heute verdächtigt, Karl Peters und meinen Brotherrn, Paul Salvi, totgeschlagen zu haben. Ich bin unschuldig, aber das ist nicht von Interesse. Im Gegenteil: Dank meiner Verhaftung können die beiden Mordfälle als Tat eines Verrückten abgebucht werden. Die Frage, ob das Verbrechen im Zusammenhang mit Salvis Plänen für Klosterzelg steht, braucht nicht gestellt zu werden.»

Meine Worte widerhallten seltsam in der Zelle. Ich dachte nach. Es war tatsächlich so, dass meine Verurteilung eine passable Lösung sein würde. Für viele: gewiss für den Mörder, aber auch für jene Kreise, die Salvis Siedlung für sozial benachteiligte Familien verhindern wollten. Um jeden Preis.

Mein Gesicht im Spiegel gefiel mir nicht. Ich fühlte mich ausgesprochen beschissen.

Montag, 15. November

«So war das also!», sagte Professor Fahrländer. Er hatte sich auf die Tischkante gesetzt. In der Hand hielt er meinen Bericht über die Ereignisse vom 20. und 21. Mai, in dem ich schildere, wie ich vor dem Hof der Kinder Salomonis niedergeschlagen und anschliessend auf der Strasse zwischen Breitenbach und Laufen deponiert worden bin. Entgegen seiner Gewohnheit hatte er das Manuskript in meiner Anwesenheit gelesen. Fast ungeduldig, als habe er zu lange darauf warten müssen.

Ich stand am Fenster. In diesen letzten Tagen war mir wieder einmal das Zeitgefühl abhandengekommen, was aber nicht beängstigend ist. Dass die Zeit ihre Bedeutung verliert, wenn man lange in Haft ist, scheint mir normal. Draussen auf der anderen Seite des Sicherheitsglases war Vormittag, ein trüber, diesiger Novembermorgen. Still und leer lag der Park da. Ab und zu huschte eine Schwester zwischen den tropfenden Bäumen vorbei, geschäftig, unterwegs von einer Abteilung zur nächsten.

«So war das also!», wiederholte Fahrländer.

«Ja», bestätigte ich, ohne mich umzudrehen, «so war das!»

Keine Patienten im Park wie sonst. Sie zogen es vor, in ihren Pavillons zu bleiben, im Warmen. Oder sie sassen in der stets überfüllten Cafeteria, wo ihnen von Schuldgefühlen gequälte Angehörige Süssigkeiten spendierten. Bei meinen täglichen Spaziergängen führen mich meine beiden Polizisten dort vorbei. Zur Freude einiger Gäste, die sich an den Fensterscheiben die Nasen platt drücken. Ich bin eine Attraktion, ich und die beiden uniformierten Ballermänner.

«Der Staatsanwalt glaubt Ihnen Ihre Geschichte nicht», meinte der Professor, der wieder einmal explorierte.

In der Tat erregte meine Schilderung des Überfalls im oberen Lüsseltal bei Dr. Breitenmoser Ärgernis. Er behauptet, hier offenbare sich mein Hang zum Flunkern. Er zieht die Version des Arztes vor, derzufolge ich nach einem Unfall mit einer Hirnerschütterung und einem partiellen Gedächtnisverlust notfallmässig ins Kantonsspital Laufen eingewiesen worden bin.

«So ist es», beantwortete ich die Feststellung Fahrländers, «der Staatsanwalt glaubt mir nicht.»

«Macht Sie das zornig?»

Mein Gott, was für eine Frage. Als ob das von Belang wäre. In diesem Punkt bringe selbst ich Verständnis für Breitenmoser auf. Er ist überzeugt, ich sei in jener Nacht aus dem Wagen gestiegen, um an der Landstrasse meine Notdurft zu verrichten. Jemand soll mich angefahren und liegen gelassen haben. Möglicherweise, das räumt er ein, handelte es sich dabei um eine Frau, nämlich jene anonyme Telefonanruferin, welche die Polizei benachrichtigte. Das kann aber nicht Hanna sein, denn die ist lediglich das Produkt meiner Fantasie.

Ich kehrte mich um und schaute den Psychiater an. Er sass immer noch auf der Tischkante. Angespannt, schien mir, aber ich mochte mich täuschen. «Stellen Sie Ihre Frage besser, Herr Professor, ob ich wütend auf den Staatsanwalt bin, tut nichts zur Sache.»

206

Er zog die Brille ab und stiess den Kopf vor. Raubvogelgleich. Seine lange Nase sprang mir entgegen. «Er hat Ihre Geschichte schlampig überprüft, Herr Amberg.» Er machte eine wegwerfende Handbewegung: «Er hat sich mit Halbheiten zufriedengegeben. Ihm genügte, dass der Leiter des Altenheimes in Breitenbach schriftlich mitteilte, seine Pensionärin, Marie Howald, wisse nichts von Alois Peters Mutter. Breitenmoser hat fahrlässig die Chance vertan, die Identität der alten Dame festzustellen. Er hat es versäumt, den Ätti Seefeld und seine Leute in die Mangel zu nehmen. Aber vielleicht ist er an der Wahrheit nicht interessiert, vielleicht ist er nur unfähig.» Kopfschüttelnd fügte er hinzu: «Ich weiss nicht einmal, was schlimmer ist.»

Ich nehme an er wusste, wovon er sprach. Schliesslich hat er Einsicht in die Untersuchungsakten. Gleichwohl verstand ich seine Erregung nicht. Ich bin das Opfer von Breitenmosers Methoden, nicht er. Ich schwieg.

Er erwartete auch keine Antwort. Vielmehr gefiel er sich in rechtsphilosophischen Überlegungen und setzte mir auseinander, dozierend jetzt, dass unsere (unsere!) Justiz, anders als im angelsächsischen Raum, den Staatsanwalt verpflichte, Entlastungsmaterial, selbst wenn es auf den ersten Blick abstrus erscheine, genauso sorgfältig auf den Wahrheitsgehalt abzuklopfen wie den Angeschuldigten belastende Fakten.

Seine Ausführungen langweilten mich. Die Prinzipien unseres Rechtssystems sind ein akademisches Problem, das wenig mit der Praxis einer Strafuntersuchung zu tun hat. Jedermann weiss, dass das Ansehen eines Staatsanwaltes und seine etwaige Berufung zu Höherem abhängig sind von der Anzahl der Verurteilungen, die er durchsetzt. Dass sich Breitenmoser seiner Natur gemäss als Jäger und Verfolger benimmt, gehört zum System. Das kann man ihm nicht zum Vorwurf machen.

«Er soll sich noch wundern, der Herr!», sagte Fahrländer.

Mein erstaunter Blick entging ihm nicht. Er lächelte. Verlegen? Ertappt?

«Verzeihen Sie!» Trocken: «Ich glaube, ich bin vom Thema abgewichen. Würden Sie mir jetzt Alois Peters Mutter beschreiben.»

«Wie bitte?»

«Ich muss Ihre Glaubwürdigkeit begutachten. Ich will die Nagelprobe machen. Wie könnte ich das besser, als wenn ich die alte Dame identifizierte? Ich werde Sie zu finden wissen. Falls es sie überhaupt gibt», fügte er boshaft hinzu.

«Wenn Sie sich da nur nicht übernehmen», entgegnete ich spöttisch, «Salvi wollte dasselbe. Was dabei herausgekommen ist, wissen wir ja.»

Er ignorierte meine Bemerkung. «Beschreiben Sie die Frau.»

Ich stichelte weiter: «Selbst Breitenmoser hat nach der Alten forschen lassen. Vielleicht schlampig, wie Sie behaupten. Aber immerhin standen ihm sämtliche Amtsquellen zur Verfügung, und er wurde trotzdem nicht fündig.»

Fahrländer lächelte mild. «Die Beschreibung, Herr Amberg, die Beschreibung.»

Ich tat ihm den Gefallen, nannte Grösse, Statur, Gesichtsform, Augenfarbe, besondere Merkmale. Ironisch. Eine Personenbeschreibung, wie sie die Fahndungspolizei verlangt.

Er notierte alles, bedankte sich und steckte dann den Kugelschreiber in die Brusttasche seines Arztmantels. «Übrigens, man hat Alois Peters immer noch nicht gefunden.»

Das war neu. Seit jenem 20. Mai hat man den alten Mann also nicht mehr gesehen. Die Staatsanwaltschaft hat ihn gesucht, ernsthaft, anders als seine Mutter. Soviel habe ich im Untersuchungsgefängnis noch mitbekommen. Für seine Existenz und sein Verschwinden gibt es verlässliche Zeugen. Eine ganze Talschaft. In den Zeitungen hat man über den millionenschweren Landstreicher geschrieben. Seine Personenbeschreibung wurde im Radio und im Fernsehen bekannt gegeben. Wenn es zutrifft, was Fahrländer sagt, so wird Peters seit sechs Monaten vermisst. Eine lange Zeit. Selbst für einen wie ihn. Man hat ihn offenbar aus dem Verkehr gezogen. Vielleicht ist er tot. Erschlagen. Auch er. Meine Fantasie begann zu arbeiten. Der alte Säufer wäre imstande gewesen, für ein, zwei Flaschen Wein die Existenz seiner Mutter zu bezeugen. Unangenehm für sie.

«Ich habe mich erkundigt», unterbrach Fahrländer meine Gedankengänge, «Klosterzelg liegt brach. Das Erbschaftsamt hat das Haus versiegelt und das Land einzäunen lassen.»

Ich fragte: «Hat niemand Erbschaftsansprüche geltend gemacht?»

«Niemand.» Mein Interesse wurde mit einem dünnen Lächeln honoriert. «Die einzige Verwandte, die er hat, ist seine Mutter, und die zieht es vor, im Hintergrund zu bleiben. Weshalb auch immer.»

Später, nachdem Fahrländer mich endlich verlassen hatte, gab ich mich Spekulationen hin. Jemand will sich Klosterzelg unter den Nagel reissen. Weder die Sartorius-Schenkung noch Alois Peters sollen Nutzniesser des Grundstückes werden. Wenn der arme Alois nicht mehr auftaucht, würde er nach einer angemessenen Frist, ich glaube nach fünf Jahren, als verschollen erklärt und das Land fiele wohl an den Kanton. Es sei denn, jemand könnte berechtigte Ansprüche geltend machen. Die alte Hexe mit der Reitpeitsche? Aber warum hat sie nichts von sich hören lassen? Die Zeit arbeitet gegen sie. Mit jedem Tag kommt sie dem Grab einen Schritt näher. Wie dem auch sei, wer immer sich Klosterzelg aneignen will, ist im Zugzwang und muss irgendeinmal seine Deckung verlassen.

Ich lächelte schadenfroh. Ganz allein für mich.

Donnerstag, 18. November

Ich halluziniere nicht. Ich verbitte mir die Unterstellungen dieses Doktors Wie-heisst-er-schon-wieder, Fahrländers Stellvertreter. Auch wenn der leptosome Jüngling mit seiner runden Nickelbrille das Wort Halluzination vermied, so machte sein Geschwätz von subjektiver Wahrnehmung mehr als deutlich, dass er mir nicht glaubt. Ich weiss, was ich gesehen habe, und ich halluziniere nicht.

Alois Peters Mutter, die Alte mit der Reitpeitsche, ist hier in der Klinik. Genauer: Sie war hier. Gestützt auf den Arm einer jüngeren Begleiterin, promenierte sie durch den Park. Wie eine Besucherin oder eine Patientin. Wer kann das schon sagen? Sie gingen unter meiner Zelle vorbei zum Dammhirschgehege, wo sie die Tiere beobachteten.

Und ich stand am Fenster aus Sicherheitsglas, wie ein Fisch im Aquarium. Das war gestern am späteren Nachmittag. Einige Sekunden stand ich starr. Dann trommelte ich gegen die Türe und brüllte, man solle mich hinauslassen. Sofort.

Die Klappe über dem Guckloch wurde weggeschoben und ein besorgtes Polizistenauge versuchte, sich Überblick zu verschaffen. Sonst geschah nichts.

Ich rannte zum Fenster zurück. Die alte Hexe war verschwunden. Aber ich habe sie gesehen. Da mag dieser Schwätzer, der hier seine Assistenzzeit verbringt, sagen, was er will. Ich kann sie beschreiben: Das Haar blau onduliert, noch immer. Die Kleider bordeauxrot diesmal, selbst Schuhe und Strümpfe, und natürlich der glitzernde Klunker an Hals, Brust und Händen. Mein erster Eindruck, als ich sie damals bei den Kindern Salomonis gesehen habe, hat mich nicht getäuscht: eine lebende Mumie. Ausgetrocknet und geschrumpft, als hätte man ihr alle Körpersäfte entzogen. Die Reitpeitsche muss sie zu Hause vergessen haben oder man hat sie ihr weggenommen.

Ich hämmerte mit den Fäusten gegen die Türe und beschimpfte den wachhabenden Beamten mit, ich glaube, recht unflätigen Verwünschungen. Endlich hörte ich Schritte im Korridor. Begleitet von zwei kräftigen Pflegern betrat der junge Arzt die Zelle.

«Na endlich», sagte ich, «es wurde auch Zeit!» Ich versuchte, mich an den Dreien vorbeizudrängen. Vergeblich. Sie standen reglos wie Felsblöcke. Und ebenso unverrückbar.

Ich schrie sie an: «Lasst mich raus, ich muss in den Park!»

«Worum geht es denn?» Der Arzt musterte mich neugierig. «Wir können Sie nicht einfach davonlaufen lassen, das müssen Sie begreifen, Herr Amberg!»

Die beiden Pfleger in der Türe verschränkten die Arme. Gleichzeitig, wie auf Kommando.

«Lassen Sie mich raus, ich muss die Hexe erwischen!»

Ich gebe ja zu, dass ich mich etwas vage ausdrückte, aber es fehlte einfach die Zeit, die Zusammenhänge klarzustellen.

«So, so, eine Hexe wollen Sie erwischen», sagte der Jüngling.

«Sie ist noch im Park, jede Sekunde ist wertvoll.» Ich spürte, wie mir das Blut in den Kopf stieg. «Alois Peters Mutter ist unten. Begreifen Sie das doch endlich, Mann.

Er ignorierte meine Erregung. Wahrscheinlich hielt er sich an die Regeln irgendeiner Kriseninterventionstheorie, die er kürzlich erlernt hatte. «Sie haben also jemanden gesehen, den Sie zu kennen glauben?»

Er spiegelte meine Gefühle. Empathisch. Genauso, wie das die personenzentrierte Psychotherapie nach Rogers und Tausch vorsieht.

Es war sinnlos.

Ich duckte mich und rammte einem Pfleger meinen Kopf in den Bauch. Wie ein Rugbyspieler, der die gegnerische Grundlinie zu erreichen versucht. Zu dritt fielen sie über mich her. Einer kniete auf meinen Oberarmen, einer auf den

Beinen und einer, das Assistentlein, verpasste mir eine Spritze, die mich endgültig flachlegte.

Wie gehabt.

Sicher: Ich habe unüberlegt gehandelt, als ich gewaltsam aus der Zelle wollte. Allerdings wäre es auch zwecklos gewesen, wenn ich mit Engelszungen auf sie eingeredet hätte. So etwas bringt in diesem Etablissement niemanden aus dem Konzept. Meine Rolle als Häftling und als Objekt der Begutachtung legitimiert das Klinikpersonal, mich zu behandeln wie ein gefährliches Tier. Da wird nicht lange gefackelt. Inzwischen verstehe ich, dass es nicht ungewöhnlich ist, wenn im Irrenhaus Patienten tätlich werden. Wie sollen sie sich sonst gegen die permanente Entmündigung zur Wehr setzen? Aber man weiss, wie man diesen Anfällen – Anfällen! – zu begegnen hat. Die Methoden sind im Laufe der letzten zweihundert Jahre ständig verfeinert worden. Hatte man die Tobsüchtigen früher angekettet oder kurzerhand zur Abkühlung in einen verschliessbaren Badezuber gesteckt, gilt heute in fortschrittlichen Kliniken selbst die Zwangsjacke als unschicklich. Man zieht ihr die Segnungen der Chemie vor.

Zwei Stunden später setzte sich der lang aufgeschossene Jüngling an mein Bett.

«Eine schöne Geschichte, Herr Amberg.»

Ich sagte ihm, er solle Professor Fahrländer holen.

«Das geht leider nicht. Der Herr Professor ist die ganze Woche an einem Ärztekongress. Ich vertrete ihn.»

Das passt. Fahrländer wäre der Einzige gewesen, der aufgrund meiner Informationen hätte handeln können. Aber es gehört wohl zu den Besonderheiten meines Falles, dass ich in wesentlichen Momenten allein bin.

Er wisse wenig über mich, sagte der Assistenzarzt, der sich, so wie er aussah, besser für ein Theologiestudium geeignet hätte. Ob ich ihm nicht die Ursache meiner Erregung erklären wolle.

212

«Ich will mit Fahrländer telefonieren!», sagte ich kategorisch. Das war ungeschickt, denn der junge Mann fühlte sich brüskiert.

Ob man den Herrn Professor einschalten solle, darüber entscheide er allein und niemand sonst. Ich müsse ihm schon sehr gute Gründe liefern, bis er die Verantwortung für ein solches Telefonat übernehme. Sein Adamsapfel hüpfte auf und ab. Ein Würstchen. Er hatte die Spitalhierarchie trotz seiner jungen Jahre bereits verinnerlicht.

Ich seufzte: «Vor meinem Fenster spaziert eine Zeugin vorbei, die in den Mordfällen Peters und Salvi seit Monaten gesucht wird. Auch Ihr Chef ist an einem Gespräch mit der Dame interessiert und Sie vermasseln die ganze Sache.»

Er blieb unbeeindruckt: «Sie müssen mir schon mehr erzählen.»

Es stellte sich heraus, dass er meine Berichte nicht kannte. Fahrländer hält sie in seinem Büro unter Verschluss. So orientierte ich ihn in groben Zügen über die beiden Morde und über die Rolle von Alois Peters' Mutter.

«Und Sie sind sicher, dass es dieselbe Frau war, die Sie gesehen haben?»

«Das sage ich doch die ganze Zeit!»

Er nahm seine Brille ab und putzte sie. Der Jüngling imitierte seinen Chef, wahrscheinlich ohne es selbst zu wissen. «Sie haben schon einmal geglaubt, hier in der Klinik eine Bekannte zu sehen, und wurden in der Folge gewalttätig.» Er spielte auf jene Szene im Park an, wo ich eine Schwester fälschlicherweise für Marianne Hochstrasser gehalten habe.

«Wollen Sie damit sagen, ich halluziniere?», erwiderte ich aggressiv.

«Ich habe nichts dergleichen behauptet.» Der junge Doktor lächelte überlegen. «Mir fällt lediglich auf, dass Ihr heutiges Verhalten nach demselben Muster abläuft wie am 26. Oktober.»

«So schlecht scheinen Sie nun doch nicht über meinen Fall orientiert zu sein», sagte ich misstrauisch.

«Von den forensischen Aspekten Ihrer Begutachtung weiss ich nichts.» Er lächelte immer noch. «Ihre Krankengeschichte allerdings kenne ich.»

Krankengeschichte. Krank ist, wer eine Krankengeschichte hat, fiel mir ein, verrückt ist, wer psychiatrisch behandelt wird. Es sind immer die anderen, die unsere Identität definieren.

Er registrierte meine Betroffenheit nicht. Im Gegenteil: Er kam in Schwung, setzte zu einem Referat an, sprach von subjektiven Wahrnehmungen, die bei isolierten Patienten Anspruch auf Realität erhöben. Er analysierte munter drauflos. Ein kleiner Sigmund Freud.

Ich unterbrach ihn grob: «Stecken Sie sich Ihr Geschwätz an den Hut! Es interessiert mich einen feuchten Dreck!»

Ich hätte wissen müssen, dass er Widerspruch von meiner Seite als Abwehr begriff, als Verdrängung, die bewusst gemacht werden wollte. Er liess sich nicht beirren und baute seine Theorie von der Wahrnehmungsstörung aus. Er vermied das Wort «Halluzination», aber im Wesentlichen lief es darauf hinaus.

Sein Eifer ödete mich an. Ich ging an den Tisch, um eine Partie Schach gegen mich selbst zu spielen. Ich weiss nicht, wie ich ihn sonst losgeworden wäre.

Er sprach noch eine Weile weiter. Dann stand er auf. «Vielleicht ist es am besten», sagte er jetzt, etwas unsicher geworden, «Sie fahren mit Ihren Berichten für den Herrn Professor fort. Wenn Sie etwas brauchen, lassen Sie es mich wissen.»

Ich hob nicht einmal den Kopf.

Das war gestern.

Nebenbei: Seitdem ich der Meisterpartien überdrüssig bin, die ich seinerzeit von Fahrländer angefordert habe, spiele ich oft Schach gegen mich selbst. Ein heikles Unterfangen. Selbst wenn ich nach jedem Zug aufstehe und um den Tisch herumgehe, um aus dieser Position meinen eigenen Angriff zu parieren, ist es mir unmöglich, neutral zu bleiben. Immer identifiziere ich mich mit einer Farbe, meist mit Weiss. Ich stelle mir Fallen, in die ich hineintappe. Sobald Schwarz geschlagen ist, fühle ich mich, wider alle Vernunft, als Verlierer.

Wenn der junge Arzt von diesen Partien und den damit verbundenen Gefühlen wüsste – nicht auszudenken, welche psychoanalytischen Schlüsse er daraus zöge. Er hat etwas Klerikales an sich. Dass er mir bei der heutigen Morgenvisite empfahl, in den nächsten Tagen endlich den Anstaltsgeistlichen zu empfangen, der öfter nach mir frage, passt zu ihm. Dass er aber aus eigener Machtbefugnis den angekündigten Besuch von Dr. Uhlmann, meinem Verteidiger, absagte, geht zu weit. Ungerührt erklärte er mir, nach meinem gestrigen Erregungszustand sei ich nicht in der Verfassung, Gespräche rechtlicher Natur mit meinem Anwalt zu führen. Er übernehme die ärztliche Verantwortung für diese Entscheidung. Dr. Uhlmann komme am Dienstag, also in fünf Tagen wieder, falls sich mein Zustand bis dahin gebessert habe.

Ich bin lernfähig. Und so unterdrückte ich mein Bedürfnis, ihn zu ohrfeigen. Er verfügt über die Mittel und das Personal, um aus Handgreiflichkeiten als Sieger hervorzugehen.

Mittwoch, 24. November

Gestern: Sie betraten gemeinsam meine Zelle: Dr. Uhlmann, mein Verteidiger, und der Professor. Ich stand am Fenster und starrte in den Park, wie sooft in den letzten Tagen. Eine vage Hoffnung, Alois' Mutter, die alte Vettel, nochmals zu sehen.

Fahrländer räusperte sich.

«Ich denke, Sie sind an einem Ärztekongress», sagte ich aggressiv.

«Das war ich.» Er nahm Platz. Unaufgefordert.

«Darf ich mich auch setzen?», fragte Uhlmann mit feinem Lächeln.

Ich nickte.

«Ich habe Herrn Professor Fahrländer gebeten, bei unserem Gespräch dabei zu sein», fuhr er fort, «ich hoffe, Sie haben nichts dagegen.»

Ich zögerte. Schliesslich zuckte ich mit den Schultern.

Dr. Uhlmann öffnete seine Aktentasche und zog ein Fotoalbum hervor, eines jener in Leder gebundenen Familienprunkstücke. Er blätterte darin und legte es offen vor mich hin. «Kennen Sie diese Frau?»

Ich betrachtete das Bild, schaute Uhlmann an, dann Fahrländer. «Das ist Alois Peters' Mutter», gab ich erregt zur Antwort, «woher haben Sie das Foto?»

Der alte Herr lächelte befriedigt. Dann meinte er trocken: «Sie werden in einer Erklärung bestätigen, Herr Professor, dass Herr Amberg ohne zu zögern Salome Samhofer, geborene Ellenberger, als Mutter von Alois Peters identifiziert hat.»

«Gewiss», Fahrländer nickte, «Sie können sich darauf verlassen, Herr Doktor!»

Salome Samhofer, geborene Ellenberger. Ich setzte mich auf den Bettrand.

Fahrländer musterte mich amüsiert. Um seine Mundwinkel zuckte es. «Salome Samhofer ist die Witwe von Salvis Vorgänger, Samuel Samhofer, sie war die Tochter Friedrich Ellenbergers, Salvis Vorvorgänger, und ist die Grossmutter Lukas Linigers, Salvis Nachfolger.» Amüsiert: «Es ist nicht halb so kompliziert, wie es klingt.»

Sie liessen mir Zeit, der Professor und der Doktor, meine Gedanken zu ordnen.

216

«Ich bin vielleicht etwas schwer von Begriff», sagte ich. «Lassen Sie mich die Sache auf meine Weise ausdrücken: Friedrich Ellenberger war Direktor der Sartorius-Schenkung bis um die Mitte des vorigen Jahrhunderts. Samuel Samhofer war sein Nachfolger. In den späten 1980er-Jahren wurde Paul Salvi Hausherr am Münsterplatz und am 1. November bestieg Lukas Liniger den Thron. Vier Direktoren in hundert Jahren und zu dreien von ihnen stand respektive steht Salome Samhofer in engster verwandtschaftlicher Beziehung. Sie war die Tochter Ellenbergers, die Ehefrau Samhofers und Liniger ist ihr Enkel. Einzig Paul Salvi hatte nichts mit ihr zu tun.»

«Bingo!», sagte der Professor fröhlich und gebrauchte damit einen Ausdruck, der nicht wirklich zu ihm passte.

«Und Klosterzelg», stellte ich fest, «gehörte bis 1940 den Ellenbergers.»

«Friedrich Ellenberger, dem Schenkungsdirektor, Salomes Vater», bestätigte Uhlmann. Er war mit sich zufrieden, der gepflegte, alte Herr im hellbraunen Anzug.

«Ich verstehe also recht», fasste ich zusammen, «Salome liess sich mit Karl Peters ein, dem Sohn des Pächters ihres Vaters. Sie wurde schwanger. Er anerkannte den Balg, verschwieg aber den Namen der Mutter. Als Gegenleistung forderte er von Ellenberger Klosterzelg. Salome heiratete standesgemäss Samuel Samhofer, den Nachfolger ihres Vaters, und somit war die leidige Affäre erledigt.»

«So oder ähnlich wird es gewesen sein.» Mein Anwalt zog sein Notizbuch zurate. «Bei der Geburt von Alois war Salome einundzwanzigjährig, Karl Peters, der Vater des Kindes, war drei Jahre jünger. Worin Sie sich aber täuschen: Die Heirat mit Samuel Samhofer war nicht standesgemäss. Samhofer, der, anders als seine Braut, aus keiner alteingesessenen Familie stammt, arbeitete als juristischer Volontär in der Sartorius-Schenkung. Nach der Heirat musste er zuerst sein Studium abschliessen und erhielt dann eine Stelle als Abteilungsleiter.

1950 trat er die Nachfolge seines Schwiegervaters als Direktor der Sartorius-Schenkung an. Erst durch seine Heirat und dank der Unterstützung von Friedrich Ellenberger wurde er, wenn Sie so wollen, salonfähig.»

Wir schwiegen.

Schliesslich sagte ich: «Ich habe Salome Samhofer am Sonntag im Klinikpark gesehen.»

«Ich weiss», Fahrländer nickte, «ich habe kaum zu hoffen gewagt, dass mein kleines Experiment so erfolgreich verlaufen würde.»

Sein kleines Experiment.

Aufgrund meiner Personenbeschreibung in unserem Gespräch vom 15. November hatte er Salome Samhofer wiedererkannt. Die alte Hexe, die, wie er mir sagte, in einem Retortenort an der Costa Brava lebt, vergraben in der Anonymität eines Touristenzentrums, kommt zweimal im Jahr zur Behandlung in die psychiatrische Klinik ihrer Heimatstadt. Es gebe da gewisse bizarre Persönlichkeitsmerkmale und Verhaltensweisen, behauptete Fahrländer und hüstelte. Mitte November war es wieder so weit. Der Professor nutzte die Gelegenheit und bat den Arzt der Alten, sie in Begleitung einer Schwester vor meinem Fenster promenieren zu lassen. Meine Reaktion habe ihm unzweifelhaft bewiesen, dass sie mit der von mir beschriebenen alten Dame identisch sei. Leider sei er nicht anwesend gewesen, aber sein Stellvertreter habe ihm den Vorfall rapportiert.

«Sie glauben wohl, Sie sind der liebe Gott persönlich!» Das war zugegebenermassen keine sehr kluge Bemerkung. Zornig fügte ich hinzu: «Und wenn ich nun zufällig nicht aus dem Fenster geschaut hätte?»

«Sie schauen täglich pro Stunde mehrmals aus dem Fenster», erwiderte er kühl, «Frau Samhofer wurden genügend Spaziergänge verordnet, sodass Ihre Chance, sie zu sehen, recht hoch war.»

Professor Hannes Fahrländer, der die Patienten der Klinik tanzen lässt wie Puppen: die alte Salome und mich.

«Ihre Inszenierung war zum Kotzen!» Ich dachte an meinen verzweifelten Ausbruchversuch und an die Arroganz des jungen Doktors.

Er gab zu, dass die Modalitäten – die Modalitäten – seines Experimentes diskutabel seien, aber Salome Samhofer habe keinen Verdacht schöpfen dürfen, dass sie beobachtet werde. Diese Bedingung habe ihr Arzt gestellt, da die alte Frau zu Verfolgungsideen neige. Er, Fahrländer, habe das berücksichtigen müssen.

Professor Hannes Fahrländer, der Rücksichtsvolle. «Es beruhigt mich zu wissen, dass Sie mit den Empfindungen der Patienten anderer Ärzte behutsam umgehen.»

«Aber ich bitte Sie, Herr Amberg!» Dr. Uhlmann suchte zu vermitteln. Möglicherweise war sein Harmoniebedürfnis tangiert. «Wir schulden dem Herrn Professor Dank. Er hat den Beweis für die Existenz von Alois Peters' Mutter erbracht. Er hat sich mit mir in Verbindung gesetzt und mich über den Sachverhalt orientiert. Seine Informationen ergänzen meine eigenen Recherchen.

Uhlmanns Recherchen: Ich hatte ihn seinerzeit gebeten abzuklären, wer vor den Peters Eigentümer von Klosterzelg war. Er kennt Frau Dr. Henriette Renard, Mitglied des Stiftungsrates der Sartorius-Schenkung, was es ihm möglich machte, sie zu bitten, ihm – uns, wie er betonte – in dieser Frage weiterzuhelfen.

Ich stelle mir vor, wie der distinguierte jüdische Rechtsanwalt in Frau Renards Wohnung an der Augustinergasse sass, wohin sie ihn gebeten hatte. Sie habe ihn nicht zu empfangen brauchen. Sein Amt als mein Verteidiger berechtige ihn nicht, ihr Fragen dieser Art zu stellen. Dass sie gleichwohl mit der Unterredung einverstanden war, ehre sie. Meint Uhlmann.

Er sass also, wie gesagt, in ihrer Wohnung, mit Blick auf den Rhein und auf die schmalen Häuser am Kleinbasler Ufer. Er bewunderte ihre Stilmöbel, ihre selbst geklöppelten Spitzendeckchen, die goldgerahmten Stiche an den Wänden und liess sich bestätigen, was er bereits ahnte: dass Friedrich Ellenberger jener Ellenberger war, dem Klosterzelg bis 1940 gehörte.

Sie selbst, Henriette Renard, war damals neunjährig, alt genug, um zu verstehen, was die Eltern bei Tisch besprachen, und was sie nicht verstand, hat sie sich im Laufe der Jahre zusammengereimt, zumal sie, als sie erwachsen wurde, eine Freundschaft mit der älteren Salome Samhofer, geborene Ellenberger, verband. Sie gehörten ja denselben Kreisen an. Uhlmann durfte Einblick nehmen in die Renard'schen Fotoalben, die von Frau Henriette gewissenhaft weitergeführt werden. An diese Bilder erinnerte sich mein Anwalt, als ihm Professor Fahrländer mitteilte, ich hätte in Salome Samhofer Alois Peters' Mutter wiedererkannt. Er bat Frau Renard, ihm ein Bild der alten Frau zu überlassen, leihweise, und erhielt das Album, das er mir vorlegte. «Gegen Quittung natürlich. Frau Dr. Renard hängt an ihren Erinnerungen.»

«Weiss sie, dass ihre Freundin Salome einen ausserehelichen Sohn hat?», fragte ich. Er hob die Hände. Eine Geste, die alles offen liess. «Vielleicht, vielleicht auch nicht. Ich habe sie nicht danach gefragt. Es bestand kein Anlass dazu.»

Es bestand kein Anlass dazu!

Man müsste ihr die Fragen selbst stellen können und – anders als Uhlmann – nachhaken, insistieren, sich vergewissern, bis sie, entnervt von der Penetranz des Fragers, ihre vornehme Reserviertheit aufgäbe und erzählte: nicht das, was sie an unumstösslichen Fakten weiss. Das hat sie dem Anwalt gesagt, zum grössten Teil wenigstens, nehme ich an; vielmehr das, was sie ahnt, was sie als schiere Gewissheit vermutet. Man müsste sie zwingen, das Unaussprechliche auszusprechen, das, worüber man in ihrer strenggläubigen Familie diskret hinwegging, weil es sich nicht schickte, über andere honorable Familien zu reden. Konkret: über die Ellenbergers, die sich mit dem Hofgut Klosterzelg von der Schande loskauften, die ihr hitziges Töchterlein über sie gebracht hatte. Möglicherweise.

Man müsste alles aus Henriette Renard herauskitzeln, was sie zu sagen hat: zu Pfarrer Gaudenz Ellenberger, der wohl auch über ein paar Ecken mit der sauberen Salome verwandt ist, und zu deren Enkel, Lukas Liniger. Stellung nehmen müsste sie zur Frage, wie es sich mit ihrem protestantischen Gewissen vereinbaren liess, dass sie schwieg, als die Herren Stiftungsräte ihre Eigeninteressen nicht offen legten, damals, als Paul Salvi Klosterzelg für die Schenkung erwerben wollte. Man müsste sie konfrontieren, diese sehr vornehme und sehr hugenottische Dame, mit ihren eigenen Maximen. Die Wahrheit, ja, nichts als die Wahrheit, ja, aber dann bitte auch die ganze Wahrheit, Madame!

Ich sagte: «So wie die Dinge heute liegen, fällt Klosterzelg, falls Alois Peters nicht mehr auftaucht, zurück an Friedrich Ellenbergers Erben: an seine missratene Tochter Salome. Möglicherweise haben ja noch andere Ansprüche. Indem sich Karl Peters und Paul Salvi freundlicherweise totschlagen liessen und Alois Peters spurlos verschwunden ist, wurden die Karten im Spiel um Klosterzelg neu gemischt. Man müsste die Verzweigungen des Ellenberger'schen Stammbaums kennen, um zu wissen, wer alles davon profitiert.

Fahrländer lächelte kaum merklich. Er machte sich Notizen.

Uhlmann legte die Hände übereinander. Unangenehm berührt sagte er: «Sie sind sehr radikal, Herr Amberg. Sie wollen rückhaltlose Offenheit. Schön. Aber wer sagt Ihnen, dass ein mittelbarer oder unmittelbarer Zusammenhang besteht zwischen den Besitzverhältnissen von Klosterzelg vor siebzig

Jahren und den Ereignissen der letzten Monate. Ich gebe ja zu: Der Verkauf des Hofes damals ist eine undurchsichtige Angelegenheit und der verschwundene Grundbuchauszug macht selbst einen alten Mann wie mich hellhörig. Aber deswegen gleich auf Mord und Totschlag zu schliessen. Ich bitte Sie …!»

Ich schaute zu Fahrländer: «Sie haben darauf hingewiesen, dass sich die Beschäftigung mit den früheren Besitzern von Klosterzelg lohnen würde.»

Der Professor winkte ab: «Ihr historisches Interesse war bereits geweckt. Ich machte Sie lediglich auf möglicherweise ergiebige Fragestellungen aufmerksam.» Und langsam, als müsse er jedes Wort abwägen: «Meine Aufgabe ist es, Ihre Persönlichkeit aus psychiatrischer Sicht auszuleuchten, mir ein Bild zu machen über Ihre Konfliktlösungsstrategien und über die Glaubwürdigkeit Ihrer Aussagen.»

«Und dass die alte Hexe kein Konstrukt meiner Fantasie ist, ist für Ihre Arbeit als Gutachter von Nutzen.»

Er steckte meine Ironie ungerührt weg: «Die Wahrscheinlichkeit, dass Sie auch in anderen Punkten Ihrer Aussagen nicht gelogen haben, wird dadurch erhöht.»

«Eine psychiatrische Feststellung, Herr Professor, keine juristische.» Uhlmann lächelte müde. «Dass Salome Samhofer die Mutter von Alois Peters ist, entlastet meinen Mandanten nicht von der Anschuldigung, Paul Salvi und Karl Peters getötet zu haben. Die Behauptung des Staatsanwaltes, Herr Amberg sei ein pathologischer Lügner, gerät ins Wanken, das gebe ich gerne zu, aber», er wandte sich mit einem Seufzer an mich, «ich würde es vorziehen, wir hätten anstelle von Frau Samhofer die junge Frau identifiziert, die Ihnen für die Mordnacht ein Alibi geben könnte.»

Ich sagte: «Drücken Sie sich konkreter aus, bitte!»

«Konkret?» Er rieb sich verlegen mit Zeigefinger und Daumen die Nase. «Ich werde die Untersuchungsbehörden selbstverständlich auffordern, Frau Samhofer zu vernehmen. Wenn Sie einen geschickten Anwalt hat, wird er der Befragung der alten Frau unendlich viele Hindernisse in den Weg legen.»

«Ein Ende meiner Untersuchungshaft ist nicht abzusehen?»

Er hob die Arme und liess sie wieder sinken.

Fahrländers Blick, so schien es mir, tastete mich auf Reaktionen ab.

«Wie lange noch?», fragte ich.

Uhlmann schwieg. «Bis zum Prozess», sagte er schliesslich. «Das kann Frühling werden. Oder Sommer», fügte er hinzu, leise, als schäme er sich, Teil einer Justiz zu sein, welche die Unschuldsvermutung des Untersuchungsgefangenen postuliert, während sie ihn über Monate gefangen hält und ihm einen Teil seines Lebens stiehlt, bevor sie sich endlich mit ihren Anschuldigungen dem Urteil des Gerichtes stellt.

Kurz darauf verabschiedeten sie sich. Mein Anwalt schien verlegen. Er setzte zum Sprechen an, liess es dann aber lieber bleiben. Vielleicht hatte er mich aufmuntern wollen, dann jedoch eingesehen, dass es nichts aufzumuntern gab.

Allein gelassen in meinem pastellgrünen Käfig, begann ich zu wandern: vier Schritte zur Türe, vier Schritte zum Fenster. Eingezwängt zwischen Riegel und Sicherheitsglas, suchte ich meine Gedanken zu ordnen:

Der Nachweis der Existenz und Identität von Salome Samhofer verändert meine Situation nur unwesentlich. Weitere Fragen, die nur sie beantworten kann, müssten gestellt werden. Beispielsweise: Warum übergab ihr Chauffeur Marianne Hochstrasser jenen Narzissenkranz, als der Tod von Karl Peters noch gar nicht bekannt war? Oder: Warum erschien sie in ihrem dunklen Mercedes im Lüsseltal, unmittelbar nachdem ihr Sohn Alois in Erschwil aufgetaucht war? Ferner: Was wissen sie und ihr graulivrierter Lakai vom Überfall auf mich und weshalb haben sie ihn nicht der Polizei gemeldet? Überhaupt: Welcher Art sind ihre Beziehungen zu Roland Seefeld und seinen Kindern Salomonis? Vor allem aber: Was wusste sie von Salvis Verhandlungen mit dem Tödlein über Klosterzelg und von wem stammen ihre Informationen? Gibt es da vielleicht eine oder zwei undichte Stellen im Stiftungsrat der Sartorius-Schenkung?

Dass Salome Samhofer, bisher eine Figur im Schatten, an Konturen gewinnt, ermöglicht neue Hypothesen. Ob Breitenmoser, der Staatsanwalt, bereit ist, diese Spur zu verfolgen, ist fraglich. Gewiss: Er braucht für die beiden Morde einen Täter, das ist er seinem Amt schuldig. Aber noch hat er mich und ich bin, weiss Gott, eine bequeme Lösung. Geriete die alte Salome ins Visier der Untersuchungsbehörden, geriete ein ganzes System einflussreicher Familien in ein hässliches Licht: die Ellenbergers, die Linigers, vielleicht auch die Davatz. Kein Staatsanwalt schätzt ein solches Risiko. Am Beweis meiner Unschuld bin nur ich interessiert. Und vielleicht mein Anwalt, der behauptet, es wäre meiner Sache dienlicher, wir hätten anstelle von Salome Samhofer Hanna ausfindig gemacht. Hanna, die von meiner Festnahme und Untersuchungshaft wissen muss und sich dennoch nicht meldet. Welchen Part spielt sie in diesem Spiel, in dem man mir die Rolle des Bösewichts zuschreibt? Nicht dass man etwas gegen mich persönlich hätte. Ich bin diesen Leuten wohl herzlich gleichgültig. Es ist einfach so, dass ich mich zufälligerweise anbiete: ein Bäuerchen, das geopfert werden kann. Wäre Carmen Heyer, Salvis Assistentin, an jenem 8. April nicht krank gewesen, hätte sie und nicht ich den Alten zu den Verhandlungen über Klosterzelg begleitet. Dann sässe sie jetzt hier. Möglicherweise.

Ich unterbrach meine Wanderung und ging zum Waschbecken, wo ich warmes Wasser über meine Hände rinnen liess. Minutenlang. Das Bedürfnis, mich zu waschen, war gross.

Hier enden die Tagebucheinträge von Jakob Amberg, die in seinem Zimmer gefunden wurden, nachdem es ihm in der Nacht vom 26. auf den 27. November gelungen war, aus der psychiatrischen Universitätsklinik auszubrechen.   *H. F.*

DER SCHLAGETOT

I.

Am Nachmittag des 26. November, drei Tage nachdem Amberg anhand von Fotos aus Frau Henriette Renards Familienalbum die Mutter von Alois Peters identifiziert hatte, suchte Professor Fahrländer ihn auf. «Es scheint», sagte er, «dass Ihr Freund, der Staatsanwalt, keinen Wert auf ein Gespräch mit Frau Samhofer legt.» Von Ephraim Uhlmann mit den neuen Erkenntnissen konfrontiert, soll Breitenmoser unwillig reagiert und Ambergs Wahrnehmung in Zweifel gezogen haben. Schliesslich bequemte er sich, mit dem Arzt der alten Frau zu telefonieren, um sich von ihm bestätigen zu lassen, dass sie vernehmungsunfähig sei. Fahrländer lächelte gequält: Der Anruf des Staatsanwaltes habe ihm klinikintern Kritik eingetragen, da er seinerzeit dafür eingestanden sei, dass sich für die Patientin aus ihren Spaziergängen vor Ambergs Fenster keine Komplikationen ergeben würden. Nun aber habe Frau Samhofer Wind von der Sache bekommen und habe sich entschlossen, ihre Behandlung abzubrechen und abzureisen. Tatsächlich habe sie vor einer Stunde die Friedmatt verlassen. Es sei anzunehmen, dass sie die Nacht in ihrer Stadtwohnung in der St. Alban-Vorstadt 52a verbringe, um morgen nach Spanien zu fahren, an die Costa Brava, wo sie die meiste Zeit des Jahres verbringe. «Ja, in der St. Alban-Vorstadt 52a», wiederholte er.

Erst als Fahrländer gegangen war, wurde Amberg bewusst, was Breitenmosers Weigerung bedeutete. Alois Peters' Mutter war gewarnt. Im Verlauf der nächsten vierundzwanzig Stunden würde sie abreisen und sich hüten, Gefahr zu laufen, in ein Verfahren verwickelt zu werden, das ihr nur schaden konnte. Er fragte sich, warum ihm der Psychiater Salome Samhofers Adresse mitgeteilt hatte, nachdrücklich, wie ihm jetzt schien. Handelte es sich um eine gezielte Indiskretion?

Und wenn ja, was bezweckte er damit? Forderte er ihn etwa auf, die Initiative zu ergreifen, das heisst detektivisch aktiv zu werden, wie vor seiner Verhaftung, ihn, den man nun schon seit Monaten auf einen Lebensraum von vier mal fünf Meter zurückgedrängt hatte? In den nächsten Stunden beschäftigte er sich mit Fluchtgedanken. Er prüfte, erwog und verwarf Möglichkeiten, auch sehr ausgefallene, bedauernd, dass er die Zeit seiner Haft bisher schreibend vertan hatte, statt Ausbruchpläne zu entwerfen. Von aussen war keine Hilfe zu erwarten. Natürlich dachte er auch an Gewaltanwendung: Jemanden niederschlagen, beispielsweise die Schwesternhilfe, die ihm schweigend das Essen brachte, anschliessend den Polizisten, der ihn bewachte, und dann fliehen. Er verwarf die Idee. Während seines Aufenthaltes in der psychiatrischen Klinik war er bereits einmal tätlich geworden, aber damals hatte er, übrigens erfolglos, aus einer hochgradigen Erregung gehandelt, für die ihm jetzt, Fahrländers Bescheid zum Trotz, die Vitalität fehlte.

Genau das war der Punkt: die ihm abhandengekommene Vitalität, die Lähmung, die ihn seit seiner Verhaftung befallen hatte und die ihn auch an jenem 26. November aufs Bett warf, grübelnd, ein Hiob in einem Meer von Resignation und Ausweglosigkeit.

Um 18 Uhr war es dunkel. Noch immer lag Amberg, hadernd mit Gott und der Welt, auf dem Bett, die Arme unter dem Kopf verschränkt, und starrte durchs Fenster. Das Gefühl, einer Sanduhr zuzuschauen, ohnmächtig, die Zeit zu beobachten, die zerrann. Er dachte an Salome Samhofer, die jetzt in ihrem Haus in der vornehmen St. Alban-Vorstadt ihr Abendessen einnahm, umsorgt von ihrem graulivrierten Lakai.

Stunden später schreckte er hoch. Er musste eingeschlafen sein. Das Geräusch des Türschlosses hatte ihn geweckt. Nur dieses Geräusch. Sonst nichts. Keine Schritte, die sich seinem

Bett näherten, niemand, der Licht machte, keine Stimme, die ihn ansprach, Fahrländer zum Beispiel oder der diensthabende Polizeibeamte. Langsam erhob er sich, seiner eigenen Wahrnehmung misstrauend, und schlich zur Tür, angespannt wie ein Tier, bereit, sich beim ersten Anzeichen von Gefahr zurückzuziehen. An der Türe blieb er stehen. Sie war offen. Gegenüber auf der Bank im Korridor lag der Polizist. Amberg kannte ihn. Im fahlen Licht der Nachtbeleuchtung registrierte er, dass sein Gesicht blass war. Auf seiner Stirn waren Schweisstropfen und sein Atem ging flach. Er stiess den Beamten an. Aber der war im Land der Träume, aus dem Verkehr gezogen, weggetreten, vollgepumpt mit irgendwelchen Medikamenten. Amberg beugte sich über ihn und zog seine Dienstpistole, eine SIG, aus dem Halfter, instinktiv, wie sein ganzes Verhalten während der nächsten Minuten von Impulsen gesteuert wurde, die in tieferen Schichten seiner Persönlichkeit ein Eigenleben führten. Er ging durch den Korridor zum Treppenhaus. Kein Mensch begegnete ihm. Dass er beobachtet werden könnte, von seinem Befreier etwa, fiel ihm nicht ein. Aus dem Stationsbüro drangen Stimmen: Schwestern beim nächtlichen Kaffeepalaver. Die Pavillontüre war angelehnt. Er durchquerte den Park und hielt sich im Schatten der Bäume. Er mied die Zufahrt zur Klinik und zog es vor, über den Zaun zu klettern, der das Gelände umgab. Jakob Amberg war frei. Es war eine kümmerliche, weil illegale Freiheit, die er gewonnen hatte. Aber er war frei. Ein Mann, der nichts besass als die Kleider, die er am Leib trug, und eine gestohlene Pistole.

Es gehört zu den Eigenheiten des Landes, dass Heime für schwierige Jugendliche, Trinkerheilanstalten, Gefängnisse oder psychiatrische Kliniken an der Peripherie der Städte stehen, Gettos für Randgruppen, die sich die Gesellschaft möglichst vom Leibe hält. Wenn Amberg, wie das seine Absicht war, Salome Samhofer zur Rede stellen wollte, musste er rund vier Kilometer zurücklegen. Zu Fuss, denn er hatte selbstverständlich kein Geld für ein Taxi oder für die Strassenbahn.

Er schob die Pistole in den Hosenbund und machte sich auf den Weg. Es war eine kalte Novembernacht und er fror. Er begann zu laufen. Schon nach wenigen Minuten rann ihm der Schweiss über das Gesicht. Nach der Untätigkeit der letzten Monate war er körperliche Anstrengungen nicht mehr gewohnt. Immer wieder blieb er stehen, um nach Atem zu ringen. Aber schliesslich fand er jenen Trott, bei dem die Gedanken wie von selbst strömen. Und während er durch die verlassene Flughafenstrasse lief, dachte er über die Freiheit nach, die ihm so unerwartet zugefallen war.

Aber Freiheit wovon? Als Häftling hatte Jakob Amberg eine Funktion. Sie war nicht sehr komfortabel, gewiss, aber immerhin war er ins gesellschaftliche Ganze eingebunden. Er hatte Rechte und Pflichten, wusste, was man von ihm erwartete, und konnte sich, wenn auch auf der untersten Stufe, als zugehörig empfinden. Nun blieb die Rolle, die man ihm zugewiesen hatte, unbesetzt. Er brachte die Inszenierung ins Stocken. Ein unhaltbarer Zustand. Ohne Zweifel würde der Polizeiapparat, einmal in Gang gesetzt, nicht ruhen, bis man seiner habhaft wurde und er den ihm zugedachten Part wieder einnahm. Amberg hatte sich lediglich von einer Erwartung befreit. Vorläufig – mehr nicht.

Autos überholten ihn, näherten sich von hinten mit aufbrüllenden Motoren, rasten an ihm vorbei und verschwanden im Nebel. Er keuchte. Ein einsamer Läufer auf dem Trottoir. Er befand sich inzwischen auf der Höhe des Kannenfeldparks, der früher einmal ein Friedhof gewesen war. Linker Hand lieblose Hochhäuser und Blocks, aus der Zeit, als die Architektur den Kubismus vergewaltigte. Ab und zu passierte er einen späten Heimkehrer, der ihm verwundert nachschaute.

Näher betrachtet war seine Freiheit, hier auf der Strasse zwischen den Aussenquartieren im Norden der Stadt und dem Zentrum, nicht viel mehr als die Weigerung, sich ins Bild einzufügen, das Breitenmoser von ihm entworfen hatte. Eine kümmerliche Freiheit, in der Tat, unhaltbar auch für ihn, Jakob Amberg.

Es mochte gegen 22 Uhr sein, Spitalstrasse und Totentanz lagen bereits hinter ihm. Er lief den Rheinsprung hinauf und durch die Augustinergasse, wo Frau Henriette Renard lebte und zwischen ererbten Stilmöbeln den Erinnerungen an längst vergangene Zeiten mit ihrer Freundin Salome Samhofer nachhängen mochte. Kurz darauf warf er einen Blick auf das Sartorius-Haus am Münsterplatz, wo er vor Ewigkeiten gearbeitet hatte. Noch immer rannte er, die Arme angewinkelt, getrieben allein vom Willen, seine Freiheit zu nutzen.

Freiheit wozu? Um eine bürgerliche Existenz wiederzufinden, von der er jetzt, auf der Flucht, noch weiter entfernt war als ein Untersuchungshäftling. Nicht, dass ihm das in jener Nacht bereits in dieser Deutlichkeit klar gewesen wäre, aber es lässt sich nicht leugnen, dass er um nichts anderes kämpfte, als um die Wiederherstellung seiner – fast ist es peinlich, das Wort auszusprechen – verlorenen Ehre. Oder bescheidener: Er wollte seinen Platz in der Gesellschaft der Wohlanständigen zurückhaben.

Die St. Alban-Vorstadt ist eine vornehme Strasse. Man muss es sich leisten können, hier zu leben. Neben schmalen Häusern mit mittelalterlichem Cachet gibt es auch prächtige Villen mit parkähnlichen Gärten. Salome Samhofer besass ein Fachwerkhaus mit dem schönen Namen «Zum Wildvögelein». Davor stand ein schwarzer Mercedes, derselbe, den Amberg seinerzeit vor dem Hof der Kinder Salomonis gesehen hatte. Der Deckel des Kofferraumes war geöffnet. Er verlangsamte seinen Schritt. Ein Mann, Salome Samhofers Diener, verstaute Gepäck im Wagen. Amberg zog die Pistole aus dem Hosenbund und stellte sich hinter ihn.

«Wo ist Ihre Chefin?», fragte er.

Der andere wandte sich erschrocken um und starrte ihn an, ihn und die Waffe, die auf ihn gerichtet war. Seine Lippen zitterten.

«Was wollen Sie von mir?» Er sprach Hochdeutsch mit leichtem Akzent, «Madame ist bereits mit dem Nachtzug abgefahren. Für lange Reisen zieht sie die Bahn vor.»

Madame. Sie war wieder entwischt. Einmal mehr. «Gehen Sie voraus, ich will mich selbst davon überzeugen!»

Amberg betrat hinter ihm das Haus. Nach wie vor zielte er mit der Pistole auf den Bediensteten, der ihn durch sämtliche Räume führte: acht Zimmer auf drei Etagen. Die Zweitwohnung einer alten Frau. Es liess sich nicht bestreiten: Salome Samhofer war verreist. Über den meisten Möbeln lagen Tücher, Staubfänger. Das Haus war für eine längere Abwesenheit der Besitzerin gerüstet.

Im Salon wies Amberg den Diener an, Platz zu nehmen: auf einem Voltairesessel mit hoher Lehne. Der Mann hatte Angst. Ein junger, athletischer Mensch, gut aussehend – Marianne Hochstrasser hatte das damals richtig registriert. Amberg zog einen zweiten Stuhl heran und setzte sich ihm gegenüber. Er sah sich im Zimmer um.

Es gibt Leute, die sammeln Briefmarken oder Bierdeckel, auch Schmetterlinge und Käfer oder Muscheln, Steine, Etiketten von Weinflaschen. Andere legen sich ein Herbarium an. Dem Sammeltrieb, scheint es, sind keine Grenzen gesetzt. Salome Samhofer war aufs Mittelalter spezialisiert, genauer gesagt: auf mittelalterliches Strafrecht. An den Wänden des Salons hingen zahlreiche Bilder: silbergerahmte Stahlstiche mit Motiven aus Folterkammern und von Hinrichtungsstätten. Da wurde gehängt, gevierteilt, enthauptet, verbrannt. Mit verklärtem Lächeln stand die heilige Johanna auf ihrem Scheiterhaufen zu Rouen. Ein armer Schelm, den man an den Daumen aufgehängt hatte, wurde mit glühenden Zangen gezwickt. Es wurde gepeitscht, gestochen, geblendet, ausgerenkt. Eine bemerkenswerte Kollektion, weiss Gott. Ausserdem gab es da ein Bücherregal mit entsprechender Literatur und eine Vitrine, hinter der ein Richtschwert aufbewahrt wurde, Daumenschrauben, eine neunschwänzige Katze, vermutlich alles original und gebraucht. Das Gruselkabinett einer perversen alten Frau.

«Ihren Ausweis!» Amberg studierte die Identitätskarte, die ihm der Diener gab.

Er hiess Jourdan, wie der Marschall Napoleons, und auch der Vorname stimmte: Jean-Baptiste Jourdan, vierundzwanzigjährig, Franzose.

Amberg steckte den Ausweis ein. «Wir kennen uns», stellte er fest.

Jourdan nickte.

«Sie haben mich einmal niedergeschlagen.»

Schweigen.

Amberg hob die Pistole und zielte auf seinen Bauch.

Sein Blick wurde unruhig. «Ja, ich habe Sie niedergeschlagen.» Hastig fügte er hinzu: «Auf Befehl von Madame.»

«Sie lügen. Madame sass im Haus von Seefeld und wusste nicht, dass ich im Garten war.»

Er senkte den Kopf. Ein trotziger Junge, schuldbewusst und voller Angst vor einer Bestrafung. Ein verwöhnter Rotzbengel, Madames Liebling, zu allen Schandtaten bereit, solange er den Preis dafür nicht bezahlen musste.

«Nun?»

«Ich handelte im Sinne von Madame, auch wenn sie mir den Auftrag dazu nicht ausdrücklich erteilte.»

«Weiter!»

«Als Sie ohnmächtig waren, habe ich Sie in Ihrem Auto zur Landstrasse gebracht und dort neben den Wagen gelegt. Seefeld folgte mir im Mercedes und brachte mich zurück. Madame wünschte, dass es aussah wie ein Unfall.»

So war es also gewesen. Es bestand kein Grund, ihm nicht zu glauben. Er sagte die Wahrheit. Aus Angst um sein liebes

Leben. Er konnte ja nicht wissen, dass Amberg, der dank der Armee zwar im Umgang mit Waffen geübt war, zum ersten Mal eine Pistole auf einen Menschen richtete.

«Warum haben Sie mich nicht getötet?»

«Ich bin doch kein Mörder!», entgegnete er entrüstet.

«Und Karl Peters und Paul Salvi?»

«Das war nicht ich!»

«Wer sonst? Man hat beiden einen Knüppel über den Schädel gezogen. Genau wie mir.»

«Ich war es jedenfalls nicht!», wiederholte er trotzig.

«Wer war es dann?»

«Ich weiss es nicht.» Er zuckte mit den Schultern. «Es ist mir auch gleichgültig.»

«So, es ist Ihnen gleichgültig.» Amberg spürte, wie die Wut in ihm hochstieg. Ein böses, gefährliches Tier, das zum Sprung ansetzt. «Hören Sie, Monsieur Jourdan», er spuckte ihm die Anrede förmlich ins Gesicht, «seit Mitte Juni sitze ich in Untersuchungshaft, weil man mir zwei Morde anhängt, die ich nicht begangen habe. Selbst wenn ich meine Unschuld beweisen kann, bin ich für den Rest meines Lebens gezeichnet.» Seine Wut liess ihn verstummen. Man sagt, unter gewissen Umständen sei jeder Mensch zu einem Mord fähig. In jener Nacht, als Jakob Amberg diesem hübschen, verdorbenen Jüngling gegenüber sass, waren die Umstände entsprechend. Er hätte abgedrückt.

Jourdan spürte das.

«Wer?» Mit dem Daumen entsicherte Amberg die Pistole. Erst jetzt.

Er zuckte zusammen. «Alois Peters», stiess er gequält hervor. «Madame wird mich umbringen, wenn sie erfährt, dass ich nicht dicht gehalten habe!»

Ohne ihn aus den Augen zu lassen, stand Amberg auf und nahm aus Salome Samhofers Sammlung ein Bild von der Wand, wahllos, er konnte sich darauf verlassen, dass die

Botschaft bei allen dieselbe war. Ein armer Teufel, schätzungsweise aus dem 16. oder 17. Jahrhundert, wurde von zwei Folterknechten über einem Feuerchen geröstet. Die Büttel grinsten. Er warf dem sauberen Herrn Jourdan das Bild vor die Füsse. Der hob es auf und betrachtete es lange.

«Nun?»

Der Druck war zu gross. Er brach zusammen. Was er zu erzählen hatte, ist inzwischen aktenkundig:

Jean-Baptiste Jourdan kam in Roussillon zur Welt. Seine Mutter war Österreicherin. Neben Französisch und Spanisch sprach er fliessend Deutsch. Das war für Salome Samhofer wohl mit ein Grund, ihn als Butler, so seine offizielle Berufsbezeichnung, in ihre Dienste zu nehmen. Kam hinzu, dass Jourdan eine Reihe kleinerer Delikte auf dem Kerbholz hatte, ein mieser Charakter, käuflich und notfalls erpressbar. Über die Herkunft und die familiären Bindungen seiner Chefin war er nur oberflächlich informiert, kümmerte sich auch nicht darum, sondern tat, was man von ihm zu tun verlangte.

Den Auftrag, in der Nacht vom 7. auf den 8. April mit Salome Samhofer und Alois Peters nach Klosterzelg zu fahren, nahm er entgegen wie andere Befehle: ohne sich zu wundern. Auch keine Frage zum Narzissenkranz, den ihm Seefeld in den Kofferraum wuchtete. Zwar hatte er die Inschrift auf dem feuerroten Band gelesen: «Möge seine Seele im ewigen Höllenfeuer erkennen und bereuen, was sie Böses bewirkt hat.» Er hielt es für eine der vielen Marotten seiner Dienstherrin. Während der Fahrt vom Lüsseltal in die Stadt sassen Salome und ihr Sohn schweigend auf dem Rücksitz des Wagens. Nach Mitternacht erreichten sie Klosterzelg. Man blieb im Auto sitzen und wartete. Eine Ewigkeit. Jourdan schlief ein. Um 5 Uhr erwachte er. Die alte Frau und Alois verliessen den Wagen und verschwanden unter den Bäumen des Obstgartens. Ein seltsames Paar: die Greisin, gestützt auf den Arm des Landstreichers, der in der rechten Hand einen Knüppel trug. Eine Stunde später kehrten sie zurück. Schweigend auch jetzt. Alois Peters schaute immer wieder seinen blutbespritzten Schlagstock an. Blöd lächelnd. Das immerhin, fiel Jourdan auf.

Salome Samhofer gab Anweisung, in die Stadt zu fahren, zum Bahnhof. Sie wollte zurück nach Spanien. Jourdan sollte nachkommen mit Peters, der gegen diesen Plan protestierte, kraftlos, ohne rechte Überzeugung. Die Alte drohte mit der Peitsche.

Nachdem er den Narzissenkranz Marianne Hochstrasser übergeben hatte, fuhr Jourdan los. Alois, der nach Schnaps roch, sass neben ihm, quengelnd und stänkernd. Südlich von Lyon hatte Jourdan genug. Er drückte ihm fünfzig Euro in die Hand und setzte ihn vor einem Bistro aus. Mochte er selbst sehen, wie er weiterkam. Seiner Chefin erzählte er, Alois sei ihm davongelaufen.

Mitte Mai waren sie wieder in Basel, Salome Samhofer und ihr Butler. Anlass war ein Familienfest. Am 20. Mai bekam sie von Seefeld einen Telefonanruf. Der Ätti teilte mit, Alois sei aufgetaucht und prahle im Dorfgasthof mit einem grösseren Geldbetrag. Jourdan zufolge reagierte die alte Hexe fuchsteufelswild. Sie mochte gehofft haben, ihren Sohn los zu sein. Seine Anwesenheit konnte für sie gefährlich werden, vor allem, wenn die Polizei auf ihn aufmerksam wurde. Eine Fahrt ins Lüsseltal war unumgänglich. Einmal mehr musste der missratene Sohn kujoniert werden. Jakob Amberg, ein ungebetener Zaungast, hatte die Szene mitverfolgt, bis ihn Jourdan niederschlug und an der Strasse zwischen Breitenbach und Laufen deponierte. Während Hanna ihn dort fand, sperrte man den armen Alois in Seefelds Keller ein. Unfassbar, aber wahr: Vom 20. Mai bis zum 20. Juni, einen vollen Monat lang, vegetierte er zwischen Kartoffelsäcken und Gerümpel.

Aufbewahrt für weitere Schandtaten.

Während Alois Peters in der Gesellschaft von Ratten und Mäusen, die in seinem Delirium zu unermesslichen Heerscharen angewachsen sein mögen, von seiner Trunksucht kuriert wurde, während Amberg, vorerst im Bezirksspital Laufen lag und später im Ahornhof seinen trübseligen Gedanken nachhing und den süssen Wahn um Hanna nährte, blieb Salome Samhofer in ihrem südlichen Refugium an der Costa Brava, in das sie zurückgekehrt war, nicht untätig. Jourdan erinnert sich an endlose Telefonate, die im hiesigen Dialekt geführt wurden und deren Inhalt er nicht verstand. Fest steht lediglich, dass er die Alte am 20. Juni nochmals ins Lüsseltal chauffierte, rund tausend Kilometer Autobahn, die am Stück zurückzulegen waren. Die Zeit drängte. Alois' Haft ging zu Ende. Bleich sei er gewesen und nüchtern. Ein willenloses Stück Mensch, geduckt und böse wie ein geprügelter Hund. Die Ereignisse wiederholten sich: Jourdan brachte Mutter und Sohn nach Basel. Er parkierte auf dem Münsterplatz. Wieder schaute er den beiden nach. Sie gingen zum Sartorius-Haus, die greise Mutter und ihr ungeliebter Schlagetot. Jourdan wartete rauchend. Um 22.15 Uhr, kurz bevor Jakob Amberg, alarmiert durch Salvis Anruf, erschien, kehrten sie zum Wagen zurück. Alois war verstört. Die Alte zankte ihren Sohn aus, weil er den Knüppel habe liegen lassen.

Als Kommissar Kammermann rund eine Stunde später Amberg verhaftete, schloss sich hinter Alois Peters, dem schuldlosen Doppelmörder, erneut die Kellertüre. Um sicherzugehen, dass er nicht entweichen konnte, hatte die alte Salome veranlasst, dass ihn Seefeld an die Wand kettete. Sie ist, wie gesagt, spezialisiert auf mittelalterliches Strafrecht.

Die Untersuchungsbehörden haben später Jourdans Aussagen akzeptiert. Es blieb dabei: Er galt als kleiner Mitläufer, der aus Befehlsnotstand gehandelt hatte, schuldunfähig wie ein alter Nazi.

Amberg fragte ihn, ob es möglich sei, dass Alois Peters noch jetzt, fünf Monate nach Salvis Tod, in Seefelds Kartoffelkeller an der Kette liege.

Darüber hatte er bisher nicht nachgedacht. Die Vorstellung schien Jourdan zu beängstigen. «Doch!» Zögernd: «Denkbar ist das schon. Madame kann sehr nachtragend sein.»

Wahrscheinlich wusste er, wovon er sprach. Amberg dachte nach. «Stehen Sie auf!», sagte er und riss eine Vorhangkordel vom Fenster. «Drehen Sie sich mit dem Gesicht zur Wand!»

Er gehorchte. «Sie werden mir nichts antun?!», beschwor er ihn ängstlich wie ein Kind, das sich vor Schlägen fürchtet.

«Legen Sie die Hände auf den Rücken!»

Jourdan liess sich widerstandslos fesseln. Nachdem er, wie befohlen, auf dem Boden lag, band Amberg ihm auch die Füsse zusammen. Er durchsuchte seine Taschen und nahm ihm den Autoschlüssel ab. Dann suchte er im Telefonbuch Kammermanns Privatnummer. Der Anruf riss den Kommissar aus dem Schlaf. Es war inzwischen 1 Uhr morgens. «Hier ist Jakob Amberg», sagte er, «ich bin aus der Klinik geflohen. Schicken Sie einen Streifenwagen in die St. Alban-Vorstadt 52a. Die Haustür ist offen. Sie werden einen Mann finden, der weiss, wer Karl Peters und Paul Salvi umgebracht hat.» Ohne Kammermanns Reaktion abzuwarten, legte er den Hörer auf.

Einen Moment lang betrachtete er Jourdan, den kläglichen Zeitgenossen mit einem grossen Namen, der verschnürt wie ein Paket auf dem Teppich lag.

Jakob Amberg hätte ihm noch einiges sagen mögen, unterliess es aber. Langsam stieg er die Treppe hinunter und setzte sich in Salome Samhofers Wagen. Zehn Minuten später sah er ein Polizeiauto mit blinkendem Blaulicht in die St. Alban-Vorstadt einbiegen. Er fuhr los.

II.

Bei St. Jakob steuerte Amberg den Mercedes auf die T18. Der Nebel hatte sich gelichtet, dafür regnete es in Strömen. Es schien, als habe der Himmel sämtliche Schleusen geöffnet. Die Nacht wurde zur Sintflut. Wie ein Sturzbach floss das Wasser über die Frontscheibe. Er schaltete den Scheibenwischer auf die höchste Stufe. Die Scheinwerfer durchdrangen nur wenige Meter der Dunkelheit: drei, vier Striche der weissen Markierung in der Strassenmitte. Hinter der Klus von Aesch war niemand mehr unterwegs. Nur er, allein im nächtlichen Universum, durch das der Novembersturm tobte. Der Asphalt glänzte schwarz. In den Kurven spritzten Wasserfontänen unter den Rädern hervor. Er drosselte das Tempo.

Bei Zwingen ein Wegweiser: «Passwang». Er bog nach links ab. Nach Erschwil wurde der Regen zu Schnee, ein dichter Vorhang wirbelnder fetter, nasser Flocken, der sich hinter dem entwendeten Mercedes schloss. In Beinwil lag bereits eine dünne weisse Decke auf den Dächern und in den Gärten.

Amberg war nicht müde. Die Hoffnung, seine Unschuld zu beweisen und Alois Peters zu finden, das grosse Kind, das von seiner Mutter zum Vatermörder gemacht worden war, hielt ihn wach. Falls der Landstreicher noch immer von Roland Seefeld, dem Ätti, im Kartoffelkeller gefangen gehalten wurde, wollte er ihn der Polizei übergeben. Amberg rechnete damit, dass Kommissar Kammermann zuerst Jean-Baptiste Jourdan verhören musste, bevor er in der Lage war, eine gezielte Fahndung nach ihm einzuleiten. Bis dahin würde er von Seefeld alles erfahren haben, was zu ermitteln der Staatsanwalt versäumt hatte. Amberg tastete mit der Hand nach der Pistole auf dem Beifahrersitz. Er spürte keine Skrupel, gegebenenfalls von ihr Gebrauch zu machen. Der Punkt, von dem es kein Zurück mehr gibt, war überschritten.

Unmittelbar hinter der Postautohaltestelle «Schachen» bog er in den Fahrweg ein, der durch den Wald aufwärts führte. Zehn Minuten später parkierte er den Wagen vor dem Hof der Kinder Salomonis. Ein Hund schlug an: wild, wütend. Jakob Amberg erkannte Bless, den liebestollen Dürrbächler. Er kurbelte das Fenster hinunter. «Ruhig, Bless!», sagte er. Das Tier trottete zum Wagen und schnupperte an seiner Hand. Offenbar weckte der Geruch angenehme Erinnerungen. Wahrscheinlich fiel ihm ein, wie er sich damals unter dem Lindenbaum von ihr hatte kraulen lassen. Prompt wälzte er sich auf den Rücken und verlangte nach Wiederholung. Amberg verliess den Wagen und tat ihm den Gefallen.

Über ihm wurde ein Fenster aufgestossen. Er trat in den Schatten des Hauses. Seefelds Kopf erschien. «Sind Sie es, Jourdan?», offenbar hatte er den Wagen erkannt, «ich komme gleich.» Kurz darauf stand er in der Tür. Er trug ein langes, weisses Nachthemd, das er in seine Hose stopfte. Rasch bewegte sich Amberg auf ihn zu und stiess ihm die Pistole in die Rippen. Er drängte ihn ins Haus zurück und schloss die Tür hinter sich. Der Ätti war überrumpelt. Sein: «Fass, Bless!» kam zu spät. Der Sennenhund, dieses treulose Vieh, das sich noch wenige Augenblicke zuvor hatte flattieren lassen, warf sich gegen die Tür. Zwei-, dreimal. Vergeblich. Er winselte kläglich. «Was wollen Sie von mir?» Seefeld verwendete dieselben Worte wie Jourdan, nur aggressiver. Er hatte ihn wiedererkannt. «Legen Sie das Schiesseisen weg, die Kinder des Herrn sind unverletzlich.» Er spuckte ihn an.

Das hätte er besser unterlassen. Amberg schlug ihm mit dem Handrücken ins Gesicht, impulsiv, zornig. Der Ätti wankte. Seine Mimik drückte Erstaunen aus, Überraschung und – Angst. Er schlug ein zweites Mal zu, hart und genau. Seefelds Nase begann zu bluten. Schützend hob er die Arme vor den Kopf. «Herr vergib ihnen, denn sie wissen nicht, was sie tun!», stammelte er. Amberg rammte ihm sein Knie in den Unterleib. Der selbst ernannte Heilige klappte zusammen und fiel auf den Boden. «Aufhören», keuchte er, «aufhören, um der Liebe Christi willen!» Er schien vorerst genug zu haben. Das Erlebnis seiner Verletzlichkeit erschütterte ihn. Bei ihrer ersten Begegnung hatte Jakob Amberg paranoide Züge an ihm entdeckt. Ein despotischer Psychopath mit grauem Wuschelkopf und Rauschebart. Der Eindruck wurde zur Gewissheit, als er am 20. Mai, ein unfreiwilliger Voyeur, hinter dem Lindenbaum beobachtete, wie der Ätti in einem wahren Hexensabbat, untermalt von frommen Gesängen und Harmoniumsklängen, seinen Samen in das Mädchen Meret ergoss. Auch seine devote Unterwürfigkeit gegenüber Salome Samhofer passte ins Bild. Jetzt, wo er zusammengekrümmt vor ihm auf dem Boden lag, empfand Amberg nur noch Verachtung und Ekel. Seefeld schien um Jahre gealtert. Über seine Wangen rannen Tränen, die sich im Bart verfingen. «Mein Gott, warum hast du mich verlassen?!», schniefte er. Ein Schmierenkomödiant.

«Hören Sie auf», sagte Amberg angewidert, «Sie sind nicht Christus!»

Er rappelte sich hoch, zog einen Zipfel seines Nachthemdes aus der Hose und fuhr sich damit über die Augen. «Was wollen Sie von mir?», wiederholte er, dieses Mal mit verzagter Stimme.

«Bringen Sie mich zu Alois Peters!»

Der andere starrte ihn verständnislos an. Endlich begriff er und lachte: zunächst glucksend, dann zunehmend schrill. Seine irre Heiterkeit kannte keine Grenzen. Er konnte nicht mehr aufhören. Sein Gelächter gellte durch das Zimmer. Amberg wusste sich nicht anders zu helfen und gab ihm eine weitere Ohrfeige, dieses Mal berechnend, gewissermassen therapeutisch.

Seefeld verstummte augenblicklich und sah ihn ängstlich an. Wahrscheinlich fühlte er sich terrorisiert.

Im Haus ging eine Türe. Amberg lauschte. Schritte aus dem ersten Stock näherten sich.

«Wer ist ausser Ihnen hier?»

Seefeld schaute zur Treppe. «Nur sie.» Mürrisch: «Die anderen sind längst fort. Alle.»

Es war Meret. Sie hatte ihr handgewebtes weisses Kleid übergeworfen. Mit weit aufgerissenen Augen starrte sie die beiden an.

Später, als man die Ereignisse rekonstruierte, fanden die Untersuchungsbehörden heraus, dass Seefeld seine Gemeinschaft kurz nach Salvis Ermordung aufgelöst hatte. Dies aber kaum aus eigenem Antrieb, wohl eher auf Salome Samhofers Geheiss, die darauf bedacht sein mochte, den Kreis der Mitwisser ihrer Schandtaten klein zu halten. Und in der Tat: Als man endlich die fünf oder sechs armen Seelen aufspürte, stellte man fest, dass sie von nichts wussten. Der alten Hexe war es mithilfe Seefelds und Jourdans gelungen, ihre Pläne durchzuführen, ohne dass die verirrten Schafe aus dem Lüsseltal etwas davon mitbekommen hatten. Nur Meret durfte bleiben. Ihre geistige Umnachtung schützte sie vor der Verbannung. Ausserdem, und dies gab wohl den Ausschlag, missbrauchte sie Seefeld zur Befriedigung seiner sexuellen Bedürfnisse.

Jetzt stand sie im Korridor. Die Szene verwirrte sie. Sie fuhr sich mit der Zunge über die Lippen wie ein kleines Mädchen, das versucht, eine knifflige Aufgabe zu lösen. «Ich kenne diesen Mann», sagte sie schliesslich und wies auf Amberg, «er ist böse. Warum stört er unseren Frieden?»

«Halt dich da raus», knurrte Seefeld, «und scher dich in dein Zimmer!»

Sie liess sich nicht beirren. «Er ist böse», wiederholte sie. Und anklagend: «Er trägt den Tod in seinen Händen.» Sie zeigte auf die Pistole. Dann wandte sie sich direkt an den ungebetenen Besucher: «Verlassen Sie uns, Sie entweihen unser Haus!»

«Ich will Sie nicht erschrecken», sagte Amberg sanft, «ich möchte zu Alois Peters.»

Ein Lächeln, schüchtern wie ein verirrter Sonnenstrahl, huschte über ihr Gesicht. «Ihm geht es gut. Ich sorge für ihn.»

«Schweig», schrie Seefeld, «geh zum Teufel!»

Sie zuckte zusammen. Ihre Augen füllten sich mit Tränen. Wie um ihr inneres Gleichgewicht wiederzufinden, wiegte sie den Oberkörper rhythmisch hin und her. Dazu sang sie, hoch und dünn:

«Der Tod, der Tod macht alle gleich,
ob sie nun arm sind oder reich.
Ich schmücke ihm das kühle Grab
mit Blumen, die gepflückt ich hab.»

«Schweig!» Seefeld stürzte sich auf sie und warf sie zu Boden. Ambergs Anwesenheit schien ihn nicht mehr zu stören. Mit einer Hand hielt er ihr den Mund zu, mit der anderen schlug er auf sie ein. «Du sollst schweigen, du Metze, du Hure Babylons!»

Amberg packte ihn am Kragen und schlug ihm den Griff seiner Waffe über die Schläfe. Der Ätti sackte zusammen wie ein gefällter Baum. Blut strömte aus einer Platzwunde. Meret kniete sich schluchzend vor ihn hin und bettete seinen Kopf in ihren Schoss. «Er hat dir wehgetan!», jammerte sie. Sie küsste seine Wunde. Immer wieder. Endlich schaute sie auf. Ihr Mund war blutverschmiert. Ein absurdes Bild: Meret, ein Vampirweibchen, das sich über ihr Opfer beugt. Amberg befürchtete, die Situation würde ihm entgleiten.

Sie erhob sich. Mit fahrigen Bewegungen ordnete sie ihr Kleid und wischte sich mit dem Ärmel das Blut von den Lippen. Ihr Interesse am Ohnmächtigen war verflogen. Suchend schaute sie sich im Korridor um. «Da waren doch Blumen», sagte sie.

«Alois Peters ist tot, nicht wahr?!» Keine Frage, nur eine Feststellung.

Sie legte den Kopf schief und schaute ihn listig an. «Der Tempel, der zerstört ist, wird in neuer Herrlichkeit erstehen», flüsterte sie. Und vorwurfsvoll fügte sie hinzu: «Das habe ich Ihnen aber schon im Frühling erzählt, als Sie zum ersten Mal in unserem Tal auftauchten. Kommen Sie!» Sie nahm seine Hand und zog ihn ins Wohnzimmer.

Hier sah es chaotisch aus. Auf dem Tisch, auf dem Harmonium und am Boden zerstreut lag Zeichnungspapier, alte illustrierte Zeitschriften, stapelweise, zum Teil zerschnippelt. Ferner Wasserfarben, Pinsel, Spachtel, Scheren, ein Topf mit Leim, Klebestreifen, Alufolie, Stoffreste: Merets Atelier. Hier beschäftigte sie sich damit, Blumen in seltsam bizarren Formen anzufertigen, teils bemalt in schreienden Farben, teils collageartig aus Stoff, Zeitungsausschnitten und Stanniolpapier zusammengepappt. Ähnliches gibt es in psychiatrischen Kliniken. Was fehlte, war lediglich die ordnende Hand einer Ergotherapeutin. Sichtbar war nur der Ausdruck einer kranken Seele.

Amberg war betroffen. Sie beachtete es nicht. Stattdessen lächelte sie ihr abwesendes Lächeln. «Da der Herr im Winter keine Blumen wachsen lässt, muss ich mit meinen schwachen Kräften sein Werk weiterführen.» Die Stirn runzelnd erklärte sie ernsthaft: «Ich will für Alois einen Strauss binden.» Sie kroch auf allen Vieren am Boden herum und wählte sorgfältig unter den Missgeburten ihres Geistes. Endlich hielt sie fünf oder sechs zerknüllte Papierfetzen in der Hand. Sie sprang auf und holte vom Harmonium eine Flasche Lavendelwasser, mit dem sie ihre Blumen so lange begoss, bis sich das Papier feucht wellte. Ein betäubender Duft erfüllte den Raum. Sie schaute auf. «Der Vater im Himmel erfreut nicht nur unsere Augen mit seinen Formen und Farben. In seiner Güte hat er uns auch den Geruch geschenkt. Wir wollen jetzt zu Alois gehen.»

Im Korridor lag Seefeld noch immer hingestreckt auf dem Boden. Einen Augenblick fürchtete Amberg, zu stark zugeschlagen zu haben. Er fühlte nach seinem Puls.

«Da liegst du nun, du Sau!», sagte Meret. Ihr Gesicht war rot vor Zorn. «Eigentlich sollte man dir die Eier abschneiden, du Arschficker!» Sie ahmte höhnisch Seefelds Stimme nach: «Mach die Beine breit, Meret, die Liebe des Herrn soll dich füllen, bis das Gefäss überläuft!» Sie spuckte den Bewusstlosen an. «Hurenbock!» Plötzlich schlug sie erschrocken die Hand vor den Mund und jammerte: «Verzeih mir, ich habe die Liebe des Heiligen geschmäht!» Sie klammerte sich an Ambergs Arm wie eine Ertrinkende. «Das Höllenfeuer», schluchzte sie, «das ewige Höllenfeuer!»

Er fuhr über ihr wirres Haar und suchte sie zu beruhigen. Sie war nichts als ein armes, missbrauchtes Stück Mensch, krank, preisgegeben ihren Gefühlsschwankungen, die sie weder begreifen noch steuern konnte. Sie litt unter den quälenden religiösen Vorstellungen, die man ihr eingebläut hatte, um aus ihr ein gefügiges Instrument zu machen. Ein Fall für den Psychiater.

«Alois Peters», sagte er und gab ihr damit ein neues Stichwort.

«Ach ja, Alois!» Die Erschütterung glitt von ihr ab. Sie ging ihm voran in den Keller und öffnete mit einem Schlüssel, den sie um den Hals trug, die Türe. Verwesungsgeruch schlug ihnen entgegen. Und während Amberg ein Taschentuch suchte, um es vor Mund und Nase zu halten, schaltete sie das Licht ein.

Alois Peters, der schuldlose Doppelmörder, hatte ausgelitten. Vor Monaten schon. Seine Leiche war mit einer schweren Eisenkette, die sein Fussgelenk umschloss, an die Wand geschmiedet. Den Kopf gegen die Mauer gelehnt, bleckte er die Besucher mit entblössten Zähnen an. Die Augenhöhlen waren leer. Auf dem halb verwesten Schädel sass schief ein längst verwelkter Blumenkranz, den Meret irgendwann im Sommer geflochten haben mochte. Blumensträusse auch in den Händen, von denen das Fleisch zum Teil abgefallen war. Blumen, die in den zahlreichen Löchern seiner zerrissenen Kleider steckten: Sommerblumen, Herbstblumen und die künstlichen Blumen Merets.

«Am Anfang hat er die unschuldigen Blüten aufgegessen», sagte sie betrübt.

Amberg begriff: Man hatte Alois an die Wand gekettet und ihn verhungern lassen. Verhungern und verdursten. Tagelang? Wochenlang? Er wusste nicht, wie viel Zeit es braucht, bis man tot ist. Er stellte sich den alten Vaganten vor, wie er verzweifelt an seiner Kette gezerrt hatte, wie er, halb wahnsinnig vor Hunger, über das Grünzeug hergefallen war, das ihm Meret zu Kränzen flocht, wie er um Schnaps gebettelt hatte, schliesslich nur noch um Wasser.

«Sogar seine Pisse hat er getrunken», bestätigte das Mädchen, als habe sie Ambergs Gedanken erraten.

In einer Ecke, am äussersten Radius der Kette, lag ein Haufen von Alois' Exkrementen, halb zu Staub zerfallen. Der Geruch von Fäulnis und Verwesung vermengte sich mit dem Lavendelduft der Papierblumen der Geisteskranken.

«Warum?» Ambergs Stimme versagte.

«Er hat seinen eigenen Vater getötet», sagte das Mädchen im Plauderton, «und dann noch jemanden. Die alte Frau hat es dem Ätti erzählt.» Sie meinte wohl Salome Samhofer. «Du sollst nicht töten, spricht der Herr. Wir mussten Alois bestrafen, um seine unsterbliche Seele zu retten.» Meret wandte sich dem Toten zu und drückte ihm die bunt bemalten Papierfetzen sorgfältig in die Augenhöhlen.

Das war mehr, als Jakob Amberg ertragen konnte. Er rannte die Kellertreppe hoch, in den Korridor und gab Seefeld, der nach wie vor am Boden lag, einen Fusstritt in den Magen. «Du Schwein!», brüllte er. Der Ätti stöhnte und schlug die

Augen auf. Allmählich schien sich die Erinnerung wieder einzustellen. Amberg richtete die Pistole auf seinen Kopf. «Setz dich an die Wand!»

Der andere gehorchte. Ächzend kroch er von ihm weg und hockte sich in einen Winkel. Behutsam betastete er seinen Kopf. «Sie haben den alten Säufer gefunden?»

Amberg sagte nichts.

«Wir hätten ihn verscharren sollen», brummte er, «ich weiss, aber Meret liess es nicht zu. Ihr kranker Geist braucht Ablenkung.»

«Halt den Mund oder ich schlage dir die Zähne ein!» Amberg nahm einen Stuhl und setzte sich ihm gegenüber. Hasserfüllt starrten sie sich an. Es war halb vier Uhr morgens. In spätestens einer Stunde musste die Polizei hier eintreffen. Amberg rückte den Stuhl so, dass er auch die Kellertreppe im Auge behalten konnte. Zehn Minuten später kam Meret. Sie schien die Situation zu verstehen.

«Der Ätti muss sich der irdischen Gerechtigkeit stellen?», fragte sie leise.

Dazu gab es nichts zu sagen.

Sie setzte sich neben Seefeld und lehnte ihren Kopf an seine Brust. Er liess es zu, ohne seinen Blick von Amberg zu wenden, als wolle er sich sein Gesicht für alle Ewigkeit einprägen.

Die Sekunden zerrannen, wurden zu Minuten und Viertelstunden. Sie schwiegen. Meret schlief in den Armen ihres Dämons ein. Endlich, kurz nach halb fünf, fuhr ein Auto im Hof vor. Man hörte Türen schlagen und Bless, der wütend bellte. Ein Schuss fiel. Jakob Amberg öffnete die Tür.

Kammermann stand draussen, begleitet von zwei Polizisten. Er streckte die Hand aus. «Die Waffe übergeben Sie besser mir.» Er lächelte schief: «Sie gehört ohnehin der Polizei.» Mit einem Achselzucken zeigte er auf Bless, der tot am Boden lag. Der Hund hat uns angefallen, wir mussten ihn erschiessen», erklärte er kopfschüttelnd: «Ein gefährliches Tier!» Er trat ins

Haus. Stirnrunzelnd betrachtete er den Ätti und Meret, die eng umschlungen am Boden hockten. «Was geht hier vor?»

Amberg steckte die Hände in die Hosentaschen. «Sehen Sie selbst nach – im Keller.»

Der Kommissar liess die beiden Polizisten zurück und stieg die Treppe hinunter. Kurz darauf kehrte er blass zurück und würgte. «Mein Gott!», sagte er und nochmals krächzend: «Mein Gott!»

III.

«Mein Gott!», hatte er gesagt und damit eine Instanz angerufen, die Seefeld für sich beanspruchte.

Der Ätti löste sich aus Merets Umarmung und trat drohend auf ihn zu. «Du sollst den Namen des Herrn nicht missbrauchen!» Die Tatsache, dass man Amberg die Pistole abgenommen hatte, verhalf ihm offenbar zu alter Selbstsicherheit.

Kammermann musterte ihn fassungslos. «Ist denn das die Möglichkeit?» Dann gab er barsch den beiden Polizisten Order: «Legen Sie dem Kerl Handschellen an und schaffen Sie ihn ins Untersuchungsgefängnis. Die junge Frau nehmen Sie auch gleich mit.» Und nach einer kurzen Pause: «Ich komme später mit Herrn Amberg nach.»

Als die Beamten mit Meret und Seefeld weggefahren waren, nahm er das Handy und wies die Spurensicherung an, so rasch als möglich zu Seefelds Hof zu kommen. Ferner bat er darum, einen Transport für Alois Peters Leiche in die Gerichtsmedizin zu organisieren.

Sie traten vors Haus. Samstag, 27. November, halb sechs Uhr. Es war noch dunkel. Die Sonne würde erst in gut zwei Stunden aufgehen. Es war kalt. Die Bergweiden und Wälder lagen unter einer dünnen Schneedecke. Wie ein Bettlaken, dachte Amberg, oder wie ein Leichentuch. Kammermann betrachtete den Mercedes von Salome Samhofer. Der Schlüssel steckte noch. «Wir nehmen diesen Wagen.» Und mit einem dünnen Lächeln: «Ein Bubentraum!» Er gab sich familiär, der Kommissar. Die Hände in den Hosentaschen, stand er da und starrte in die Dunkelheit. Einmal lachte er in sich hinein. Schadenfroh: «Der Alte wird Haare lassen müssen!» Er spielte auf den Staatsanwalt an. Sein Verhältnis zu ihm schien nicht ungetrübt. Etwas später wandte er sich an Amberg: Er werde ihn auf dem Polizeiposten im Spiegelhof festhalten müssen, höchstens vierundzwanzig Stunden, bis die Formalitäten erledigt seien. Nicht unfreundlich fügte er hinzu: «Sie können dort eine Mütze Schlaf nehmen. Sie werden das brauchen, nach dieser Nacht.»

Amberg verstand: Die Lage hatte sich geändert. «Man wird mich aus der Haft entlassen», stellte er fest. Seltsamerweise spürte er nichts. Keine Freude, keine Erleichterung. Da war nur eine grosse Leere.

«Natürlich. Freispruch erster Klasse!» Kammermann dachte nach: «Ich werde Ihren Anwalt informieren, diesen Doktor Uhlmann, und dann auch Breitenmoser.»

«In dieser Reihenfolge?»

«In dieser Reihenfolge. Der Alte wäre noch jetzt imstande, Ihnen einen Knüppel zwischen die Beine zu schmeissen. Aus purer Rachsucht.»

Amberg schaute ihn von der Seite an. Ein markantes, männliches Gesicht, kurz geschnittenes, dichtes Haar, kräftige Hände. «Sie mögen ihn nicht?»

«Wer mag ihn schon?» Er grinste. Dann brach es aus ihm heraus: «Er hat den ganzen Fall vermasselt. Stur wie ein Maultier hat er nur die eine Spur verfolgt. Die falsche. Keinerlei kriminalistisches Gespür. Als ich andere Hypothesen prüfen wollte, hat er mich zurückgepfiffen.»

«Ach, frustrierter Berufsstolz?»

Der Kommissar blickte starr geradeaus. «Worauf wollen Sie hinaus?»

Amberg zuckte mit den Achseln und sagte gehässig: «Sie werden mir gleich erzählen, dass Sie mich von Anfang an für unschuldig gehalten haben.»

Kammermann wandte sich ihm abrupt zu: «Ich will Ihnen einmal etwas sagen, Herr Amberg. Ob ich Sie für schuldig oder nicht schuldig gehalten habe, tut nichts zur Sache. Es gab Indizien, die gegen Sie sprachen, und Ihr Verhalten während der Untersuchung war auch nicht besonders kooperativ. Aber es liegt auf der Hand, dass der Fall stinkt, und es geht mir nicht in den Kopf, warum Breitenmoser das nicht wahrhaben will.»

«Sie haben nichts unternommen, um mehr Licht in die Angelegenheit zu bringen!», stellte er fest.

Er biss sich auf die Lippen. «Schon gut. Mit mir können Sie es ja machen. Sprechen Sie es sich doch von der Seele, wenn Sie finden, dass ich gekniffen habe.» Und aggressiv: «Was wollen Sie denn noch? Soll ich Sie förmlich um Entschuldigung bitten?»

Da stand er nun: Kammermann, ein Bilderbuchkommissar. Energisch, intelligent. vertrauenerweckend. Und dahinter ein Würstchen. Einer, der wider besseres Wissen vor seinem Vorgesetzten kuschte, und jetzt, wo die schwerwiegenden Mängel des Untersuchungsverfahrens, für das er mitverantwortlich war, offenkundig wurden, bekam er kalte Füsse. Er war eben auch nur einer jener Mitläufer wie Jean-Baptiste Jourdan, die sich auf Befehlsnotstand herausreden, wenn es darum geht, die Rechnung zu bezahlen. «Stecken Sie sich Ihre Entschuldigung an den Hut», sagte Jakob Amberg grob, «das ersetzt mir die letzten fünf Monate auch nicht!» Vielleicht tat er ihm Unrecht. Aber das war nicht so wichtig. Er wandte den Kopf ab und schaute das Tal hinab, wo zwei

Paar Autoscheinwerfer das enge Strässchen abtasteten, das zu ihnen herauf führte.

Minuten später waren sie da. Während sich die Leute vom wissenschaftlichen Dienst der Kriminalpolizei an die Arbeit machten, wies Kammermann zwei Beamte, die einen Aluminiumsarg trugen, an, die Leiche Alois Peters' nach Basel in die Gerichtsmedizin zu bringen, sobald die Spurensicherung mit ihm fertig sein würde. Der Kommissar und Amberg setzten sich in den Mercedes.

Sie schwiegen, denn sie hatten einander nichts mehr zu sagen. Während sie der Birs entlang durchs Laufental fuhren, dachte Amberg an Fürstbischof Johann von Venningen, über den er auch einmal im «Dreiland»-Magazin geschrieben hatte. Als der hohe Herr 1478 in seinem Pruntruter Schloss gestorben war, überführte man seine Leiche nach Basel. Wohl auf demselben Weg, der jetzt auf den toten Alois Peters wartete. Der geistliche Herr hatte genaue Vorstellungen darüber gehabt, wie er in seiner Grube im Münster liegen wollte. Seinem Sekretarius hatte er diktiert: «*… darnach die Henschen und den Pontificalringk an den finger by dem cleyn finger an der rechtten Hand, darnach die Infail uff unser houpt, darnach den Bischoffsstab in die linke Hand …*»

Für Alois Peters war kein Grab im Münster vorgesehen. Sein geschundener Körper würde in Kürze auf einem Seziertisch in der Anatomie liegen, blitzenden Messern preisgegeben, um Geheimnisse zu ergründen, die offenkundig waren. Später würde man das, was von ihm übrig blieb, verbrennen und die Urne auf dem Friedhof am Hörnli bestatten, wo auch sein Vater, das Tödlein, geduldig auf den Jüngsten Tag wartete.

Es dauerte schliesslich doch länger als vierundzwanzig Stunden, bis er auf freien Fuss gesetzt wurde. Breitenmoser war übers Wochenende verreist und Kammermann, der Amberg am Samstagabend in seiner Zelle auf dem Polizeiposten im Spiegelhof besuchte, berichtete, auch wenn Jourdan und Seefeld gestanden hätten, sei dem stellvertretenden Untersuchungsrichter der Fall zu heikel, um eine Haftentlassungsverfügung zu unterschreiben. Sein Anwalt, Dr. Uhlmann, werde am Montagvormittag als Erstes dem Staatsanwalt die Hölle heissmachen und sich um seine Freilassung kümmern. Ambergs Aussagen über die Flucht aus der Klinik und die Ereignisse der vergangenen Nacht nahm er kommentarlos zu Protokoll.

Montag, 29. November. Die Entlassung aus der Untersuchungshaft verlief unspektakulär. Kurz vor Mittag überreichte ein uniformierter Beamter Amberg gegen Quittung ein Schreiben, dem er entnahm, dass die Anschuldigungen gegen ihn wegen erwiesener Unschuld fallen gelassen würden. Dann forderte er ihn auf, zu gehen, er müsse die Zelle säubern, man wisse nie, wann der nächste Kunde eingeliefert werde.

Jakob Amberg zögerte. Erst jetzt wurde ihm bewusst, dass er kein Geld hatte, keine Wohnung und keine Freunde, an die er sich hätte wenden können. Die Justiz, die seine frühere Existenz zerstört hatte, kotzte ihn aus wie einen unverdaulichen Brocken.

Freiheit – eine weitere Variante zu einem Thema, das ihn in den letzten Tagen beschäftigt hatte: frei von allem.

«Nun gehen Sie schon», sagte der Beamte ungeduldig, «ich habe zu tun!»

Ephraim Uhlmann, sein Anwalt, erwartete ihn. Wie üblich trug er seinen weichen Hut. Ein schwarzer Schirm und ein heller Trenchcoat schützten ihn vor dem Novemberregen. Er stand draussen am Fischmarktbrunnen vor dem Spiegelhof. Sie gaben sich die Hand. Dann teilte er Amberg mit, Marianne Hochstrasser habe angeboten, ihm die Wohnung ihres Bruders, Paul Salvi, zu überlassen. Ausserdem gab er ihm tausend Franken. Als Starthilfe, wie er sagte. Er könne sie zurückzahlen, wenn er über das Lohnguthaben verfüge, das die Sartorius-Schenkung auf ein Sperrkonto überwiesen habe.

Amberg war erleichtert und dankbar. Zwar begriff er Mariannes Beweggründe nicht. Sie hatten vor sechs Monaten Schluss gemacht und er hatte seither nichts mehr von ihr gehört. Er überlegte kurz, ob es nicht besser wäre, die Offerte abzulehnen und vorerst in ein billiges Hotel zu ziehen. Dann verwarf er den Gedanken wieder.

Uhlmann chauffierte ihn nach Kleinhüningen an den Altrheinweg. Er parkte vor einem Block, der wohl von einem jener Architekten entworfen worden war, die auch Schulhäuser, Kasernen und Gefängnisse bauen. Es ist eine triste Gegend, laut und schmutzig. Die Sicht zum Rhein wird versperrt durch Tanklager und Silos, die zum Hafen gehören. Ausserdem gibt es Rangieranlagen, auf denen die Eisenbahnzüge für die Güter zusammengestellt werden, die per Schiff aus Rotterdam stromaufwärts kommen. Am Morgen und Abend pendeln die im benachbarten Elsass und Badischen ansässigen Angestellten der Basler Industrie zwischen ihrem Wohnort und dem Arbeitsplatz hin und her. Die Quartierbewohner, Einheimische und Ausländer mit geringem Einkommen, haben das Nachsehen. Männer mit grauen, müden Gesichtern, die sich nach Feierabend betrinken. Zu früh gealterte Frauen, ausgelaugt und überfordert. Zwölf- und dreizehnjährige Kinder, die ihren ersten Joint drehen. Auf winzigen Balkonen trocknet Wäsche in der verschmutzten Luft.

Kein Slum, in ausländischen Grossstädten gibt es weit Schlimmeres. Aber es ist nicht von der Hand zu weisen, dass Kleinbasel, zu dem auch Kleinhüningen gehört, die höchste Kriminalitätsrate der Stadt aufweist, die meisten Betreibungen, die grösste Ausländer- und Arbeitslosenquote. Die Jugendschutzbehörde und die Sozialhilfe finden hier ein reicheres Betätigungsfeld als anderswo. Amberg kannte die genauen statistischen Zahlen. Im Zusammenhang mit seiner

Siedlung, die er auf Klosterzelg bauen wollte, hatte sie Salvi immer wieder heruntergebetet. Amberg wusste, dass der Alte hier aufgewachsen war und sich als eine Art Anwalt dieser Menschen begriff. Was er nicht gewusst hatte: Dass sich Salvi seiner steilen Karriere zum Trotz nicht von der Umgebung seiner Jugendzeit hatte lösen können oder wollen.

Uhlmann registrierte sein Erstaunen. Um seine Lippen spielte ein Lächeln. «Die Wohnung befindet sich zuoberst. Er hat sie standesgemäss ausbauen lassen.»

Das traf zu. Aus dem düsteren Treppenhaus betraten sie eine andere Welt. Salvi hatte den Komfort geliebt: Stilmöbel, auf dem matten Eichenparkett weiche, handgeknüpfte Teppiche, ferner ein Eckenstein-Flügel. Auch von seinem Klavierspiel hatte der Alte nie etwas erwähnt. Bücher, Regale voller Bücher. An den Wänden hing moderne Originalkunst. Salvi musste ein kleines Vermögen in die Einrichtung gesteckt haben. Die bürgerlichen Träume eines ehemaligen Arbeiterjungen. Ein seltsamer Mensch. Amberg schaute Uhlmann fragend an.

Der alte Herr lachte lautlos in sich hinein. «Sie können hier bleiben, solange Sie wollen. Frau Hochstrasser wird sich in den nächsten Tagen mit Ihnen in Verbindung setzen.»

IV.

Nur allmählich gewöhnte sich Jakob Amberg an seine wiedergewonnene Freiheit. Nach der langen Isolation in der Klinik erschreckte ihn die Betriebsamkeit der Stadt, durch die er stundenlang spazierte. Ihm war, als müsse er das urbane Leben von Grund auf neu erlernen: Eine Strasse überqueren zum Beispiel oder sich im Gedränge eines Warenhauses bewegen, nach Hause kommen, in Salvis Wohnung, und an

Nachbarn vorbeigehen: gleichgültig, unauffällig. Das war seltsamerweise am schwersten: Wieder Teil werden in einer anonymen Masse, gesichtslos, nachdem er fünf Monate exklusives Objekt einer Begutachtung gewesen war, in der sich alles um ihn gedreht hatte. Nicht dass er sich danach zurückgesehnt hätte, aber die Erkenntnis, dass er eine neue Identität aufbauen musste, machte ihm zu schaffen.

Auf seinen Wanderungen durch die Stadt bewegte er sich wie ein Traumtänzer, ziellos vorderhand, und erst im Nachhinein wurde ihm bewusst, dass er immer enger werdende Kreise um das Stadtzentrum zog. Am vierten Tag endlich stand er auf dem Münsterplatz vor dem Sartorius-Haus.

Freitag, 3. Dezember, 11 Uhr vormittags. Er betrat das Gebäude, seinen früheren Arbeitsort. In der Eingangshalle hing ein riesiger Adventskranz an der Decke. Eine Kerze brannte. Von der Höhe seines Sockels am Fuss der Freitreppe ignorierte Johann Balthasar Sartorius den Besucher. Die in Bronze gegossene Büste des Stifters spiegelte eine Mischung aus pietistischer Jesusfrömmigkeit und hochmütigem Stadtpatriziat wider.

Die Dame am Empfang war neu, ein elegantes, dauergewelltes Wesen, das ihn missbilligend musterte. Offenbar fand sein Outfit – Lederjacke und Jeans – keine Gnade vor ihren Augen.

«Ich möchte zu Herrn Liniger», sagte er.

«Haben Sie einen Termin?» Sie schien sich das nicht vorstellen zu können.

«Melden Sie ihm Jakob Amberg.»

«Oh!» Ihre Augen wurden grösser. Neugierde? Schreck? Vermutlich beides. «Sind Sie denn nicht mehr …?» Sie verstummte.

«Nein», sagte er, «ich bin nicht mehr …!»

Sie war keineswegs beruhigt. Sie war neu, wie gesagt, und was sie über ihn wissen mochte, hatte sie aus der Zeitung erfahren und von seinen ehemaligen Kollegen. Für sie war er eine Art wildes Tier und würde es bleiben, nach wie vor, auch wenn seine Unschuld mit Stempel und Siegel bestätigt war. Wer einmal aus dem Blechnapf frisst. Daran würde er sich gewöhnen müssen.

Er wandte sich zur Treppe.

«Sie können doch nicht einfach …!», rief sie ihm schrill nach.

Natürlich konnte er. Er ging weiter.

Sie hatte dann doch gehandelt, denn Liniger empfing ihn in der Türe. Jugendlich, lächelnd. «Treten Sie ein, Herr Amberg! Ich habe Ihren Besuch erwartet.»

Er führte ihn ins Büro, in Salvis Büro, und bat ihn, Platz zu nehmen. Amberg erkannte den Raum kaum wieder. Er war neu gestylt. Modernes Mobiliar, indirektes Licht. Auf dem Schreibtisch stand ein Laptop, der an ein Netzwerk angedockt war. Salvi hatte sich dem Computerzeitalter verweigert. Bis zum Schluss. Er hatte, was er schriftlich festhalten wollte, diktiert. Berichte und Zahlenmaterial verlangte er auf Papier. «Auf dem Landweg», wie er zu sagen pflegte.

Liniger schlug die Beine übereinander. «Sie sind gewiss gekommen, um ihre finanziellen Ansprüche geltend zu machen.»

Amberg war sich nicht sicher, ob er allein deswegen hier sass. Dennoch nickte er. «Sie haben mir per Ende Februar gekündigt und ich nehme nicht an, dass Sie bis zu diesem Zeitpunkt Wert auf die Mitarbeit eines Beinahe-Mörders legen.»

«Aber ich bitte Sie, Herr Amberg! Die Anschuldigungen gegen Sie haben sich als haltlos erwiesen, wie man mir versichert hat. Aber ich muss gestehen», er breitete entwaffnend seine Arme aus, «Ihr Wunsch, bis zum Ablauf der Kündigungsfrist für die Schenkung tätig zu sein, brächte uns in arge Verlegenheit. Wir haben Ihre Stelle neu besetzen müssen, leider, und das Gerede des Personals würde die Situation erschweren.»

«Eben!», sagte Amberg.

«Ich werde veranlassen, dass das Sperrkonto, auf dem sich Ihr Gehalt befindet, freigegeben wird.» Er stand auf und setzte sich an den Laptop. «Da sind Sie ja», sagte er. «Die Adresse am Altrheinweg ist korrekt?»

Jakob Amberg registrierte überrascht, dass Lukas Liniger bereits wusste, dass er in Salvis Wohnung lebte. Er dachte nach. Vor vier Tagen war er aus der Haft entlassen worden. Die Zeitungen hatten nichts darüber berichtet und dennoch war Liniger orientiert. Wer informierte ihn? Und weshalb liess er sich informieren?

Er kam zurück zur Sitzgruppe am Fenster. Munter: «Das wäre erledigt. Sie können das Geld morgen abheben.» Dann, nach einer kurzen Pause: «Halten Sie mich nicht für aufdringlich, aber ich wüsste zu gerne, was Sie nun tun werden.»

Amberg hob die Brauen.

«Nun ja.» Zögernd: «Sie brauchen eine neue Stelle und es wird wohl nicht einfach sein, hier in der Stadt, wo man Ihre Geschichte kennt, etwas Passendes zu finden.»

«Das ist richtig.»

Möglicherweise ärgerte Liniger die knappe Antwort. Er liess sich jedoch nichts anmerken. «Sie wissen sicher, dass ich über gewisse Verbindungen verfüge», er strahlte ihn fürsorglich an, «es wäre mir eine Freude, mich für Sie zu verwenden.»

Eine Freude wäre es ihm. Amberg fragte sich, weshalb. Immerhin hatte er Linigers Grossmutter in Teufels Küche geritten.

«Wären Sie an einer gut bezahlten Stelle im Ausland interessiert?»

Das also war es. Er wollte ihn loswerden, ihn weghaben, ausserhalb der Reichweite neugieriger Untersuchungsbehörden. «Machen Sie mir ein Stellenangebot?»

«Der LIDA-Konzern hat eine Niederlassung in Brasilien. Wir benötigen einen fachlich gut ausgewiesenen Direktionsassistenten.»

Wir, der LIDA-Konzern. Amberg hatte nur ungenaue Vorstellungen über das Ausmass von Lukas Linigers Beziehungen zu einem der grössten Basler Arbeitgeber. Dass sein Vater im Verwaltungsrat sass, wusste er. Mehr nicht. Er hatte aber nicht vergessen, dass die Firma im April des vergangenen Jahres versucht hatte, von Karl Peters Klosterzelg zu erwerben, um dort einen Park anzulegen, mit einem Museum für zeitgenössische Kunst.

«So, so», sagte er, «der LIDA-Konzern.»

Linigers Augen verengten sich, wurden hart und schmal. Nur kurz, aber es genügte, um hinter dem konzilianten Strahlemann den Machtmenschen erkennen zu lassen, der auch ganz anders konnte. «Sie werden sich mein Angebot überlegen, Herr Amberg, nicht wahr?», fragte er sanft. Die Raubkatze hatte die Krallen wieder eingezogen.

«Das werde ich.» Amberg stand auf. «Übrigens, wo mag wohl das Modell der Siedlung hingekommen sein, die Salvi auf Klosterzelg bauen wollte? Es stand jahrelang draussen im Korridor.»

«Ich habe es entsorgen lassen.» Spöttisch: «Wir haben keine Verwendung mehr dafür.»

«Schade! Was wird nun wohl mit dem schönen Land geschehen?»

Liniger betrachtete ihn belustigt. «Ich habe keine Ahnung.»

Er log und wollte, dass Amberg das wusste. Eine versteckte Drohung, die Nase nicht in Dinge zu stecken, die ihn nichts angingen?

Während er über den Münsterplatz schlenderte, versuchte sich Jakob Amberg über Lukas Linigers Persönlichkeit klar zu werden. Sie war wohl nur zu verstehen vor dem Hintergrund eines durch Tradition, Erziehung und Ausbildung verformten Charakters. In seiner Art unterschied er sich nur graduell von seiner Grossmutter, Salome Samhofer. Um seine Ziele zu erreichen, war auch er zweifellos bereit, über Leichen zu gehen. Allerdings hatte er es nicht nötig, seine Gegner mit Mord und Totschlag aus dem Weg zu räumen. Einem wie ihm standen subtilere Methoden zur Verfügung. Beispielsweise jemandem, der ihm lästig werden konnte, eine Stelle in Brasilien anzubieten.

Jakob Amberg beschäftigte eine weitere Frage: Wer hatte Salome Samhofer die Informationen zukommen lassen, die ihr teuflisches Spiel erst möglich machten? Jourdan, ihr Lakai, hatte lange Telefongespräche erwähnt, die im Basler Dialekt geführt worden waren. Woher respektive von wem hatte die Greisin gewusst, dass nur noch der Tod den Bauern daran hindern konnte, der Sartorius-Schenkung den Zuschlag für Klosterzelg zu geben? War die alte Salome instrumentalisiert worden, um die Kastanien für andere aus dem Feuer zu holen, und falls ja, für wen?

V.

Noch am selben Abend rief Marianne Hochstrasser Jakob Amberg an. Sie verabredeten sich für den nächsten Tag im Café Huguenin am Barfüsserplatz. Die Wahl des Treffpunktes entbehrte nicht einer gewissen Sentimentalität. Nach ihrer ersten Anhörung durch den Staatsanwalt am 9. April hatten sie dort, observiert von Kommissar Kammermann, ihr erstes Tête-à-tête, tauschten Vertraulichkeiten aus und verbrachten anschliessend die Nacht in der Hochstrasser'schen Wohnung am Nadelberg. Sie hatten damals den Grundstein zu Breitenmosers Konstrukt aus Verdächtigungen gelegt, die zur Inhaftierung Ambergs führte. Der Preis, den sie für ihre kleine Geschichte bezahlten, war für beide hoch. Denn auch Marianne wurde ein Opfer der staatsanwaltlichen Jagdleidenschaft.

Als er das Café Huguenin betrat, sass sie bereits an einem Tischchen und ass ein Stück Torte. Sie war eine jener Frauen geworden, die auf die Bitterkeit des Lebens nur noch mit einem unstillbaren Bedürfnis nach Süssigkeit reagieren. Die vergangenen Monate hatten Spuren hinterlassen: Ein halbes Jahr nach dem Tod ihres Bruders trug sie noch immer Schwarz. Aber sie kokettierte nicht mit ihrer Trauer, wie bei der Beerdigung des Tödleins. Ihre Lebensfreude war einer tiefen Resignation gewichen. Vom Juni bis in den September hatte sie sich wöchentlich auf der Staatsanwaltschaft melden und Stellung beziehen müssen zu Breitenmosers Anschuldigung, sie habe als Ambergs Geliebte gewusst, dass er ihren Bruder habe umbringen wollen. Der Verdacht stand auf schwachen Füssen, das war dem Staatsanwalt bewusst, aber er hatte sich nun einmal in seine Theorie verbissen und kam davon nicht mehr los, bis er unvermittelt die Verhöre einstellte. Zu diesem Zeitpunkt muss er sich auf Ambergs Alleintäterschaft versteift haben.

Inzwischen war Mariannes Ehe in die Brüche gegangen. Dr. med. Hochstrasser, von Breitenmoser bis in die Details hinein über den Seitensprung seiner Frau ins Bild gesetzt, hatte die Scheidung eingereicht.

Marianne liess die Kuchengabel fallen. Klirrend. «Sie haben mich alle verlassen: Paul, du und schliesslich mein Mann.» Sie stellte fest. Kein Selbstmitleid, was er verstanden hätte, keine Anklage. Sie trug übrigens während des ganzen Gesprächs eine dunkle Brille. Vielleicht um die Tränensäcke unter ihren Augen zu verbergen. «Sie haben mich fertiggemacht!»

Der Satz stand zwischen ihnen.

Amberg hätte ihr sagen können, dass auch er…, aber eine solche Bemerkung schien ihm unpassend. Stattdessen bedankte er sich dafür, dass sie ihm die Wohnung ihres Bruders zur Verfügung gestellt hatte.

Sie winkte dem Kellner und liess sich eine Rahmschnitte bringen. «Seit Wochen esse ich kaum etwas anderes als Patisserie», sagte sie. Dabei hatte sie deutlich an Gewicht verloren. Ihre barocke Fülle war dahin. Möglicherweise war sie zur Bulimikerin geworden, erbrach die Süssigkeiten wieder, die sie, ohne Trost zu finden, in sich hineinstopfte. «Ich habe dir die Wohnung nicht uneigennützig überlassen», sie vermied es, ihn anzusehen. «Du musst Paul rächen.» Und dann entwickelte sie eine Theorie, die ebenso bizarr war wie jene Breitenmosers. Sie war sich sicher, dass Hans-Joachim Vollmer (Hoch- und Tiefbau), Mitglied des Stiftungsrates der Sartorius-Schenkung, Schuld trug am Tod ihres Bruders. Während sie sprach – leidenschaftslos, monoton –, erinnerte sich Amberg daran, dass ihr und Paul Salvis Vater als Maurer in der Vollmer AG gearbeitet und dabei an Silikose erkrankt war. Er war gezwungen gewesen, seinen Beruf aufzugeben. Das war gewiss nicht die Schuld Hans-Joachim Vollmers. Der war damals noch ein Kind und konnte nichts dafür, dass man in der Firma seines Vaters die Mitarbeiter auf dem Bau Gesundheitsrisiken aussetzte. Der alte Salvi fand schliesslich eine Stelle als Magaziner bei den LIDA-Werken. Seine Familie lebte in jenen bitteren Jahren an der Grenze des Existenzminimums. Solche Fälle waren damals nicht selten. Die Vollmer AG, nicht besser und nicht schlechter als tausend andere Firmen, hatte gegen kein Gesetz verstossen. Es lag am System. Marianne nahm es persönlich. Ihre Behauptung, Hans-Joachim Vollmer wolle das Werk seines Vaters weiterführen und auch die Kinder des alten Salvi vernichten, war abstrus. Mit der Kuchengabel kratzte sie die letzten Schlagrahmreste auf ihrem Teller zusammen und erklärte, Amberg sei es dem Andenken ihres Bruders schuldig, den Bauunternehmer umzubringen.

Er versuchte, ihr den Verdacht auszureden, berichtete von Salome Samhofer, Ätti Seefeld und Jean-Baptiste Jourdan, vom Geständnis der beiden Männer. Vergeblich. Er argumentierte, Vollmer könne nicht am Tod Paul Salvis interessiert gewesen sein, er habe, ganz im Gegenteil, Anlass gehabt, ihrem Bruder ein langes, gesundes Leben zu wünschen. Seine Hoffnung, den Auftrag für den Bau der Siedlung auf Klosterzelg zu ergattern, sei durchaus berechtigt gewesen. Jakob Amberg hätte ebenso gegen eine Wand reden können. Sie hörte ihm zwar aufmerksam und höflich zu, schüttelte aber immer wieder den Kopf und kramte schliesslich aus ihrer Handtasche eine abgegriffene Agenda hervor.

«Am 8. April wurde Karl Peters getötet», sagte sie und legte das Büchlein auf den Tisch. «Am Abend vorher war mein Bruder in Klosterzelg, er hat es eingetragen.» Salvi hatte die Gewohnheit gehabt, wichtige Termine in seine Taschenagenda, die er stets bei sich trug, einzutragen. In der Regel genügten ihm die Initialen des Gesprächspartners. Manchmal beschränkte er sich auf den ersten Buchstaben des Nachnamens. Am 8. April, Amberg kannte seine Schrift, hatte er festgehalten: 20.00 h K. P., Klosterz.. Darunter stand: 23.00 h Tel. V.

«Nach dem Gespräch mit Peters», behauptete Marianne, «hat mein Bruder mit Vollmer telefoniert.» Sie blätterte weiter: «Das ist nicht alles. Schau hier: Am 20. Juni, unmittelbar vor seinem Tod, traf er sich um 22 Uhr wieder mit ihm.»

In der Tat: Salvi hatte sich, vielleicht eine halbe Stunde, bevor er ermordet wurde, mit diesem V. verabredet. Bisher war Amberg davon überzeugt gewesen, dass er den Besuch Salome Samhofers und ihres Sohnes erwartete und dass er sich kurzfristig entschlossen hatte, ihn als Zeugen zu diesem Gespräch hinzuzuziehen.

Nach wie vor hielt er es für ein Hirngespinst von Marianne Hochstrasser, dass V. mit Hans-Joachim Vollmer iden-

263

tisch sei. Später konsultierte er deswegen sogar einmal das Telefonbuch. Es gibt fünfzehn Seiten unter der Rubrik V: von Vaamande bis Vyskocil. Und dennoch: Mariannes Entdeckung eröffnete neue Spekulationen im Hinblick auf die Hintermänner der Klosterzelg-Affäre.

«Glaubst du mir nun?», fragte sie.

«Kennst du ausser Vollmer keinen V. im Bekanntenkreis deines Bruders?»

Sie musterte ihn kühl: «Das ist unwichtig. Vollmers Vater hat unseren Vater vernichtet. Sein Sohn meinen Bruder. Du musst ihn töten.» Wieder griff sie in die Handtasche. Ein harter Gegenstand berührte unter dem Tisch Ambergs Knie. Er tastete danach. Es war eine kleine vernickelte Pistole. Erschrocken liess er sie in seiner Rocktasche verschwinden. Er wollte Aufsehen vermeiden.

Marianne hatte sich erhoben. «Die Waffe ist geladen», sagte sie und lächelte schüchtern, «sechs Kugeln, das sollte genügen!» Dann ging sie. Ohne sich um die Rechnung zu kümmern. Eine vergrämte Dame in Schwarz, den Kopf in den Nacken geworfen.

Amberg blieb zurück. Ein Mörder auf Bestellung, wenn es nach ihr ging. Er fragte sich, woher sie die Gewissheit nahm, dass er das Urteil vollstrecken würde, das sie gefällt hatte. Die wochenlangen Anschuldigungen Breitenmosers mussten Marianne Hochstrassers Fähigkeit, nüchtern zu denken, beeinträchtigt haben. Vollmer war nicht der finstere Schurke, als den sie ihn sehen wollte. Nur ein Geschäftsmann, Besitzer einer florierenden Baufirma, profitorientiert und zweifellos bereit zu kleineren Schweinereien, wie so mancher andere auch. Marianne wollte sich rächen: für den Tod ihres Bruders, für ihre zerbrochene Ehe, wofür sie möglicherweise Amberg verantwortlich machte. Vielleicht war das der Schlüssel. Er, Amberg, sollte sühnen für das, was sie erlitten hatte, indem er Hans-Joachim Vollmer umbrachte.

Wie dem auch sei: Bereits zum zweiten Mal innerhalb weniger Tage war er im Besitz einer Schusswaffe.

VI.

Nachdem er Marianne Hochstrassers Angebot angenommen hatte, vorerst in der Wohnung ihres ermordeten Bruders am Altrheinweg zu leben, ergab es sich von selbst, dass sich Jakob Amberg Paul Salvi auf eine Weise annäherte, wie dies vor dessen Tod undenkbar gewesen wäre. Die Persönlichkeit des Alten erschloss sich ihm durch die Unterstreichungen und Randnotizen in seinen Büchern. Er sah den Mann vor sich, wie er im bequemen Ledersessel, mit Blick auf einen Teil der Hafenanlagen, las, aufmerksam, langsam und ab und zu mit gespitztem Bleistift eine Stelle anstrich, die ihn beschäftigte, die seinen Widerspruch erregte oder seine Zustimmung fand. Nachdem er einmal entdeckt hatte, wie Salvi bei seiner Lektüre vorgegangen war, nahm Amberg sich dessen Bücher vor, eines nach dem anderen, blätterte sie durch, las die Stellen, an denen der Alte hängen geblieben war, und machte sich über den Toten Gedanken.

Erfuhr er Neues? Vielleicht. Dass Salvi alles für machbar gehalten hatte, wusste er. Jeder sei selbst dafür verantwortlich, wie er die Geschichte seines Lebens erzähle, hatte er einmal behauptet. Dass ihn bestimmte Stellen in Sartres Theaterstücken und Albert Camus' Tagebüchern in dieser Auffassung bestätigten, bewies lediglich, dass er eine Affinität zur Existenzialphilosophie gehabt haben musste. In den Kindheitserinnerungen Marcel Pagnols stiess er auf den mit Leuchtstift markierten Satz: *«Man braucht nicht zu hoffen, um zu handeln, noch Erfolg zu haben, um auszuharren.»* Eine reichlich heroische Auffassung, aber Amberg begriff: So und nicht anders hatte sich der Alte in der Sache rund um Klosterzelg verhalten – und war daran gescheitert.

Am Montag, zwei Tage nach dem Gespräch mit Marianne Hochstrasser, geriet ihm ein offensichtlich antiquarisch erworbenes Büchlein über den Schweizer Jura in die Hände. Auf der ersten Seite eine handschriftliche Widmung: «In Erinnerung an gemeinsame Wanderungen in den Freibergen, H. F.»

Jakob Amberg hätte später nicht sagen können, weshalb ihm sofort klar war, dass H. F. Hannes Fahrländer war, sein Gutachter in der Friedmatt. Er wusste es einfach. Erst als er darüber nachdachte, fiel ihm ein, dass er sich oft gefragt hatte, weshalb der Arzt ihn zunächst sehr subtil, später dann offen, bei seiner Suche nach den Hintergründen der Geschehnisse um Klosterzelg unterstützt hatte. Ohne ihn hätte er Salome Samhofer nie identifizieren können. Wenn sich Salvi und der Professor gekannt, gut gekannt hatten, so war dies möglicherweise ein Motiv für dessen Handeln, das ihm damals Rätsel aufgegeben hatte.

Er suchte die Nummer der Psychiatrischen Klinik und bat die Telefonistin, ihn mit Fahrländer zu verbinden.

«Herr Amberg?», fragte der Professor kühl und gab sich professionell: «Was kann ich für Sie tun?»

«Ich möchte mit Ihnen sprechen.»

«Ach, gibt es dafür einen bestimmten Grund?» Und süffisant fügte er hinzu: «Nachdem Sie uns so überraschend verlassen haben, hatte ich Anlass zu glauben, es liege ihnen nicht besonders viel an unserer Beziehung.»

«Es geht mir weniger um unsere Beziehung als um die Wanderungen zweier älterer Herren in den Freibergen.»

Fahrländer schwieg. «Gut», sagte der Professor schliesslich, «passt Ihnen übermorgen um 10 Uhr in der Klinik?»

Mittwoch, 8. Dezember. Ein trüber Frühwintertag. Der Himmel lag grau und tief über der Stadt. Amberg ging zu Fuss

über die Dreirosenbrücke ans Grossbasler Rheinufer. Stromaufwärts erinnerten die Türme des Münsters, von St. Martin,
St. Peter und der Predigerkirche daran, dass Basel einst eine
sehr fromme Stadt gewesen war. Rechter Hand der Novartis-
Campus. Die Konzernleitung hatte eine Handvoll Architekten von Weltruf beauftragt, einen Industriepark zu gestalten,
der höchsten ästhetischen Ansprüchen genügt und zehntau-
send gut bezahlten Bediensteten Multi-Space-Arbeitsplätze
beschert. In schönem Gleichklang mit Big Pharma, hatte die
Regierung im Rahmen der Stadtentwicklung das angrenzen-
de Viertel zwischen Voltaplatz und dem Bahnhof St. Johann
neu gestaltet. Man hatte die alten Häuser, in denen über Jahrzehnte einkommensschwache Familien in billigen Wohnungen lebten, abgerissen. Die Autobahn war unter den Boden
verlegt worden. Darüber hatte man moderne Gebäudekom-
plexe gestellt. Teure Appartements, Einkaufs- und Dienst-
leistungszentren zogen eine neue Schicht von Bewohnern
hierher. Der ehemals arme Norden der Stadt war zu einer
schicken Adresse geworden.

Im Gegensatz zu dieser schönen neuen Welt hatte das
Quartier an der Flughafenstrasse, jenseits der Geleise der
französischen Eisenbahn, den tristen Charme längst vergan-
gener Jahrzehnte bewahrt. Das galt auch für das Hauptge-
bäude der Psychiatrischen Klinik, in dem sich Jakob Amberg
anmeldete. Als er durch den Park zum Pavillon ging, wo er
während Monaten gefangen gehalten worden war, blieb er
vor dem Hirschgehege stehen. Die Tiere betrachteten ihn
aus ihren grossen, sanften Augen. Sie erinnerten ihn an die
Patienten, die ihm nachgeschaut hatten, wenn er seinerzeit
zwischen seinen beiden Bewachern ein wenig frische Luft
schnuppern durfte. Jetzt drehte sich niemand nach ihm um.
Für die wenigen Menschen, Kranke und Pflegerinnen, die
sich an diesem kalten Tag draussen aufhielten, war er ein
Besucher unter vielen.

«So sieht man sich also wieder!», sagte Fahrländer, der ihn in der Türe seines Büros empfing und hereinbat.

Sie sassen sich schräg vis-à-vis. Der Professor hinter dem Schreibtisch, sein Besucher in einem bequemen Sessel, der vermutlich für die Patienten bestimmt war. In einem Regal stand psychiatrische Fachliteratur. An der Wand hing ein tibetisches Mandala, ein kompliziertes Gebilde voller Symbole, aus dessen Zentrum ein Drachen den Betrachter zur Meditation aufforderte. Möglicherweise hatte Fahrländer es von einer Ostasienreise mit nach Hause gebracht. Er sah blass aus. Das mochte daran liegen, dass er grau in grau gekleidet war: Flanellhosen und darüber einen grauen Kaschmirpullover. Ein dunkelgrauer Blazer hing an einem Bügel.

Jakob Amberg legte das Büchlein über den Schweizer Jura auf den Tisch. «Frau Hochstrasser hat mir Salvis Wohnung zur Verfügung gestellt. Ich habe es dort gefunden», erklärte er.

«So, so, Frau Hochstrasser.» Fahrländer nahm es in die Hand und starrte auf die Widmung. «Wir haben uns gekannt», bestätigte er, «seit einigen Jahren. Es war eine Art Freundschaft.»

Eine Art Freundschaft. Die beiden waren sich zum ersten Mal bei der Einweihung einer betreuten Wohngemeinschaft begegnet, die Fahrländer für Langzeitpatienten in der Stadt eingerichtet und deren Finanzierung die Sartorius-Schenkung ermöglicht hatte. Er war offenbar ein Anhänger des italienischen Reformpsychiaters Franco Basaglia, der in den 1970er-Jahren in Gorizia und Triest auf therapeutische Gemeinschaften anstelle von psychiatrischen Kliniken setzte. Der Professor und Salvi kamen miteinander ins Gespräch. Sie waren sich sympathisch. Zwei alleinstehende ältere Herren. Fahrländer, erfuhr Amberg, war seit Jahren verwitwet. Man traf sich ab und zu auf ein Glas Wein, häufig am Freitagabend nach Arbeitsschluss. Es folgten gemeinsame Wanderungen, meistens im Jura.

«Sie kannten das Klosterzelg-Projekt, lange bevor ich verhaftet wurde.»

«Er hat mir davon erzählt.» Der Arzt legte die Fingerspitzen aneinander. «Er hat mir auch von Ihnen erzählt», fuhr er fort. Und nach einer Pause: «Ich habe gegen die ärztliche Ethik verstossen, als ich den Auftrag, Sie zu begutachten, annahm, ohne meine Beziehung zu Paul Salvi offenzulegen.»

«Wem gegenüber? Breitenmoser? Mir?»

Fahrländer ignorierte die Frage. «Ich war sicher», sagte er, «dass Sie nicht der Täter waren. Salvi vertraute Ihnen, das genügte mir. Im Übrigen war er überzeugt, dass einflussreiche Persönlichkeiten aus dem Dunstkreis der LIDA-Werke alles unternehmen würden, um zu verhindern, dass Klosterzelg an die Sartorius-Schenkung fiel.»

«Und deshalb haben Sie mir bei der Aufklärung der beiden Mordfälle auf die Sprünge geholfen?»

Der Professor lächelte unmerklich. «Sagen wir, ich war das Paul Salvi schuldig.»

«Sie waren es wohl auch, der meine Flucht ermöglicht hat?»

«Auf diese Frage erwarten Sie nicht ernsthaft eine Antwort.»

«Der Fall ist nicht abgeschlossen», sagte Amberg.

«Wie meinen Sie das?»

«Wir kennen den Mörder: Alois Peters. Wir kennen seine Auftraggeberin: Salome Samhofer. Aber wer waren die Auftraggeber der Auftraggeberin? Wer hat die alte Frau über die Verhandlungen informiert? Weshalb wusste sie, dass der Deal zwischen der Schenkung und Peters nur noch durch den Tod des Bauern verhindert werden konnte? Wer flüsterte ihr ein, dass sie auch noch Salvi umbringen lassen musste?»

«Und weshalb wollen Sie das alles wissen?» Fahrländer musterte seinen Besucher. Neugierig? Spöttisch? «Geht es wieder einmal um die Wahrheit, die ganze Wahrheit und nichts als die Wahrheit, wie Sie das in Ihren Aufzeichnungen aus Ihrem – wie nannten Sie es schon? – pastellgrünen Käfig so schön formuliert haben? Selbst wenn es Ihnen gelänge, einen Blick hinter die Kulisse der Kulisse zu werfen – wozu würde das führen? Sie würden nicht mehr entdecken als eine städtische Gesellschaft und ihre Exponenten, so wie es sie überall gibt. Sie haben es selbst gesagt: Es gibt einen Mörder und es gibt eine Auftraggeberin. Glauben Sie mir: Der Fall ist juristisch abgeschlossen. Was wollen Sie noch mehr?»

«Ich will verstehen, weshalb ein Stück Land, auf dem die LIDA-Werke mit einem Museum und einem Park ihr Mäzenatentum demonstrieren wollten, drei Morde rechtfertigt. Ich will verstehen, weshalb die Drahtzieher, die hinter Salome Samhofer standen, keine Skrupel hatten, einen Unschuldigen, mich, während Monaten in Untersuchungshaft schmoren zu lassen.»

Der Professor zog seine Brille ab und putzte sie sorgfältig. Amberg kannte das Ritual. Fahrländer brauchte es, wenn er nachdachte. «Haben Sie einmal überlegt», fragte er schliesslich, «dass es nicht ein Konzern ist, der handelt, sondern Individuen, die über schier unbeschränkte Macht und Einfluss verfügen?»

Amberg schwieg.

«Seien Sie froh, dass Sie heil aus der Sache herausgekommen sind», fuhr Fahrländer fort, «etwas ramponiert, aber immerhin heil.»

«Liniger, Salvis Nachfolger, hat mir einen Job bei den LIDA-Werken angeboten, in deren brasilianischer Zweigniederlassung», sagte Amberg.

Fahrländer nickte. Die Nachricht schien ihn nicht zu überraschen. «Und was lehrt uns das?»

«Man möchte mich aus dem Weg haben.»

«Eben. Sie stören, Ihre Anwesenheit stört.»

«Ich gehe nicht nach Brasilien.»

«Natürlich nicht.» Und dann, energisch: «Hören Sie, Herr

Amberg, ich kann und will Ihnen in dieser Sache nicht weiterhelfen. Als Arzt warne ich Sie davor, sich in etwas zu ver-
rennen, mit dem Sie vor allem sich selbst Schaden zufügen
werden.» Er erhob sich. «Ich denke, unser Gespräch ist abgeschlossen.»

Auch Jakob Amberg stand auf. Es schien, als wolle er etwas
sagen. Dann besann er sich eines Besseren. Er wandte sich
um und verliess den Raum grusslos.

VII.

Amberg zögerte, die Nachforschungen in Bezug auf den
ominösen V. aufzunehmen, mit dem sich Salvi, wollte man
seiner Agenda Glauben schenken, kurz vor seinem Tod getroffen hatte. Im Grunde gab er Fahrländer recht. Die Morde
rund um Klosterzelg waren juristisch geklärt. Es konnte nicht
seine Aufgabe sein, über Salvis Ableben hinaus, weiterhin als
dessen Spürhund zu wirken. Was hatte er dabei zu gewinnen?
Allenfalls die Erkenntnis, dass um ein Geschäft, bei dem es
um Millionenwerte ging, mit Haken und Ösen gekämpft
wurde, notfalls auch mit Mord und Totschlag. Das war nichts
Neues. Möglicherweise konnte er Marianne Hochstrasser
beweisen, dass ihre Behauptung, bei V. handle es sich um
den Bauunternehmer Hans-Joachim Vollmer, aus der Luft
gegriffen war. Als sie ihm auf einer Postkarte mitteilte, sie
werde den Winter in der Toskana verbringen, war er erleichtert. Vorderhand musste er sich nicht mit ihrem abstrusen
Verdacht beschäftigen.

Ein paar Tage nach seinem Besuch in der Klinik bat Dr.
Uhlmann Amberg zu sich in seine Kanzlei. Er teilte ihm mit,
die Justizbehörden hätten ihm auf sein Betreiben hin eine
Entschädigung für die zu Unrecht ausgestandene Untersu-

chungshaft zugesprochen: hundertzwanzig Franken pro Tag. Das war deutlich weniger als der Stundenansatz, den Professor Hannes Fahrländer für seine Bemühungen berechnete, Ambergs Seele auszuleuchten. Es war auch weniger als das Honorar, das Uhlmann, sein Verteidiger, aus der Staatskasse erhielt. Amberg machte ihn auf das Missverhältnis aufmerksam.

«Sie haben recht, wie immer», räumte der mit leiser Ironie ein: «Sie können rekurrieren, aber ich bezweifle, dass Sie Erfolg haben werden. Es gibt da bereits Präzedenzfälle, die vom Bundesgericht beurteilt worden sind.» Und ernster: «Man hat Ihnen Unrecht getan, Herr Amberg, und das mag Sie verbittern, und dennoch …», er sah ihn etwas hilflos an, «Sie sollten vielleicht wieder einmal Michael Kohlhaas lesen.»

Er irrte, der alte Herr. Jakob Amberg war nicht verbittert, eher verwundert. Im Übrigen war ihm der überwältigende Glaube an die irdische Gerechtigkeit, der einen Kohlhaas letztlich geleitet hatte, längst abhandengekommen.

Uhlmann übergab ihm ausserdem eine Aufforderung der Staatsanwaltschaft, am Donnerstag, den 6. Januar, im Waaghof vorbeizukommen, als Zeuge. Unterzeichnet war das Schreiben von einem Dr. Georg Haberthür.

Man habe Breitenmoser den Fall entzogen, erklärte der Anwalt dazu.

Die Adventszeit verbrachte Amberg mit dem Versuch, sein inneres Gleichgewicht wiederherzustellen. Tagsüber machte er stundenlange Spaziergänge. Abends las er in Salvis Büchern. Wenn er über die Sätze nachdachte, die der Alte unterstrichen hatte, glaubte er zu verstehen, dass sein ermordeter Chef ein einsamer Mensch gewesen war. Seine Gefühle hatte er wohl nur seinem Flügel anvertraut, in Dur und in Moll. Auf dem Instrument lagen Noten. Nocturnes von Chopin.

Eine Woche vor Weihnachten erhielt Amberg einen Telefonanruf von einer Frau namens Sandra Felder, die sich als Leiterin des Forums für Erwachsenenbildung vorstellte. Er kannte die Organisation. Es handelte sich um einen gemeinnützigen Verein, der zahlreiche Sprach-, Computer- und Kreativkurse durchführte. Ausserdem gab es eine breite Auswahl von moderaten Bewegungsangeboten: Tai Chi, Pilates, Rückengymnastik und vieles mehr. Man suche für die Programmzeitschrift, die alle zwei Monate an die rund siebentausend Mitglieder des Forums versandt werde, dringend einen Redaktor, erklärte die Frau. Hannes Fahrländer, mit dem sie bekannt sei, habe ihr ihn, Amberg, empfohlen. Sie drängte auf einen Gesprächstermin noch vor den Festtagen. Man sei in einer Notlage und sie müsse die Stelle Anfang Januar besetzen. Amberg war überrascht. Nach ihrem Gespräch in der Friedmatt hätte er nicht erwartet, dass sich der Professor für ihn verwenden würde.

Das Forum für Erwachsenenbildung befand sich auf dem Gundeldinger Feld, auf dem vor mehr als hundert Jahren Vieh geweidet haben mochte. Inzwischen lag es mitten in einem dicht besiedelten Wohnquartier. Bis vor ein paar Jahren war hier eine Fabrik gestanden, die inzwischen weggezogen war. Auf dem Areal hatte ein Initiativkomitee Freiräume für die Quartierbewohner geschaffen und in den ehemaligen Produktionshallen kulturellen, sozialen und kommerziellen Organisationen kostengünstige Standortmöglichkeiten angeboten.

Vorbei an der wohl kürzesten Eisenbahnstrecke der Welt, einem sieben Meter langen Schienenstrang samt Güterwagen, der Autos die Zufahrt versperrte, betrat Amberg das Gelände. Die Fenster der Halle drei, in der sich ein riesiger Robinson-Spielplatz befand, waren von Kinderhänden bemalt. Ein sechzehn- oder siebzehnjähriges Mädchen mit grossem Rucksack strebte dem Backpack-Hotel zu. Zwei junge Mütter mit

Kinderwagen kamen ihm entgegen. An den backsteinernen Wänden der Gebäude rankte immergrüner Efeu. Die grossen steinernen Tröge, welche den Weg durchs Areal säumten, waren im Sommer wohl mit Blumen bepflanzt. Amberg folgte den Wegweisern zum Forum für Erwachsenenbildung, das sich mit seinen Kursräumen und Büros in einer der Hallen eingerichtet hatte.

Sandra Felder war eine kleine, vitale Person. Sie war zweifellos älter als fünfzig, hielt sich aber gut in Form. Wahrscheinlich machte sie regelmässig Sport. Eher Power Yoga als sanfte Gymnastik, vermutete Amberg. Sie kam gleich zur Sache. Sie sei, erklärte sie, mit der Agentur, welche bisher die Programmzeitschrift produziert habe, nicht mehr zufrieden und sie habe ihr deshalb den Auftrag entzogen. Jetzt brauche sie Ersatz. Inhouse. Sie strahlte Amberg an.

Man wolle, fuhr sie fort, neben den Abteilungen Wissen und Bewegung einen dritten Geschäftsbereich aufbauen: Führungen, Vorträge, kleine Konzerte, Diskussionsrunden. In diesem Zusammenhang sei die Zeitschrift neu zu positionieren. Neben den aktuellen Ausschreibungen stelle sie sich einen redaktionellen Mantelteil vor, mit ein paar Artikeln für ein im weitesten Sinne kulturell interessiertes Publikum.

Sie liess sich über ihren Business-Plan aus: «Ich möchte ein Magazin haben, das abonniert wird. Es soll auch eine Plattform für Inserate bieten. Unsere Mitglieder sind eine interessante Zielgruppe. Die meisten sind älter als fünfundvierzig. Sie verfügen über ein gutes Einkommen und rund die Hälfte von ihnen hat einen Hochschulabschluss. Wenn es gelingt, mit der Zeitschrift schwarze Zahlen zu schreiben, bezahlen die Kursteilnehmer nicht nur die Gebühren, sondern gleichzeitig auch unsere Werbung.» Sie musterte Amberg prüfend über den Rand ihrer Brille hinweg. «Das bedeutet allerdings, dass der redaktionelle Teil des Heftes den hohen Ansprüchen der potenziellen Leserinnen und Leser genügen muss.» Sandra Felder war offensichtlich eine Unternehmerin, die auch in der Wildbahn der freien Wirtschaft erfolgreich gewesen wäre, eine jener Ich-bin-und-ich-will-Persönlichkeiten, wie Salvi es gewesen war.

Vor ihr lag die Juni-Ausgabe von «Dreiland». Sie war dem Kloster Mariastein gewidmet. Amberg hatte sie kurz vor seiner Verhaftung im vergangenen Frühjahr konzipiert. Ob Sie dem Magazin der Sartorius-Schenkung Konkurrenz machen wolle, fragte er.

«Gott bewahre!» Sie schaute ihn schockiert an. «Die Schenkung unterstützt uns immer wieder mit grosszügigen Beiträgen. Sie hat es wenigstens getan, solange Paul Salvi lebte. Mit dem neuen Direktor muss ich nächstens das Gespräch suchen.»

Amberg dachte nach. Was würde man wohl im Sartorius-Haus am Münsterplatz sagen, wenn bekannt wurde, dass er im Forum für Erwachsenenbildung als Redaktor eine Zeitschrift aufbaute? Den Beteuerungen Sandra Felders zum Trotz, musste es sich an eine ähnliche Leserschaft richten wie das Magazin «Dreiland». Nun, das konnte ihm gleichgültig sein.

Sie wurden sich rasch über die Anstellungsbedingungen einig. Die Januarnummer, für die noch die Agentur zuständig war, würde Ende Dezember versandt werden. Jakob Amberg war dafür verantwortlich, dass das nächste Heft am 1. März erschien.

Als er das Gundeldinger Feld verliess, pfiff er leise vor sich hin. Überrascht stellte er fest, dass er vergnügt war. Das Gespräch mit Sandra Felder stimmte ihn optimistisch. Nach den Jahren in der altväterischen Sartorius-Schenkung im vornehmen Domherrenhaus am Münsterplatz freute er sich auf eine Arbeit mitten unter Menschen, denen der Inhalt ihrer Tätigkeit wichtiger war, als der Profit, der damit erzielt werden konnte. Erstmals seit Wochen, wenn nicht Monaten, schaute er wieder zuversichtlich in die Zukunft. Er beschloss, seine alten Bekanntschaften aufzufrischen. Als Ersten wollte er seinen Freund, Thomas Jermann, anrufen.

VIII.

Jakob Ambergs Zuversicht hatte nicht lange angehalten. Um genau zu sein: bis zum Dreikönigstag. Die Festtage verbrachte er mit Thomas Jermann im Ferienhaus von dessen Eltern im jurassischen Montfaucon. Kurz vor Weihnachten war ungewöhnlich viel Schnee gefallen. Er hatte die mit dunklen Tannen bestandenen Hochweiden der Freiberge in ein Wintermärchen verwandelt. Tagsüber glitten die beiden Freunde auf ihren Langlaufskiern über die zahlreichen Loipen durch eine Landschaft, die sich in lang gestreckten, bewaldeten Höhenzügen im nordwestlichen Horizont verlor. Abends sassen sie in der Wohnstube, tranken Wein und redeten. Es war der versöhnliche Abschluss eines schwierigen Jahres.

«Möge es besser werden als das letzte», hatte Jermann gesagt, als sie am Silvesterabend auf das neue Jahr anstiessen, «vor allem für dich!»

«Dein Wunsch in Gottes Ohr!», hatte Amberg geantwortet.

Am 3. Januar nahm Jakob Amberg seine neue Tätigkeit im Forum für Erwachsenenbildung auf. Drei Tage später meldete er sich mit gemischten Gefühlen bei der Staatsanwaltschaft im Waaghof an der Binningerstrasse.

Nachdem ihm seine Vorgesetzten die Verantwortung für die Aufklärungen der Mordfälle rund um Klosterzelg entzogen hatten, war Dr. Jules Breitenmoser gekränkt in Pension gegangen. Ein Jahr vor seinem ordentlichen Rücktrittsalter. Sein Abgang hatte Georg Haberthür den Weg geebnet. Er war der neue Leiter der Kriminalpolizei, einer der vier Hauptabteilungen der Staatsanwaltschaft. Für den dreiunddreissigjährigen Juristen, der auch bei einer der bürgerlichen Parteien als kommender Mann galt, bedeutete diese Beförderung kaum mehr als eine weitere Stufe in seiner Laufbahn. Der Klosterzelg-Fall, den er von seinem Vorgänger geerbt hatte, war wegen seiner Verflechtung mit jenen Kreisen, denen Salome Samhofer angehörte, heikel, und Haberthür wollte sich an ihm gewiss nicht die Finger verbrennen.

Er sei vorurteilsfrei, erklärte er Amberg, als sie sich gegenüber sassen. Er möchte einfach noch einmal die ganze Geschichte hören: von jenem 20. Juni im vergangenen Jahr an, als er den toten Paul Salvi in dessen Büro gefunden hatte, bis zur Nacht vom 26. zum 27. November, als er auf die Leiche von Alois Peters im Keller des Gehöftes der Kinder Salomonis gestossen war. Er wolle Facts, fügte er hinzu, ohne schmückendes Beiwerk. Er sagte «Facts», was irgendwie zu seinem ganzen Habitus passte: jung, smart, durchtrainiert, in einem teuren Anzug mit offenem, hellblauem Hemd. Auch die Büroeinrichtung hatte er auswechseln lassen: USM Haller Möbel. Anstelle der düsteren Landschaft in Öl, die das Kunstmuseum seinem Vorgänger leihweise zur Verfügung gestellt hatte, hing ein grosses Poster an der Wand: eine Skizze der «Wrapped Trees» des Künstlerpaares Christo und Jean-Claude, die 1998 in Riehen im Auftrag der Fondation Beyeler hundertachtundsiebzig Bäume verhüllt hatten.

«Wenn Sie die ganze Geschichte hören wollen», sagte Amberg, «muss ich am 8. April beginnen, am Tag, bevor Karl Peters auf Klosterzelg erschlagen wurde.»

«Waren Sie dabei?», Haberthür hob ironisch die linke Braue.

«Nein, aber immerhin wurde ich verdächtigt, den Mord begangen zu haben, und für fünf Monate in Untersuchungshaft genommen.»

«Der Fall hat sich erledigt», der Staatsanwalt machte eine wegwerfende Handbewegung, «Sie haben eine Entschädigung erhalten. Mein Vorgänger, der Sie zu Unrecht beschuldigte, ist nicht mehr im Amt. Ich glaube nicht, dass Sie etwas zu sagen haben, das zum Tod von Karl Peters aus juristischer Sicht relevant wäre.»

«Aber der Schlüssel zu den drei Mordfällen liegt doch in der Auseinandersetzung um Klosterzelg zwischen der Sartorius-Schenkung und den LIDA-Werken.»

Haberthür lehnte sich in seinem Sessel zurück. «Wer sagt das?»

«Paul Salvi, ich – und Ihre Behörde. Schliesslich baute Ihr Vorgänger seine ganze Anklage auf dieser Tatsache auf.»

«Theorie, nicht Tatsache», korrigierte Haberthür Amberg mild.

«Wie bitte?»

«Sie und Ihr ehemaliger Chef einerseits und Dr. Breitenmoser andererseits haben sich unabhängig voneinander in absurde Verschwörungstheorien verrannt. Auf Ihrer Seite gingen Sie davon aus, irgendjemand aus dem LIDA-Konzern habe die Eliminierung Karl Peters geplant. Mein Vorgänger verfolgte bedauerlicherweise die seltsame Vorstellung, eine honorable Stiftung wie die Sartorius-Schenkung lasse morden. Darum wurde ihm letztlich auch der Fall entzogen.»

«Ach, und was waren denn Ihrer Meinung nach die Motive zu den drei Mordfällen?»

Der Staatsanwalt zählte auf: «Zum Ersten Karl Peters», er legte den Zeigefinger seiner rechten Hand auf den Daumen der Linken, «das war die Rache einer psychisch verstörten alten Frau für einen Fehltritt, für den sie sich ein ganzes Leben lang schämte. Zum Zweiten Paul Salvi», Zeigefinger rechts auf Zeigefinger links, «ihn musste sie aus dem Weg räumen lassen, weil sie überzeugt war, er habe den begründeten Verdacht, sie sei die Täterin im ersten Mord. Zum Dritten Alois Peters», der rechte Zeigefinger berührte den linken Mittelfinger, «der wurde dafür bestraft, dass er ihr seit seiner Geburt Mühe und Sorge bereitet und Geld gekostet hatte. Ausserdem spekulierte Roland Seefeld, der den Vaganten schliesslich ermordete, darauf, dass ihn die alte Frau für seine Tat fürstlich belohnen würde. Sie sehen, ein krankes Hirn, wie dasjenige von Salome Samhofer, ist zu vielem fähig. Though this be madness, yet there is method in't.» Er schien ein gebildeter Herr zu sein, Haberthür, der seinen Hamlet zum rechten Zeitpunkt aus dem Gedächtnis abrufen konnte.

«Und wie erklären Sie sich den Umstand», fragte Amberg, «dass Karl Peters nur wenige Stunden, bevor er seine Unterschrift unter den Kaufvertrag von Klosterzelg setzte, erschlagen wurde?»

«Zufall!» Der Staatsanwalt spielte mit seinem Kugelschreiber und fügte dann mit verhaltener Ungeduld hinzu: «Nur weil Sie, Herr Amberg, zwei Ereignisse, die zeitlich kurz aufeinander folgen, verknüpfen, bedeutet das noch lange nicht, dass zwischen ihnen ein Zusammenhang besteht. Nein!» Er richtete sich auf und seine Stimme nahm jetzt einen schärferen Tonfall an: «Es war die Rache einer kranken Seele und ich wäre Ihnen verbunden, wenn wir uns nun endlich Ihrer Zeugenaussage zuwenden könnten.»

Aber Jakob Amberg liess nicht nach: «Sie haben sich wohl nicht überlegt, ob jemand von den drei Verbrechen profitiert, beispielsweise der Erbe oder die Erben von Klosterzelg?!»

Haberthürs Augen verengten sich. Ob er denn wisse, wer das Gut erben werde, und falls ja, ob er den Beweis für seine ungeheuerliche Behauptung erbringen könne. Er jedenfalls würde ihm empfehlen, sich seine nächsten Worte gut zu überlegen. Jemanden zu Unrecht zu beschuldigen, könne schwerwiegende Folgen haben. Nur weil man bei ihm, Amberg, Gnade vor Recht habe ergehen lassen, bisher wenigstens, legitimiere ihn das noch lange nicht, die Tat einer psychisch

Kranken, unbescholtenen Bürgerin in die Schuhe zu schieben.

«Wie bitte – Gnade vor Recht?» Amberg sog hörbar Luft ein.

«Nun», der Staatsanwalt blätterte in seinen Akten, «hier haben wir es: Diebstahl einer Dienstwaffe, Entwendung eines Fahrzeuges zum Gebrauch, Hausfriedensbruch, Nötigung und Tätlichkeit, und dies gleich zweimal – denn neben Jean-Babtiste Jourdan hat auch Roland Seefeld seinen Teil abbekommen. Kein Zweifel, in der Nacht vom 26. auf den 27. November haben Sie kriminell gehandelt. Wir haben bisher darauf verzichtet, Sie in diesen Punkten anzuklagen.»

«Angesichts der skandalösen Untersuchungsmethoden Ihrer Behörde war das wohl ein Akt der Notwehr.»

«Das zu beurteilen, wäre Sache des Richters.» Kein Zweifel: Haberthür drohte ihm und fragte lächelnd: «Wollen Sie eine Anzeige gegen die Erben von Klosterzelg erstatten, wer immer sie sein mögen, oder möchten Sie nicht doch lieber mit mir zusammenarbeiten und die Sache zu einem Abschluss bringen?»

Zum Abschluss bringen – drei Mordfälle in einem Aufwasch. Amberg konnte sich das Drehbuch vorstellen: Alois Peters, der seinen Vater und Paul Salvi erschlagen hatte, musste nichts mehr befürchten. Er war tot. Für Salome Samhofer würde sich ein Gutachter finden lassen, der ihr mit psychiatrischen Begründungen Schuldunfähigkeit attestierte. Es war davon auszugehen, dass man sie bis zu ihrem Ableben, das gewiss nicht mehr fern war, in der Klinik (Privatabteilung) verwahrte. Für Jourdan galt «mitgegangen, mitgehangen». Er hatte mit Gefängnis, vermutlich bedingter Strafvollzug, zu rechnen. Nur für Roland Seefeld, den Ätti, der Alois hatte verhungern lassen, würde es knüppeldick kommen: Zuchthaus, lebenslänglich, was hierzulande fünfundzwanzig Jahre heisst. Aber für jene, die das ganze Spiel um Klosterzelg inszeniert und die die alte Salome instrumentalisiert hatten, für sie würde sich die Justiz nicht interessieren. Stattdessen würde ihnen in absehbarer Zeit ein riesiges Grundstück, Bauland in bester Lage, in den Schoss fallen.

«Nun, Herr Amberg, wollen wir?» Der Staatsanwalt lächelte ihn an. Aufmunternd? Werbend?

Amberg hob resigniert die Schultern.

Haberthür stand auf, ging ins Vorzimmer und kam mit einer Sekretärin zurück. Er stellte sie vor, nannte irgendeinen Namen, sagte, sie werde das Protokoll aufnehmen. Amberg müsse dann anderntags nochmals kommen, um es gegenzulesen und zu unterschreiben. Dann begann er Fragen zu stellen: kurz, präzis. Die meisten waren mit Ja oder Nein zu beantworten. Offensichtlich hielt er sich an die Ermittlungsunterlagen der Kriminalpolizei. Haberthür liess Amberg keinen Spielraum für Erklärungen und Mutmassungen. Er wollte, wie er bereits zu Beginn des Gesprächs gesagt hatte, Facts, ausschliesslich Facts.

IX.

Am Sonntag nach seiner Befragung durch die Staatsanwaltschaft spazierte Jakob Amberg quer durch die Stadt hinauf nach Klosterzelg. Gegen Ende der Woche war Schnee gefallen. Grau und matschig säumte er die Ränder der geräumten Strassen. In den Gärten und Anlagen war er liegen geblieben. Eine ungünstige Wetterlage hatte mit den Schadstoffen, die Industrie, Haushalte und Autos absonderten, den Schnee gräulich eingefärbt. Es war, als refüssierte der liebe Gott den Dreck, den Basel zum Himmel steigen liess. Höhere Gerechtigkeit: Arm und Reich, Villenviertel und Arbeiterquartiere waren gleichermassen davon betroffen. Grau in grau lag die

Stadt unter ihm. Die Sicht war schlecht. Smog. Die Behörden hatten wie üblich empfohlen, Kleinkinder und Alte nicht aus den Häusern zu lassen und von unnötigen Autofahrten abzusehen. Wie üblich hielt sich niemand daran.

Das Einfahrtstor zum Obstgarten von Klosterzelg stand offen. Amberg war nicht der Erste, den sein Sonntagsspaziergang hierher geführt hatte. Da waren Fussspuren: weisse Abdrücke im schmutzigen Schnee, Schuhnummer sechsunddreissig schätzungsweise. Er folgte ihnen. In der Nähe des Bauernhauses stiess er auf Frau Dr. Henriette Renard. Sie hatte ihn nicht kommen sehen und griff sich an die Brust, als er sie grüsste.

«Verzeihen Sie», sagte er, «ich wollte Sie nicht erschrecken!»

«Herr Amberg!» Sie atmete heftig. Eine kleine, zerbrechliche alte Dame im Pelzmantel. Um den Kopf hatte sie einen Wollschal geschlungen. Sie musterte ihn aus sehr klaren, hellen Augen. «Ich habe gehört, dass sie wieder frei sind.»

«Ja!», sagte Amberg. Und mit boshaftem Unterton: «Ich gelte nicht mehr als Mörder.»

«Eine schlimme Geschichte!» Sie schien unschlüssig, wäre ihn wohl gerne losgeworden, aber ihre anerzogene Höflichkeit gebot ihr, sich mit ihm zu unterhalten. «Wollen wir ein paar Schritte miteinander gehen? Es stört Sie hoffentlich nicht, wenn ich mich ein wenig auf Sie stütze?»

Amberg bot ihr den Arm. Seinerzeit hatte er sich über Dr. Uhlmann geärgert, dass er es unterlassen hatte, Näheres über Salome Samhofer in Erfahrung zu bringen, als er sich von Frau Renard das Foto der alten Hexe auslieh. Dabei waren die beiden Frauen Freundinnen. Nun, im grau verschneiten Klosterzelg registrierte Amberg dieselben Hemmungen, die sein Anwalt gespürt haben mochte. Henriette Renard hielt auf Distanz. Jahrzehntelange Gewohnheit? Möglicherweise wollte sie lediglich verhindern, dass jene Fragen gestellt wurden, die gestellt werden mussten. Er gab sich einen Ruck.

«Sie wissen, wer Direktor Salvi und Karl Peters umgebracht hat.»

Sie schwieg. Ihre Hand umklammerte seinen Arm, als fürchte sie, den Boden unter den Füssen zu verlieren. Von einem Apfelbaum fiel Schnee: schwer und nass. Sie blieb stehen und schaute ihn an.

«Sie sind gekommen, um Rechenschaft von mir zu fordern, nicht wahr?»

Amberg bestritt das, wies darauf hin, dass er nicht habe wissen können, sie hier zu treffen. Im Übrigen sei sie ihm keine Rechenschaft schuldig. «Obwohl ...», er zögerte.

«Obwohl?» Sie schaute ihn an. Ängstlich? Er mochte sich täuschen.

«Wissen Sie, Frau Renard», sagte er, «man hat mich ins Gefängnis gesteckt und anschliessend in die Psychiatrie, in eine Isolierzelle, um genau zu sein.»

Sie schwieg.

Damals, als Direktor Salvi beim Stiftungsrat beantragte, dieses Stück Land hier zu kaufen, haben Sie wohl gewusst, dass Ihre Freundin, Salome Samhofer, ihrerseits Ansprüche darauf erhob.»

Sie liess seinen Arm los. «Nein, ich wusste es nicht, ich habe es nicht wissen wollen! Ich hoffte, die arme Salome habe sich endlich mit ihrem Schicksal versöhnt.»

Die arme Salome. «Sie sprechen von einer Frau, die ihren Sohn an eine Wand ketten und verhungern liess. Ich habe die Leiche gesehen.»

Sie fröstelte, zog den Pelzmantel enger um die mageren Schultern. «Ich habe nicht gewusst, dass sie bereits vor ihrer Ehe einen Sohn hatte. Niemand hat es gewusst ausser ihren Eltern und den Peters. Sie haben das Geheimnis bewahrt.» Gequält: «Ich habe versucht, diesem verlorenen Menschenkind die Treue zu halten. Noch auf dem Totenbett habe ich ihrem Mann, Samuel Samhofer, versprochen, mich um seine Frau zu kümmern. Indem ich den Kontakt mit ihr brach, habe ich mich schuldig gemacht.» Und nach einer Pause: «Gehen wir weiter!» Sie nahm wieder seinen Arm. «Salome ist krank. Als Ärztin müsste ich sagen, sie sei schizophren, aber tatsächlich ist sie von einem bösen Geist besessen. Ich hätte ihr helfen müssen.»

Mea culpa! Sie war wahrhaftig überzeugt, diese bekennende Hugenottin, versagt zu haben im Kampf gegen das, was sie einen bösen Geist nannte. Sie begriff Salome Samhofer nur in religiös-moralischen Kategorien.

Und während sie über das Land des erschlagenen Karl Peters spazierten, erleichterte sie ihr Gewissen, als sei Amberg ihr Beichtvater.

Im Ganzen gesehen, waren es lässliche Sünden, Belanglosigkeiten, aber ihr lasteten sie gleichwohl zentnerschwer auf der Seele. Sie hatte eine strenge Gewissensinstanz, die alte Dame, die geprägt war von Generationen. Ihre Vorfahren, hugenottische Glaubensflüchtlinge, waren Ende des 17. Jahrhunderts nach Basel gekommen. Sie kamen hocherhobenen Hauptes, selbstbewusst, und wurden von der Obrigkeit, die ihr wirtschaftliches Potenzial erkannte, willkommen geheissen. Die Zuwanderer dankten es ihnen, indem sie ihr Geld und ihr Wissen investierten, Manufakturen bauten, später Fabriken, künftige Industrielle zeugten und Wissenschafter. Kurzum: Sie brachten neues Blut in die städtische Oberschicht, stärkten den protestantischen Wirtschaftsgeist und wurden zu tragenden Säulen der Staatsräson.

Henriette Renards Eltern waren mit Friedrich Ellenberger, dem damaligen Direktor der Sartorius-Schenkung, und dessen Frau befreundet, erzählte sie. Die um zwölf Jahre ältere Salome habe früher oft auf sie aufgepasst. Später sei eine Art Freundschaft daraus geworden. Sie habe sich ihr verbunden gefühlt. Nicht nur ihr, auch ihrem Mann, Samuel Samhofer, Salvis Amtsvorgänger. Wenn Amberg sie richtig verstand, liebte sie ihn. Nicht sexuell. Gott bewahre! Das hätte ihr Sittenkodex nicht zugelassen. Doch, wie gesagt, sie fühlte sich ihm verbunden: innig.

Erst heute, wo sie um das in Schande gezeugte Kind wisse (wörtlich), verstehe sie, weshalb man die Verheiratung von Salome Samhofer forciert habe, erklärte Frau Renard. «Es war wohl ein Verzweiflungsakt der Familie. Der Fehltritt der Tochter musste vertuscht werden. Um jeden Preis – offenbar war Klosterzelg dieser Preis.» Man habe sich seinerzeit gefragt, woher die Pächterfamilie Peters das Geld hatte, um das Hofgut zu übernehmen.

So wenig wie sie gewusst habe, dass Salome Mutter eines unehelichen Kindes war, so wenig könne sie sagen, unter welchen Umständen sie es zur Welt brachte. Vermutlich habe man sie in der fraglichen Zeit fortgeschickt, möglicherweise in eine private Klinik im Ausland. Noch 1940, im Geburtsjahr von Alois Peters, sei Salome von ihrem Vater mit dem jungen Samuel Samhofer verheiratet worden. Der habe damals als juristischer Volontär in der Sartorius-Schenkung gearbeitet. Er habe ein Leben lang dafür bezahlen müssen, dass er seinem Ehrgeiz zuliebe diese Ehe, die unter keinem glücklichen Stern stand, eingegangen sei, berichtete Frau Renard.

Salome war verbittert. Standesdünkel und vermutlich auch die Geisteskrankheit, die damals bereits in ihrer Seele lauerte, machten Samuel Samhofer das Leben an ihrer Seite zur Hölle. Er scheint die wesentlich jüngere Henriette Renard ins Vertrauen gezogen zu haben, väterlich vorerst. Später jedoch entstand eine – nun: Seelenverwandtschaft. Amberg vermutete eine jener kompliziert verklemmten Beziehungen zwischen Mann und Frau, in denen die Triebansprüche ins Geistige sublimiert werden.

Salome ihrerseits war vaterorientiert. Der alte Friedrich Ellenberger hatte ihr als höchsten Wert den Sinn fürs Dynastische anerzogen. So betrieb sie, in seinem Geist, eine Heiratspolitik wie die Habsburger. Sie sorgte dafür, dass sich die einzige Tochter, Adelheid, standesgemäss mit dem aufstrebenden Wirtschaftsanwalt Matthäus Liniger verheiratete.

Sie waren zum Haus von Karl Peters zurückgekehrt, Frau Henriette und Jakob Amberg. Die Läden waren vernagelt und an der Türe klebte noch das Siegel der Staatsanwaltschaft. Ein trister Anblick.

Amberg sagte: «Ich verstehe nicht, weshalb Friedrich Ellenberger seine Tochter so rasch verheiratete. Immerhin hatte man den kleinen Alois diskret – nun ja: entsorgt.»

Frau Renard zuckte zusammen. Das Wort «entsorgen» gehörte nicht zu ihrem Wortschatz. «Salomes Vater wusste wohl um die Labilität seiner Tochter», sagte sie schliesslich, «er glaubte vielleicht, durch eine Ehe würde sie ruhiger werden.»

«Nun, das scheint nicht der Fall gewesen zu sein. Ihr Mann hat die schwiegerväterlichen Erwartungen offenbar nur unzulänglich erfüllt.»

«Der gute Samuel!» Sie seufzte.

Samuel Samhofer war die Rolle einer Drohne zugedacht. Er hatte die Bienenkönigin begatten dürfen. Als Gegenleistung sorgte Friedrich Ellenberger dafür, dass er beruflich und gesellschaftlich reüssierte. Er machte den Schwiegersohn zum Abteilungsleiter und betrieb später seine Wahl als Direktor der Sartorius-Schenkung.

Samhofer war seiner Aufgabe gewachsen. Vielleicht weil er wie so viele unglückliche Ehemänner seine ganze Energie in die Arbeit investierte. Seine Gefühlswelt offenbarte er nur noch Henriette Renard, die im Samhofer'schen Haus ein- und ausging, offiziell als Freundin Salomes, in Wahrheit aber als Seelentrösterchen des Gatten. Sie nahm Anteil an seinen beruflichen Bemühungen und erörterte mit ihm Glaubensfragen. Im gemeinsamen Gebet hätten sie den Anfechtungen widerstanden.

Noch so ein Satz, der vieles im Vagen liess. Nun, das war Frau Renards Sache. Sie und Amberg hatten inzwischen ihren Spaziergang wieder aufgenommen. Eine Schar Krähen, die sie aufscheuchten, flatterte schimpfend über den Obstbäumen, düstere Gesellen, die wie Russflocken durcheinanderwirbelten.

Salomes Charakter nahm bösartige Züge an. Zwar wahrte sie den Schein und spielte die Rolle der Grande Dame. Im inneren Kreis allerdings hing der Haussegen schief. Ihre emotionalen Durchbrüche nahmen an Häufigkeit zu und es liess sich nicht länger leugnen, dass sie geisteskrank war. Man suchte einen Psychiater, der bereit war, mithilfe von Medikamenten das Seine zu tun, um der Familie die Schande einer Einweisung Salomes in eine Klinik zu ersparen. Phasenweise ging es ihr auch recht gut und im Übrigen wurden ihre Aufenthalte an der Costa Brava, wo die Samhofers ein Appartement besassen, immer länger. Schliesslich kam sie nur noch zwei-, dreimal jährlich zur Behandlung nach Basel.

Samuel blieb allein im Haus zum Wildvögelein in der St. Alban-Vorstadt. Ein älterer, resignierter Herr. Henriette Renard besuchte ihn häufig. Aber die Form ihrer Beziehung, die bis zu seinem Tod dauerte, war starr geworden. Was blieb, war der Versuch, ihre Seelenverwandtschaft zu kultivieren.

Mit der Geburt von Lukas Liniger, dem Enkel, fanden die Samhofers erstmals eine gemeinsame Basis. Beide waren gleichermassen vernarrt in den Kleinen. Ihm gegenüber war Salome wie verwandelt. Die ganze Bösartigkeit fiel von ihr ab, sobald sie ihn sah, und Samuel, der inzwischen weisshaarige Patriarch, soll auf den Fünfjährigen anlässlich eines Familientreffens als den künftigen Schenkungsdirektor angestossen haben.

Es war ihm offenbar ernst damit. Ebenso Salome, die im kleinen Liniger die Reinkarnation ihres eigenen Vaters sehen mochte. Mit ihrem Mann schmiedete sie Pläne, wie man den Prinzen auf Friedrich Ellenbergers Amtssessel hieven konnte. Es galt, ein Vierteljahrhundert zu überbrücken, die Zeit zwischen Samuels Pensionierung und Lukas Linigers Wählbarkeit. Für Samuel musste ein Nachfolger gefunden werden, ein um die vierzig Jahre alter Mann, der die Sartorius-Schenkung, die man gewissermassen als Erbpfründe betrachtete, verwaltete: selbstlos, ohne eigene Hausmacht, die den Ellenberger'schen Ansprüchen hätte gefährlich werden können. Sie kamen auf Salvi, damals juristischer Mitarbeiter der Schenkung, wie seinerzeit auch Samuel Samhofer.

So war das also: Salvi als Hausmeier. Wie bei den Merowingern, bei denen Mord und Totschlag auch zur Tagesordnung gehörten. Ob er es gewusst hat? Oder wenigstens geahnt? Es hätte seine Animosität gegen Lukas Liniger erklärt.

Dennoch: Die Geschichte, die Frau Renard erzählte, ergab keinen Sinn. Salvi wäre spätestens in fünf Jahren ohnehin pensioniert worden. Nur um Linigers Wahl zum Schenkungsdirektor sicherzustellen, bestand kein Anlass, ihn umzubringen. Man hätte warten können. Amberg wies die alte Dame darauf hin.

Sie schaute ihn etwas hilflos an: «Das ist richtig. Paul Salvi wurde nicht deswegen ermordet. Es ging nur um das Land. Auch wenn sie über ihren Fehltritt Stillschweigen bewahrte, so erklärte Salome mehrfach, Klosterzelg stehe ihr von Rechts wegen zu, ihr und ihren Erben. Sie liess durchblicken, dass das Hofgut unter obskuren Begleitumständen in den Besitz der Pächterfamilie gelangt sei. Ich glaube aber, sie hätte bis zum natürlichen Tod des Bauern gewartet. Wie wir heute wissen, war Alois Peters, ihr gemeinsamer Sohn, kinderlos und Klosterzelg wäre wieder an die Familie zurückgefallen. Unglücklicherweise interessierte sich Paul Salvi für das Grundstück. Wenn es in den Besitz der Schenkung kam, war es den Ellenbergers für alle Zeiten entrissen.

Die Geschichte ging immer noch nicht auf. «Wer informierte Salome Samhofer über die Kaufabsichten der Schenkung?»

«Ich weiss es nicht.» Gequält: «Ich weiss es wirklich nicht! Ich vermute, der Versuch der LIDA-Werke, das Land zu kaufen, geschah ihr zuliebe. Sie dürfen nicht vergessen, dass ihr Schwiegersohn, Matthäus Liniger, Mitglied des Verwaltungsrates ist. Als Karl Peters sich entschloss, auf Paul Salvis Angebot einzugehen, handelte Salome. Ein Dämon hatte von ihr Besitz ergriffen. Das müssen Sie mir glauben, auch wenn es Ihnen schwer fällt, das zu verstehen.»

Zu glauben, ohne zu verstehen, davon hatte Jakob Amberg genug. Wahrscheinlich hatte es Henriette Renard als praktizierende Christin in dieser Beziehung leichter.

Sie standen jetzt am Zaun beim Zugangstor zum Gut. Sie wirkte müde. «Ich habe den Hof immer geliebt», sagte sie, «und ich freue mich, dass das Land so erhalten bleibt, wie es ist.»

«Ach», sagte Amberg, «tatsächlich?!»

«Wussten Sie es noch nicht?», erwiderte sie lächelnd: «Klosterzelg fällt an Adelheid Liniger, die Mutter von Lukas. Salome ist durch ihre Verbrechen von der Erbfolge ausgeschlossen. Lukas, Adelheids Sohn, wird den Hof renovieren lassen und im Sommer, nach seiner Heirat, hier einziehen. Den Landwirtschaftsbetrieb übernimmt ein Pächter. Es ist, als kehrten die guten alten Zeiten zurück.» Sie bemerkte Ambergs Verblüffung nicht. «Ich muss mich jetzt von Ihnen verabschieden. Ich bin völlig durchgefroren.» Sie gab ihm die Hand und wandte sich um.

Amberg blieb stehen. Die Erkenntnis, dass Lukas Liniger Erbe dieses Landstücks war, für das drei Menschen hatten sterben müssen, überraschte ihn nicht wirklich. Dann fiel ihm ein, dass er vergessen hatte, Henriette Renard zu fragen, ob sie eine Ahnung habe, wer dieser V. sei, mit dem Salvi vor

Karl Peters und seinem eigenen Tod gesprochen hatte. Vermutlich hätte sie es ohnehin nicht gewusst. Amberg hatte es auch unterlassen, sich nach der Frau zu erkundigen, mit der Liniger auf Klosterzelg leben wollte. Aber das war belanglos. Es war gewiss jemand aus denselben Kreisen, irgendeine entfernte Cousine. Sie waren ja alle miteinander verwandt, die Ellenbergers, Davatz und Linigers.

X.

Amberg lebte sich rasch an seinem neuen Arbeitsplatz ein. Die Verpflichtung, einer geregelten Tätigkeit nachzugehen, brachte eine gewisse Struktur in sein Leben zurück. Das Gefühl, gebraucht zu werden, eine Aufgabe zu haben, tat ihm gut. Behutsam näherte er sich wieder Menschen: Arbeitskolleginnen und -kollegen, auch Mitarbeitern, die in einem der Betriebe im ehemaligen Fabrikareal im Gundeldinger Feld ihrem Job nachgingen.

«Schreiben Sie über die Zünfte», hatte Ambergs neue Chefin, Sandra Felder, vorgeschlagen, als sie über die erste Nummer der Programmzeitschrift, die unter seiner Redaktion erscheinen sollte, diskutierten. Der Leiter des neuen Geschäftsbereiches, den sie Kulturforum nannte, beabsichtigte, im Frühjahr einen Zyklus unter dem Titel «Das Erbe der Zünfte» anzubieten, und zwar mit Vorträgen und Führungen.

Und so sass er am Freitag, den 21. Januar, gegen 16 Uhr mit Wendelin Wiederkehr im Bistro des Restaurants «Zum Schlüssel» an der Freien Strasse. Wiederkehr war Ethnologe. Sein Spezialgebiet war das Brauchtum in der Regio Basiliensis. Er war ein kleiner, lebhafter Mensch, der mit seiner Körperfülle und seinem Vollbart gemütlich wirkte, was allerdings nur bedingt zutraf. Wiederkehr war als Vertreter einer Partei, die ihre Position links der Sozialdemokratie definierte, Mitglied im Grossen Rat, dem kantonalen Parlament. Er kannte Gott und die Welt und lästerte unter Freunden lustvoll und kenntnisreich über den Filz jener Kreise, welche die politische Grosswetterlage in Basel bestimmten. Amberg, der ihn aus seiner Zeit beim «Dreiland»-Magazin kannte, hatte ihn um ein Hintergrundgespräch gebeten.

Es war Wiederkehr, der das Lokal vorgeschlagen hatte. «Wenn Sie schon etwas über die Zünfte erfahren wollen, dann bitteschön in einem Zunfthaus.» Er hatte eine Flasche Heida bestellt, einen eher seltenen Wein aus Visperterminen im Wallis, der auf über tausend Meter über Meer angebaut wird. «Der Heida löst die Zunge und vermag den Menschen in glückselige Stimmung zu versetzen», deklamierte Wiederkehr und trank einen Schluck. «Das Zitat ist übrigens nicht von mir. Es stammt aus dem schönen Buch ‹Monografie aus den Schweizer Alpen›, das G. F. Stebler, ein Privatdozent aus Zürich, um 1901 geschrieben hat.»

Amberg äusserte sich nicht dazu. Er fand, dass man den Wein überschätzte und dass er zu teuer war. Demonstrativ legte er sein Tonbandgerät, das nicht grösser war als ein iPod, auf den Tisch. In den vorangegangenen Tagen hatte er sich in das Thema eingelesen.

«Die Zünfte», sagte er.

«Vom 13. Jahrhundert bis zur Industrialisierung waren sie ständische Berufsorganisationen», setzte Wiederkehr zu einem Referat an. «Sie stellten Ratsherren und übernahmen bei kriegerischen Auszügen und in der Feuerwehr wichtige Aufgaben, später auch im Vormundschaftswesen.»

«Ich brauche keinen historischen Nachhilfeunterricht», unterbrach ihn Amberg. «Mich interessiert, weshalb es sie überhaupt noch gibt.»

«Aha!» Wiederkehr war keineswegs beleidigt. Er schenkte sich Wein nach. «Nun, nachdem sie im 19. Jahrhundert ihre

Bedeutung verloren hatten, blieben sie, was sie immer auch waren: ein Ort, der einem das Gefühl vermittelt, dazuzugehören, wo man Kontakte knüpft und Seilschaften bildet, die auch geschäftlich von Nutzen sein können. Auf Neudeutsch: Networking. In gewissen Zünften, das gilt unter anderem auch für den ‹Schlüssel›, in dem früher Grosskaufleute und Seidenbandherren organisiert waren, gibt es ein paar hochkarätige Mitglieder, die durchaus Einfluss auf das Wohl und Wehe dieser Stadt haben.»

Sie schwiegen. Das Bistro des «Schlüssels» befindet sich in einer hohen, von drei Arkadenbögen getragenen Halle. Eine Treppe führt hinauf zum Zunftsaal, den man in den 1880er-Jahren im Renaissancestil prunkvoll restauriert hat. Amberg betrachtete nachdenklich das riesige Gemälde, ein Fresko, das die eine Wand bis hinauf zum Dach bedeckte. Es stammte von Samuel Buri, der in einer eigenwilligen Zusammenstellung von rostroten, gelben, weissen und blauen Farbtönen eine Fassade geschaffen hatte, die von allegorischen Gestalten belebt war.

Wiederkehr verzog den Mund. «Sie haben sich die Sanierung des alten Gemäuers, das auf das 13. Jahrhundert zurückgeht, etwas kosten lasten. Die Zunftbrüder haben tief in die Tasche greifen müssen, um die historische Bausubstanz zu retten. Nun ja, einige von ihnen sind recht vermögend und können es sich leisten. Nach eigenen Angaben betrachtet es die Zunft als ihre Hauptaufgabe, das traditionsreiche Haus zu erhalten und der Öffentlichkeit zugänglich zu machen.»

«Handelt es sich nun um einen privaten Denkmalschutzverein oder geht es den Herrschaften um ein Forum, wo sie ‹netzwerken› können?», fragte Amberg amüsiert.

«Beides», sagte Wiederkehr, «beides! Was den Zünften noch blieb, nachdem sie ihre öffentlichen Funktionen verloren hatten, war die Verwaltung ihres Vermögens. Damit unterstützen sie gemeinnützige Projekte oder unterhalten ihre Immobilien, die ehemaligen Zunfthäuser. Darüber hinaus», fuhr er fort, «braucht der Mensch Orte, an denen er sich mit seinesgleichen treffen kann. Das gilt für den einfachen Arbeiter und die fromme Jungfer ebenso wie für den Politiker und den Wirtschaftskapitän. Es beginnt bei den Pfadfindern und in der Studentenverbindung. Es endet im Schrebergartenverein, in der Kirchgemeinde, in der Fasnachtsclique, im Rotary Club, in der Wirtschaftskammer oder eben – in der Zunft. Da wäscht eine Hand die andere, da werden Gerüchte ausgetauscht und Intrigen geschmiedet: Kabale und Hiebe, und zwar quer durch alle Schichten. Auf unterschiedlichem intellektuellem Niveau, sicher, aber letztlich läuft es überall auf dasselbe hinaus.»

«Also der landesübliche Filz – oder gibt es etwas, worin sich die Zünfte von anderen Körperschaften unterscheiden?»

«Das Männerbündlerische, die Tradition», sagte Wiederkehr, ohne zu zögern. «Frauen haben theoretisch den Zugang, bleiben aber praktisch ausgeschlossen. Man ist unter sich. Die vier Herrenzünfte, die Gilden der Reichen, die im alten Basel immer den Vorrang vor den Handwerkerzünften hatten, zelebrieren sich jeweils am Aschermittwoch mit einem opulenten Festessen, das sie in typisch baslerischem Understatement ‹Mähli› nennen. Anschliessend zieht man, in feierliches Schwarz gewandet, durch die Stadt und besucht sich gegenseitig in den Zunfthäusern. Die Trommler und Pfeifer, in irgendwelchen Fantasietrachten, die Söldneruniformen aus der Zeit des Ancien Régime nachempfunden sind, marschieren hinter dem Meister, den Vorgesetzten und dem Bannerherrn.»

«Sind Sie auch zünftig?», wollte Amberg wissen.

«Gott bewahre!» Wiederkehr gab sich schockiert. «Ich bin Ethnologe, ich beobachte und analysiere. Ausserdem würde man mir als Aargauer die Mitgliedschaft verweigern. Nach der Zunftordnung», er zitierte aus dem Kopf, «können nur

männliche und wohlbeleumdete Bürger der Stadt Basel aufgenommen werden, die das 18. Lebensjahr erreicht haben.
Den Vorzug erhalten jene Bewerber, die nach ihrem Beruf
der jeweiligen Zunft am nächsten stehen, ausserdem die
Nachkommen von Zunftbrüdern. Wenn Sie richtig recherchiert haben, mein Lieber, wissen Sie, dass die Schlüsselzunft
ihren Nachwuchs vor allem aus den Reihen der Söhne ihrer
Mitglieder rekrutiert. So schreibt sie es wenigstens auf ihrer
Website. Damit werden solche Organisationen bis zu einem
gewissen Grad zu geschlossenen Zirkeln.»

Amberg warf einen Blick auf sein Tonband. Es lief noch.
Wiederkehr füllte sich das Glas ein weiteres Mal. Er hatte fast
die ganze Flasche allein getrunken. «Mindestens in den Her-
renzünften», meinte er, «gibt es einen inneren Kreis, in dem
man sich von Kindesbeinen an kennt. So wie diese zwei», er
wies mit dem Kopf zum Eingang, durch den soeben Lukas
Liniger, Paul Salvis Nachfolger, und Georg Haberthür, der
Staatsanwalt, die grosse Erdgeschosshalle des «Schlüssels»
betraten. Sie schauten sich nach einem freien Tisch um. In
diesem Moment entdeckten sie Wiederkehr und Amberg.
Der Volkskundler hob grüssend sein Glas. Liniger nickte ihm
kühl zu, Haberthür reagierte mit einer vagen Geste. Beide
übersahen Amberg. Als ob sie ihn noch nie gesehen hätten,
als ob er gar nicht existierte. Dann nahmen sie in einer ent-
fernten Ecke Platz.

«Da sitzt sie, die Zukunft dieser Stadt», spöttelte Wiederkehr, der, wie gesagt, ‹tout Bâle› kannte, «Zwillinge im Geist,
Hochfinanz und Staatsgewalt, Zunftbrüder und Parteifreunde.» Dann schaute er Amberg an. «Mindestens Liniger müsste
Sie doch kennen. Weshalb übersieht er Sie?»

Amberg gab ihm keine Antwort. Stattdessen fragte er:
«Sind die beiden auch in der Schlüsselzunft?»

«Nein, bei den Weinleuten, wo sich früher neben den Berufen des Weingewerbes auch Gerichtsleute, Notare und so-

genannte ‹Müssiggänger› zusammenfanden, also jene Glücklichen, die von ihrem Kapital lebten.» Er musterte Amberg misstrauisch. «Sie verschweigen mir etwas. Also, heraus mit der Sprache, weshalb übersieht er Sie?»

«Schwer zu sagen. Vielleicht weil nicht ich es war, der den alten Bauern auf Klosterzelg und Paul Salvi ermordet hat, sondern sein Onkel, der im Auftrag seiner Grossmutter gehandelt hat.»

Wiederkehr sog Luft ein. «Sagen Sie das nochmals.»

«Wussten Sie es nicht?»

«Wie sollte ich auch? In der Zeitung stand lediglich, die beiden Morde seien die Tat eines Landstreichers gewesen, der von seiner psychisch kranken Mutter dazu angestiftet worden war.» Wiederkehr beugte sich vor. Seine Augen glänzten. Er witterte eine jener Geschichten, die man unter dem Siegel der Verschwiegenheit verbreiten konnte. «Die Details, ich bitte darum.» Er winkte der Serviertochter: «Noch eine Flasche Heida.»

Jakob Amberg schaute hinüber zu den beiden Herren, dem Erben von Klosterzelg und dem Staatsanwalt, die sich angeregt unterhielten. Haberthür hatte ihm unverhohlen gedroht, als er ihn danach fragte, wem die Mordfälle nützten. Und nun sass er mit dem grössten Profiteur beim Apéro. Wie hatte Wiederkehr gesagt? Zunftbrüder und Parteifreunde. «Die Zeitung hat nicht gelogen», erklärte er schliesslich, «der Landstreicher war Alois Peters, der aussereheliche Sohn des Bauern. Bei der psychisch kranken Mutter handelt es sich um Salome Samhofer, eine geborene Ellenberger. Sie ist die Grossmutter Linigers. Klosterzelg fällt an ihre eheliche Tochter, Adelheid, die Frau von Matthäus Liniger und über sie an deren Sohn Lukas, der auf dem Hofgut seinen Wohnsitz nehmen wird und zurzeit mit dem in den Mordfällen zuständigen Staatsanwalt einen zur Brust nimmt.» Amberg machte eine kurze Pause, dann fügte er gehässig hinzu: «Und nachdem die alte Hexe ihren illegitimen Balg, den Onkel des ehrenwerten Lukas Liniger, zum Mörder gemacht hatte, liess sie ihn durch einen grössenwahnsinnigen Sektenguru in einem Kellerverlies an die Wand ketten und verhungern.»

Wiederkehr schwieg und probierte den Wein, den ihm die Serviertochter in ein neues Glas einschenkte. Er nickte ihr zu und wartete, bis sie sich entfernt hatte. «Jesses», sagte er schliesslich, «wenn das alles stimmt...!» Er liess den Satz offen.

Amberg stellte das Tonband ab, steckte es ein und stand auf. Er legte eine Fünfzigfrankennote auf den Tisch. «Die zweite Flasche geht auf Ihre Kosten. Ich mag nicht länger hier sein.» Er wandte sich abrupt ab. Die Proteste Wiederkehrs, den es nach weiteren Einzelheiten verlangte, überhörte er.

Zehn Tage später, es war Montag, der 31. Januar, bat Sandra Felder Amberg in ihr Büro. Sie gab sich förmlich. «Nehmen Sie bitte Platz», sagte sie, «ich habe eine wenig erfreuliche Nachricht.»

Er wartete.

«Ich sehe mich veranlasst, das Arbeitsverhältnis mit Ihnen mit dem heutigen Tag aufzulösen.» Sie schob ihm einen Brief in doppelter Ausfertigung über den Tisch. «Lesen Sie ihn durch und unterschreiben Sie mein Exemplar. Mit Ihrer Unterschrift bestätigen Sie nicht Ihr Einverständnis mit der Kündigung, sondern nur, dass Sie sie zur Kenntnis genommen haben.»

Amberg kannte das Arbeitsrecht. Das Schreiben war korrekt. Es handelte sich um eine Vertragsauflösung während der Probezeit. Er hatte noch Anspruch auf eine Entschädigung für sieben Tage, darüber hinaus konnte er keine weiteren Forderungen geltend machen.

Er schaute seine Chefin an, seine ehemalige Chefin. «Wollen Sie mir den Grund für Ihre Entscheidung verraten?»

Sie lächelte gequält. Das Gespräch war ihr peinlich. «Ich hatte letzte Woche Verhandlungen mit dem neuen Direktor der Sartorius-Schenkung. Es ging um die Weiterführung der Unterstützungsbeiträge, die uns sein Vorgänger, Paul Salvi, gewährt hat. Herr Liniger war ausserordentlich grosszügig. Er war bereit, den bisherigen Beitrag für eine Periode von fünf Jahren substanziell zu erhöhen, unter der Bedingung ...», sie zögerte.

«... dass Sie mich vor die Türe setzen», vervollständigte Amberg den Satz.

«Nein, wie kommen Sie darauf?» Sandra Felder war sichtlich erstaunt. «Er wollte, dass wir unsere Programme in der Zeitschrift der Sartorius-Schenkung veröffentlichen. Wir schaffen eine Win-win-Situation. Sein «Dreiland»-Magazin gewinnt neue Abonnentinnen und Abonnenten. Wir erhalten einen Sponsoringvertrag für fünf Jahre und sparen Kosten, indem wir darauf verzichten können, eine eigene Programmzeitschrift zu produzieren.»

«Ich verstehe», sagte Amberg und unterzeichnete die Kündigung.

Sie schaute ihm ins Gesicht. Fadengerade. «Ich kann Ihre Enttäuschung nachvollziehen. Ich hätte Ihnen ja gerne eine Startchance gegeben, nach allem, was Sie durchgemacht haben ...» Sie hob die Arme. Eine hilflose Geste. «Ich stehe unter einem gewissen Druck. Es ist nicht einfach, eine Nonprofit-Organisation über die Runden zu bringen. Wenn sich Ausgaben senken lassen, ohne dass ich deswegen Dienstleistungen abbauen soll, muss ich zugreifen.

Amberg atmete tief durch. «Ich habe gesagt, dass ich Sie verstanden habe. Sie brauchen sich nicht zu rechtfertigen.» Er stand auf. «Ich gehe jetzt wohl besser.» Er verliess ihr Büro und trat hinaus ins ehemalige Fabrikareal, diese zu Stein gewordene Vision von Menschen, die von einer besseren Welt träumten. Er dachte daran, dass er sich vor ein paar Tagen ausgemalt hatte, wie im Sommer an den Backsteinmauern der Produktionshallen nicht nur Efeu, sondern auch

Wein rankte, wie in den riesigen Töpfen, welche die Fabrik-strasse säumten, rot, blau, gelb und weiss Blumen blühten, wie Kinder auf Rollerblades und Kickboards durchs Gelände kurvten, während ihre Mütter in der Sonne sassen und ihnen zuschauten. Über die sieben Meter lange Schiene, das kürzeste Eisenbahngeleise der Welt, verliess er das Gundeldinger Feld. Sein Versuch, in der Arbeitswelt wieder Fuss zu fassen, war gescheitert. Dafür hatte Lukas Liniger gesorgt. Weshalb auch immer.

XI.

Es war wohl unvermeidlich, dass Amberg nach der Kündigung in ein Loch fiel. Ein Psychiater hätte seinen Zustand als depressive Verstimmung, wenn nicht als reaktive Depression diagnostiziert. Die Symptome waren klassisch: Er fühlte sich vom Schicksal geschlagen, quälte sich mit Selbstzweifeln und hielt sich für einen Versager. Er empfand seine Situation als ausweglos, war überzeugt, nie mehr eine Arbeitsstelle zu finden. Er fantasierte, dass Lukas Liniger ihn bis ans Ende seiner Tage verfolgen werde. Manchmal stellte er sich vor, wie er ihn erschlagen würde, und wusste gleichzeitig, dass er unfähig zu einem Racheakt war. So richtete er seine zerstörerischen Gefühle gegen sich selbst. In der Nachttisch-schublade neben Salvis Bett lag die kleine, vernickelte Pistole, die ihm Marianne Hochstrasser seinerzeit zugesteckt hatte. Wenn es nach ihr ging, sollte er damit Hans-Joachim Vollmer umbringen. Er holte sie heraus und richtete den Lauf gegen seine Schläfe. Selbstmord – diese Möglichkeit würde immer offenbleiben. Amberg litt unter Schlafstörungen. Bis gegen Mitternacht wanderte er ziellos durch die Quartierstrassen oder stand am Fenster in Salvis Wohnung und schaute späten

Passanten nach, die auf dem Altrheinweg vor der düsteren Kulisse der Tanklager stadteinwärts strebten oder Richtung Kleinhüningen. Wenn er endlich ins Bett ging, verfiel er in einen Tiefschlaf, aus dem er eine oder zwei Stunden später hellwach aufschreckte. Er nahm eines von Salvis Büchern und versuchte zu lesen, aber die Buchstaben standen ohne Sinn und Ordnung vor seinen brennenden Augen. Wenn der Morgen graute, war er müde genug, um noch einmal für kurze Zeit einzudämmern. Dann trieb es ihn wieder hinaus. Oft spazierte er über die Westquaistrasse beim Hafen, wo die Rheinschiffe beim Containerterminal anlegen und darauf warten, entladen zu werden. Es zog ihn zum Dreiländereck, zu jener schlanken aus drei Teilen zusammengefügten Skulptur aus Metall, die Deutschland, Frankreich und die Schweiz meint, deren Grenzen sich hier treffen. Jakob Amberg stand dort, die Hände in den Taschen seines Mantels vergraben, und starrte in die grünen Wassermassen, die sich nach Norden wälzten.

Einmal erhielt er ein Paket vom Forum für Erwachsenenbildung. Sandra Felder hatte seinen Schreibtisch geräumt und stellte ihm zu, was ihm gehörte: Kugelschreiber, eine Agenda, zwei Bücher über Zünfte, die er jetzt nicht mehr zu lesen brauchte. Obenauf lag eine Karte. «Lass die Vergangenheit Vergangenheit sein, streife sie ab wie eine Schlangenhaut!», stand unter dem Bild einer stilisierten Schlange. Offenbar eine schamanische Weisheit. Er schaute sich die Rückseite an. «Mit lieben Grüssen, Sandra Felder», von Hand geschrieben. Mit lieben Grüssen … Er schüttelte den Kopf und zerriss die Karte.

Einmal rief ihn Carmen Heyer an, seine ehemalige Kollegin in der Sartorius-Schenkung. Seit seiner Verhaftung hatte er nichts mehr von ihr gehört. Man habe ihr gesagt, er lebe jetzt in Salvis Wohnung, erklärte sie, und da habe sie sich erkundigen wollen, wie es ihm gehe. Es zeigte sich dann aber bald, dass sie seine Lage nicht sonderlich interessierte.

Sie wollte von sich erzählen. «Ich bin meinen Job los», klagte sie, «er hat mich hinausgeschmissen und mich durch eine Assistentin ersetzt, die er aus seiner Bank mitgebracht hat.» Er – das war Liniger. Carmen war erbittert. «Er hat fünf Leute ausgewechselt, alles langjährige Mitarbeiter der Schenkung.»

Amberg wunderte sich nicht. Es war in den letzten Jahren üblich geworden, dass neue Chefs, nicht nur in kommerziellen Firmen, sondern auch in Nonprofit-Organisationen ihre eigene Crew mitbrachten. Carmen Heyer schlug vor, man könne sich einmal treffen. Irgendeinmal. Zurzeit sei sie mit Bewerbungsschreiben beschäftigt. «Das Leben geht weiter», sagte sie und verabschiedete sich.

Jakob Amberg blieb nach diesem Gruss aus der Vergangenheit etwas ratlos vor dem Telefon stehen. Dann setzte er sich und schrieb in sein Notizbuch: «Streife die Vergangenheit ab wie eine Schlangenhaut» und darunter: «Das Leben geht weiter». Er verzog den Mund zu einem schiefen Lächeln. Vielleicht hatten sie ja recht mit ihren simplen Lebensweisheiten, Sandra Felder und Carmen Heyer.

XII.

Die Menschheit will ernährt sein und gibt dafür täglich Geld aus. Eine banale Erkenntnis, gewiss, aber wenn sich Wissenschaft und Kapital zusammenfinden, lässt sich daraus einiges machen.

Angefangen hatte es um die Mitte des 19. Jahrhunderts, in den Gründerjahren, als ein versponnener Chemiker namens Brombach in seinem notdürftig eingerichteten Labor in Kleinbasel mit der Herstellung von Kondensmilch, Kindermehl, Schokolade und Suppenwürfeln experimentierte. Nicht dass er grundlegend Neues entdeckt hätte – die Chemie hatte eben erst ihren Siegeszug angetreten und überall gab es diese kleinen Hexenküchen, in denen man nach Formeln suchte, um Lebensmittel in Dosen, Tuben und Beuteln zu konservieren. Eine Patentschutzgesetzgebung existierte noch nicht und es wurde schamlos spioniert und kopiert, denn riesige Absatzmärkte wollten beliefert sein.

Hans-Jakob Liniger und Daniel Davatz investierten einen Teil ihres Vermögens in die Brombach'schen Experimente, nahmen den Mann unter Vertrag und zogen eine Massenproduktion seiner Nahrungsmittel auf. Die LIDA-Werke waren geboren. Bald schon entstanden weitere Fabriken in Nordeuropa, England und den Vereinigten Staaten. Sie wurden von firmeneigenen oder abhängigen Betrieben in Afrika, Asien und Südamerika mit Rohstoffen beliefert. In den beiden Weltkriegen erlaubte es der neutrale Status der Schweiz dem Konzern, seine Produkte gleichermassen an alle Parteien abzusetzen. Die Armeen der Krieg führenden Nationen assen dieselben Notportionen und nur die Etiketten auf den Verpackungen nahmen Rücksicht auf mögliche vaterländische Gefühle der Soldaten.

Die LIDA-Werke gediehen und florierten. War Fremdkapital nötig, sprang hilfreich das Bankhaus Sartorius ein, an dem neben den Linigers und Davatz auch die Ellenbergers beteiligt waren. Während grosse Teile der Produktion in Billiglohnländer verlegt wurden, blieben die Forschung und die Verwaltung in Basel. Aus Arbeitern wurden Laboranten, Techniker und Chemiker; Kontoristen stiegen auf, wurden Prokuristen und Manager. Die Ausbildungsstätten im Kanton Basel-Stadt, von der Gewerbeschule bis hin zur Universität, orientierten sich an den Bedürfnissen des Weltkonzerns. Es entstand ein fein gesponnenes Netzwerk, an dem Politik, Wissenschaft und Wirtschaft gleichermassen beteiligt waren. Ein in sich geschlossenes System, verzahnt durch vielfältige Beziehungen, generierte satte Gewinne.

Der LIDA-Turm, das Verwaltungshochhaus des Konzerns in Kleinbasel, ist ein preisgekröntes phallisches Herrschaftssymbol aus Glas und Eisenträgern, hingeklotzt in den 1990er-Jahren. Hier werden die Abschlüsse von Fabriken aus über dreissig Ländern konsolidiert, ein Milliardenumsatz bilanziert, Arbeitsplätze geschaffen und gestrichen, mehr oder weniger subtil (je nach Weltregion) Einfluss auf die Gesetzgebung genommen und zusammen mit anderen ansässigen Konzernen auch die Weichen für den Lauf der Dinge in Basel gestellt, soweit sie für die Granden aus Finanz und Wirtschaft von Bedeutung sind.

Mitte Februar rief Professor Karl-Heinz Valk, Beauftragter für spezielle Angelegenheiten der LIDA-Werke, Jakob Amberg an und fragte ihn, ob er nach wie vor daran interessiert sei, den Posten eines Direktionssekretärs in der Tochterfirma des Konzerns in Brasilien anzunehmen.

Amberg hatte keine Lust auf den Job, war aber neugierig auf Linigers Motive, ihn nach Südamerika zu schicken. So kam es, dass er mit Valk ein Gespräch am 25. Februar, um 17 Uhr vereinbarte.

Dass er seinen Namen mit V schrieb, entdeckte Amberg erst, als er vor dessen Büro in der 21. Etage des Verwaltungshochhauses stand. Und während er sich fragte, ob der Mann mit dem V. aus Salvis Taschenagenda identisch sei, öffnete dieser die Tür: Karl-Heinz Valk, über hundert Kilo professorale Leibesfülle, ein Fleischberg, in massgeschneidertes englisches Tuch gehüllt. Die Schuhe, Amberg hatte sich einmal sagen lassen, an ihnen erkenne man den Arrivierten, waren auch handgearbeitet. Natürlich. Eine teure Erscheinung, dieser Professor. Und imposant. Rund einsneunzig gross und ein Schädel wie ein Ochse. Er war kahl bis auf ein paar Büschel grauer Haare hinter den Ohren und über dem Nacken, der in mächtigen Wülsten aus dem Kragen seines seidenen Hemdes quoll. Eine Kindlifresserfigur, aber charmant. Mit grosser

Geste bat er Amberg in sein Büro: «Lasst, die ihr eintretet, alle Hoffnung fahren!», zitierte er aus der *Göttlichen Komödie*. Er hatte eine prächtig sonore Stimme. Sein Büro allerdings, ein Eckzimmer, entsprach nicht dem Inferno. Im Gegenteil: Wie der liebe Gott persönlich thronte er hoch über der Stadt, die buchstäblich zu seinen Füssen lag. Mit Blick auf den Rhein und den Hafen. Dahinter die Autobahn Richtung Deutschland und die weiträumigen Geleiseanlagen des Badischen Bahnhofes. Im Norden der Tüllinger Hügel. Am Horizont die schneebedeckten Kuppen des Schwarzwaldes. Von seinem Sessel aus überblickte er ferner die Altstadt mit der Mittleren Brücke und dem Münsterhügel. Ein knöcheltiefer Teppich dämpfte die Schritte. Er forderte Amberg auf, in einem jener weichen Sessel Platz zu nehmen, in denen man hilflos versinkt, und fragte, ob er den Whisky *on the rocks* oder mit Soda trinke.

Ambergs Ablehnung machte ihn misstrauisch. Ob er etwa Blaukreuzler sei, Guttempler oder eine Art calvinistischer Gründervater, wie sein früherer Vorgesetzter, Salvi?

Er hatte das Stichwort gegeben: «Sie kannten Salvi?»

«Natürlich, wer kannte ihn nicht.» Er drückte auf einen Knopf an der Wand und hinter der Täfelung kam eine sehenswerte Bar zum Vorschein. «Sie wollen tatsächlich nichts trinken? Ich habe auch Mineralwasser.» Er spuckte das Wort aus, als sei es obszön.

«Nein danke!»

«Dann lassen Sie es eben!» Er goss sich zwei Fingerbreit Scotch in ein Glas und setzte sich. «Nun denn», sagte er und trank.

«Salvi», sagte Amberg, «wie gut kannten Sie ihn?»

«In den letzten Jahren hatten wir kaum mehr Kontakt, das heisst, vor einigen Monaten hatte ich geschäftlich mit ihm zu tun.»

«Klosterzelg?»

Valk hob seine Brauen. Eine Kleinigkeit nur. «Wenn Sie es schon wissen, warum fragen Sie?»

«Es war lediglich eine Vermutung.»

«Klosterzelg», er nickte düster, «aber lassen wir das. Die Sache ist gestorben. Für ihn und für uns.»

«Er ist gestorben», berichtigte Amberg.

«Das ist unerheblich.» Er war ein Zyniker, der Professor. Dass Salvi tot sei, möge man, wenn man wolle, als Tragödie betrachten. Oder auch nicht. Falls ein Paradies existiere, sei der Mann jetzt dort. Zur Rechten Pestalozzis, wie er es sich zweifellos gewünscht und sicherlich auch verdient habe. Wenn mit dem Tod alles zu Ende sei, was er, Valk, in aller Demut glaube, kümmere sich der verblichene Schenkungsdirektor in seiner Grube eh nicht mehr um die paar Hektar Ackerland. Falls allerdings Amberg die fixe Idee haben sollte, Salvis Banner weiterzutragen, dann, das gebe er zu, sei das Ganze ein Trauerspiel. «Aber sprechen wir über Erfreulicheres, mein Lieber. Wie ich höre, sind Sie sehr angetan von der Aussicht, für unseren Konzern in Brasilien Ihr Bestes zu geben.»

«Wer sagt das?»

«Ich», behauptete er, «und Lukas Liniger, zumal Sie ja seit dem 31. Januar wieder arbeitslos sind.»

«Woher wissen Sie das?»

«Was wir zu wissen brauchen, wissen wir. Schauen Sie», fuhr der Professor fort und nahm einen Schluck, «in unserer Firma gibt es einen vielversprechenden jungen Menschen, der schon seit Jahren nach diesem Posten giert. Ein ehrgeiziges Subjekt. Bildet sich laufend weiter. Hat sogar Portugiesisch gelernt. In Abendkursen und auf eigene Kosten. Unbezahlte Überstunden hat er geleistet, freiwillig. Ein Leben für die Firma. Wir stehen moralisch tief in seiner Schuld und dennoch sind wir bereit, die Stelle Ihnen zu geben.»

«Warum?»

Er lehnte sich zurück und schlug die Beine übereinander. «Ich könnte sagen, weil Sie uns als sehr kompetent geschildert worden sind. Der wahre Grund aber ist darin zu sehen, dass Sie geradezu wild auf den Job sind, und das gefällt uns. So etwas schafft Loyalität.» Er hob das Glas.

Gegen seinen Willen musste Amberg lachen.

«Da gibt es nichts zu lachen», stellte Valk fest, «Sie sind mehr als angetan von den Zukunftsaussichten, die wir Ihnen eröffnen, und klammern sich daran wie ein Ertrinkender an den sprichwörtlichen Strohhalm.»

«Weshalb sollte ich?»

«Fragen Sie das im Ernst?» Er betrachtete ihn missbilligend. «Ich hielt Sie, nach allem was ich erfahren habe, für einen intelligenten Menschen. Aber bitte sehr, wenn Sie das wünschen, werde ich Ihre Motive, unser Angebot dankbar anzunehmen, erläutern.» Er stellte sein leeres Glas hart auf den Tisch. Ächzend stemmte er sich aus dem Sessel und trat ans Fenster. «Kommen Sie», forderte er ihn ungeduldig auf, «kommen Sie schon!» Er legte den Arm um Ambergs Schulter. Sein Atem roch nach Whisky. Väterlich sagte er: «Schauen Sie da hinunter, mein Lieber. Betrachten Sie Ihre kleine Welt, die Stadt mit ihren Quartieren, die Strassen, durch die der Verkehr fliesst wie das Blut durch einen menschlichen Organismus. Spüren Sie, wie das lebt? Spüren Sie die Geschäftigkeit? Ahnen Sie die ordnende Hand, die dahinter steht, das Hirn, das Impulse gibt, Strukturen schafft und Sinn? Nein, schauen Sie nicht auf den roten Turm des Rathauses, auch nicht auf das Münster, das sind nur repräsentative Attrappen. Die Schaltstellen sind Konzerne wie wir.» Er tippte sich mit dem Zeigefinger gegen die breite Brust. «Stellen Sie sich eine Organisation vor, junger Mann, den LIDA-Konzern mit seinem weit verzweigten Netz von Betrieben, das seit dem Fall der Berliner Mauer nicht nur die westliche Welt umspannt, sondern den ganzen Globus. Eine Organisation, die mit ihren Produkten die Welt ernährt, jenen Teil wenigstens, der dafür bezahlen kann, die Hungrige satt macht, Arbeitsplätze schafft und Wohlstand, Regierungen auch mal auf die Finger klopft, wenn Sie es gar zu bunt treiben …»

«Wenn sie Absatzmärkte gefährden», warf Amberg ein.

«Das ist dasselbe», entgegnete dieser unwirsch.

«Notfalls mit Gewalt.»

«Notfalls mit Gewalt», bestätigte er, «aber nur, wenn es unumgänglich ist. Sie sind doch kein Linker?»

«Gott bewahre!» Amberg löste sich von ihm und setzte sich. «Bieten Sie mir Teilhabe an der Macht an?»

«Wenn Sie wollen, nur wenn Sie wollen.» Er schlenderte zur Bar und füllte sein Glas erneut. Gegen die Wand gelehnt stand er da, ein Koloss, ironisch lächelnd: «Vielleicht steht Ihr Sinn mehr nach Genuss. Der Direktionssekretär von LIDA Brasil verdient doppelt so viel, wie Ihnen die Sartorius-Schenkung bezahlt hat. In Schweizer Franken. Sie verdienen mehr als genug. Stehen Sie auf Weiber? Fahren Sie gerne teure Autos? Lieben Sie Luxus?» Er liess sich in seinen Sessel fallen.

Amberg grinste ihn an: «Und sprach zu ihm: Das alles will ich dir geben, so du niederfällst und mich anbetest.»

Der Professor winkte müde ab. «Matthäus, Kapitel 4. Sie sind ein Narr.»

«Sie sind bibelfest.»

«Ich habe vor Jahren Theologie studiert. Das war, bevor ich mich weniger brotlosen Künsten zuwandte.» Nachdenklich nippte Valk an seinem Glas. Dann zog er ein zusammengefaltetes Papier aus der Rocktasche und schob es über den Tisch. «Der Vertragsentwurf. Lesen Sie.»

Amberg ignorierte das Blatt. «Schön, ich bin ein Narr. Ich versuche, dem geschenkten Gaul ins Maul zu gucken.»

«In der Tat.» Er seufzte. «Was wollen Sie wissen?»

«Wer will mich auf die andere Seite des Globus schicken? Die Konzernleitung, Lukas Liniger oder sein Vater, Matthäus

Liniger?»

Valk faltete die Hände vor dem Bauch. «Den LIDA-Werken, soviel kann ich verraten, ist es wurscht, ob Sie gehen oder nicht. Es kostet uns keine Anstrengung, den Posten mit jemand anderem zu besetzen. In dieser ganzen leidigen Angelegenheit vertreten wir keine Eigeninteressen. Auch an Klosterzelg lag uns nichts.»

«Gleichwohl waren Sie bereit, für das Land satte fünfzig Millionen hinzublättern.»

«Was sind schon fünfzig Millionen, bei einem ausgewiesenen Jahresgewinn von über fünf Milliarden, nach Abzug der Steuern?» Valk schenkte sich einen weiteren Whisky ein, den dritten. «Der Verwaltungsrat hat das beschlossen. Auf Antrag von Matthäus Liniger. Natürlich. Man hätte das Geschäft, wäre es zustande gekommen, unter Sponsoring abgebucht und die Regierung hätte unsere Grosszügigkeit in irgendeiner Form honoriert. Darauf können Sie sich verlassen. In Wahrheit, aber das wissen Sie wohl längst, wollte Liniger Salome Samhofer daran hindern, die Dummheiten zu begehen, zu denen sie sich dann doch hinreissen liess.»

Dummheiten – so konnte man die drei Morde auch nennen. «Sie glauben im Ernst, die alte Frau hätte sich damit zufriedengegeben, dass Klosterzelg in ein Zentrum zeitgenössischer Kunst umgewandelt worden wäre?»

«Sicher!» Amüsiert. «Man hätte sie porträtieren lassen, abstrakt, und an prominenter Stelle aufgehängt. Sie hätte das Ganze als Familienstiftung betrachtet. Für sie sind die Linigers, die Davatz und die Ellenbergers dasselbe wie die LIDA-Werke.

«Sind sie das denn nicht?»

«Mein guter Mann!» Valk schüttelte bekümmert seinen Schädel. Ein Konzern wie LIDA sei längst nicht mehr mit seinen Aktionären identisch, dozierte er, auch wenn deren Vorväter ihn gegründet hätten. LIDA sei eine Idee, getragen von Zehntausenden, wahnsinnig wie der Kosmos selbst, ein grossartiges Spielfeld menschlicher Leidenschaften: Macht, Gier, Gewalt, Ausschweifung – ein Chaos eben. Und wie die Schöpfung täusche er durch Chiffren Sinn vor: Bilanzen, Statistiken, Berichte, die letztlich nur dazu dienten, ängstliche Seelchen davor zu bewahren, den nackten Tatsachen ins Auge zu schauen, sie vor der Erkenntnis zu verschonen, dass die Organisation ihre Kraft und Herrlichkeit aus den niedrigsten Instinkten seiner Mitarbeiter schöpfe, aus ihrem Streben nach Erfolg, Ansehen, Reichtum, Karriere, Selbstentfaltung, was immer das heisse. Daraus und nur daraus resultierten die Gewinne, die allmählich Kopfzerbrechen bereiteten, da man nicht mehr wisse, was man mit ihnen anfangen solle.

«Und der Verwaltungsrat?», fragte Amberg.

«Der Verwaltungsrat.» Er lachte gönnerhaft: «Ein erlauchtes Gremium, das sich beschäftigungstherapeutisch selbst befriedigt. Ich feilschte allein um Klosterzelg, weil die Konzernleitung Matthäus Liniger einen Gefallen tun wollte.

«Matthäus Liniger oder seinem Sohn?»

«Wie soll ich das wissen? Ich habe mir erzählen lassen, Lukas Liniger komme nun in den Besitz des Grundstückes. Mein Partner allerdings war immer der Vater.»

«Und der hat Sie gebeten, mir den Job in Brasilien schmackhaft zu machen?»

Ein Lächeln spielte um Valks Lippen. «Sorgen Sie dafür, hat er gesagt, wörtlich, sorgen Sie dafür, dass der Scheisskerl von der Bildfläche verschwindet.»

«Das könnten Sie billiger haben, etwa wie bei Karl Peters und Paul Salvi!»

«Was ist schon die Ermordung eines Mannes, gegen die Anstellung eines Mannes?» Ein belesener Mann, der Professor, bei Gott. Neben Dante und der Bibel hatte er auch noch Musse für Brecht. «Spass beiseite, wir haben keinen von beiden erschlagen.»

«Haben Sie nicht», räumte Amberg ein, «man mordet nicht, man lässt morden. Der Bösewicht war geisteskrank. Dennoch – ich weiss, dass Sie am 7. April um 23 Uhr mit Salvi telefonierten und von ihm erfuhren, dass Karl Peters dem Angebot der Sartorius-Schenkung den Zuschlag gegeben hat.» Ein Schuss ins Blaue. So genau wusste Amberg das nicht. Er klammerte sich lediglich an das V aus Salvis Agenda.

Valk reagierte gleichgültig. «Hat er Ihnen davon erzählt? Na ja, ich hätte mir das denken können. Der gute Paul neigte zur Geschwätzigkeit. Leider!»

«Paul?»

Der Professor stand auf und gönnte Amberg den Anblick seines breiten Rückens. «Wir haben zusammen studiert, Paul Salvi und ich. Wir waren nicht befreundet, im Gegenteil», er kicherte, «dazu waren wir zu gegensätzlich. Er war der Asket, der Dogmatiker, das Mönchlein. Zu fromm für einen Christenmenschen, übte er sich, wie so mancher Atheist in der Nachfolge Jesu. Schon damals ernährte und versorgte er seine verwitwete Mutter und seine Schwester. Ein schöner Zug. Die Nächstenliebe wurde ihm zur Passion. Er goss sie aus über die Gedemütigten und Getretenen dieser Stadt, verschwendete sie an Gesindel und Taugenichtse, die er schliesslich gar auf dem sündenteuren Areal von Klosterzelg ansiedeln wollte. Ein Sozialromantiker.» Er wandte sich um. «Aber das wissen Sie selbst besser als ich.»

Amberg zuckte mit den Achseln. «Und Sie sind der Sinnesmensch und der barocke Geniesser?»

«Der Lüstling und der Säufer.» Süffisant: «Spotten Sie nur, junger Mann. Ich strebte stets nach denselben hehren Zielen wie Paul Salvi», er nahm einen Schluck Whisky, sein drittes Glas ging zur Neige, «nur mit anderen Mitteln. Sie haben mir vorhin nicht genau zugehört, als ich Ihnen die Stadt zeigte und das Wesen eines Konzerns erläuterte.» Er streckte den Arm zum Fenster: «Dass das da unten lebt, gedeiht, sich vermehrt und wuchert, ist unser Werk. Wir ermöglichen dem Volk, durch Arbeit Selbstachtung und Wohlstand zu erwerben. Aber wir lassen jeden nach seiner Façon selig werden, ohne die pädagogischen Ansprüche zu stellen, die Almosen nach sich ziehen. Wir sind keine Heiligen. Wir profitieren. Na und? Der kleine Mann, der seine Lohntüte nach Hause trägt, tut das auch, und das kann er nur, weil wir nicht davor zurückschrecken, seinen Eigennutz in Wirtschaftskraft umzusetzen.»

Amberg hätte ihm sagen können, dass es Salvi immer nur um jene gegangen war, deren Eigennutz sich nicht lohnte, in Wirtschaftspotenz zu sublimieren, um jene, deren Lohntüte eben schlicht nicht ausreichte für eine menschenwürdige Existenz. Vermutlich hätte Valk erwidert, jede Gesellschaft produziere menschlichen Ausschuss, einen gewissen Prozentsatz, den man in Gottes Namen durchfüttern müsse, aber doch, bitte sehr, nicht gleich auf dem besten Bauland der Stadt. Es wäre eine unergiebige Diskussion geworden.

So fragte Amberg nur: «Und während der ganzen Verhandlungen um Klosterzelg standen Sie mit Salvi in Verbindung?»

«Mehr oder weniger.» Er setzte sich wieder. «Wir haben zum letzten Mal die Klingen gekreuzt. Ein Spiel: unsere fünfzig Millionen gegen seinen Idealismus.» Schmunzelnd fügte er hinzu: «Wir haben unsere alte Feindschaft aus der Studentenzeit aufgefrischt, haben mit Haken und Ösen gekämpft, ein letztes Mal. Zwei alternde Jünglinge, die sich darüber stritten, ob das Sein durch die Materie oder die Idee gestaltet wird. Paul spielte unfair. Als er den alten Karl Peters nicht für seine abstrusen sozialen Hirngespinste gewinnen konnte, verschacherte er ihm seine Schwester, sein eigen Fleisch und Blut, dieser Zuhälter.»

«Na, na», bemerkte Amberg belustigt, «ich glaube nicht, dass Peters noch zu irgendwelchen orgiastischen Sensationen fähig gewesen wäre.»

«Gewiss nicht.» Friedfertig: «Es genügte vollauf, in ihm vage Erinnerungen an vergangene Erektionen wachzurufen. Ich nahm Paul diesen Trick auch nicht übel. Mich ärgerte höchstens, dass ich nicht selbst auf diese Idee gekommen bin. Na, Schwamm drüber!» Der Alkohol machte sich nun doch bemerkbar. Die Zunge des Professors wurde schwer. Ein wenig nur, aber immerhin. Selbst er war nicht geeicht. «Jenes Telefon, das Sie erwähnen, mein scharfsinniger Freund», fuhr er fort, «kam übrigens von ihm. Peters hatte Salvi die definitive Zusage gegeben und er, stolz wie ein Gockel, musste seinen Triumph herauskrähen. Ein tödlicher Fehler.»

«Für Peters.»

«Für Peters. Ich habe natürlich Matthäus Liniger noch am selben Abend informiert. Den Rest wissen Sie.»

Seine Offenheit schockierte Amberg nun doch. «Sie wollen sagen, Liniger habe daraufhin Salome Samhofer benachrichtigt?»

«In Marsch gesetzt, sie und ihren illegitimen Schlagetot?» Der Professor strahlte seinen Besucher wohlwollend an. «Das wäre eine mögliche Variante: Ich habe die Linigers laufend über den Stand der Dinge unterrichtet, habe sie später auch darüber informiert, dass Salvi mindestens ahnte, dass sie in die Sache verwickelt waren. Sie hatten Gelegenheit, von langer Hand einen Ersatzplan vorzubereiten. Aber ich will das gar nicht so genau wissen. Soll ich meines Bruders Hüter sein?»

«Und das erzählen Sie mir einfach so?»

«Warum nicht?» Er nahm den Vertragsentwurf, der noch immer auf dem Tisch lag, an sich und zerriss ihn. «Ich bin zur Überzeugung gelangt, dass wir unser Angebot, Sie in Brasilien zu beschäftigen, zurückziehen. Ihr Persönlichkeitsprofil entspricht nicht unseren Anforderungen. Wir haben keine Verwendung für Sie, ich bedaure.» Er erhob sich und ging zur Türe. «Und glauben Sie ja nicht», sagte er ihm gleichgültig über die Schulter, «dass Sie sich beispielsweise vor Gericht auf dieses Gespräch berufen können. Ich würde alles bestreiten und Ihnen darüber hinaus ein Rudel Anwälte auf den Hals hetzen. Das ist ein freundschaftlicher Rat und nun Gott befohlen!»

Auch Amberg war aufgestanden. «Eine letzte Frage noch: Am 20. Juni um 22 Uhr, kurz vor seinem Tod, erwartete Salvi Sie nochmals in seinem Büro. Weshalb?»

Er runzelte die Stirn. «Davon weiss ich nichts. Moment!» Er ging zum Schreibtisch zurück und blätterte in seiner Agenda. «Im Juni war ich in den Ferien. Das liesse sich notfalls beweisen. Nein, mein Bester, schlagen Sie sich das aus dem Kopf. Paul Salvi muss einer Fehlinformation aufgesessen sein oder», er dachte nach, «er ist in eine Falle getappt. Wer sich in Gefahr begibt, wird darin umkommen. Nein, mit seinem Tod habe ich nichts zu tun.»

XIII.

Nach dem Gespräch mit Professor Karl-Heinz Valk schrieb Amberg einen langen Brief an Marianne Hochstrasser. Er glaubte, ihr das schuldig zu sein, nachdem sie ihn gewissermassen angeheuert hatte, Hans-Joachim Vollmer (Hoch- und Tiefbau) umzubringen, von dessen Verantwortung am Tod ihres Bruders sie überzeugt war. Soweit war es inzwischen mit ihm gekommen: Er rechtfertigte sich dafür, keinen Mord begangen zu haben.

Das V in Paul Salvis Agenda meine Valk, schrieb Amberg. Er sei es gewesen, der die LIDA-Werke im Handel um Klosterzelg vertreten habe. Durch ihn seien die Linigers laufend über den Stand der Dinge unterrichtet worden. Sie hätten das Vertrauen, das ihr Bruder in seinen ehemaligen Studienkollegen gesetzt haben möge, für ihren mörderischen Anschlag vom 20. Juni des vergangenen Jahres ausgenutzt, kalt und berechnend.

Professor Valk, philosophierte Amberg weiter, sei einer jener macht- und geldbesessenen Intelligenzler, die im amoralischen Klima grosser Firmen ins Kraut schössen. Figuren wie er schafften die Voraussetzungen für Mord und Totschlag. Nicht böswillig – schlimmer: frei von jeder Gewissensregung. Im Vergleich zu diesem ehemaligen Theologen, behauptete Amberg, sei Vollmer ein Waisenknabe.

Während er den Brief schrieb, lag die kleine, vernickelte Pistole vor ihm auf dem Tisch. Er formulierte: Wenn Paul Salvis' Tod gesühnt werden müsste, so wäre gewiss nicht Vollmer, eher schon Valk, gerechterweise aber Lukas Liniger und/oder sein Vater das Objekt der Rache.

Die Reaktion Marianne Hochstrassers, die in der Toskana überwinterte, erfolgte umgehend. Durch Dr. Ephraim Uhlmann, seinen ehemaligen Verteidiger, liess sie Amberg mitteilen, dass er die Wohnung ihres verstorbenen Bruders Ende März zu räumen habe. Eine Begründung erübrigte sich. Sie war offenbar, entgegen jeder Vernunft, entschlossen, an ihrer Sicht der Dinge festzuhalten. Er verübelte es ihr nicht. Vollmer, dessen Vater eine Generation zuvor für die Salvis das personifizierte Böse gewesen war, bot sich als Sündenbock in idealer Weise an. Solange sie an ihrer Vorstellung, Vollmer sei der Mörder Pauls, festhielt, konnte sie ihr Unglück als schicksalhaft begreifen. Der Gedanke, dass ihr Bruder nur wegen einiger Hektar Land hatte sterben müssen, war ihr wohl unerträglich. Zu trivial. Erst der Tod durch einen Feind der Familie erhöhte seine Existenz ins Heroische und gab ihrem Trauern einen Hauch von Tragödie. Nun ja, wenn Marianne Hochstrassers ohnehin fragile psychische Balance davon abhing, dass sie die Realität verleugnete, so war das ihre Sache.

Mariannes Kündigung hatte das letzte Band zu Ambergs früherem Leben durchschnitten. Er war allein. Endgültig. Nach seiner Scheidung war er mehr denn je zum Einzelgänger geworden, der er schon früher ansatzweise gewesen war: bindungsscheu und eigenbrötlerisch. Jetzt, wo er neben seiner Arbeit auch seine Bleibe verloren hatte, verschloss er sich völlig vor seiner Umwelt. Selbst Thomas Jermann, den einzigen Freund, den er hatte, wollte er nicht mehr sehen. Zwar gelang es ihm rasch, am Totentanz bei der Predigerkirche eine billige Mansardenwohnung zu finden, doch er fühlte sich in seiner neuen Umgebung fremd. Es trieb ihn hinaus auf die Strasse. Stundenlange Wanderungen durch die Stadt. Abends sass er in Kneipen: ein verschrobener Sonderling, vergraben hinter Zeitungen, liess er sich volllaufen, gierig nach menschlicher Wärme und gleichzeitig unfähig, Kontakt aufzunehmen.

Es lohnt sich nicht, näher auf Ambergs damaligen Zustand einzugehen. Er verlor den Boden unter den Füssen und war im Begriff, zu verwahrlosen. Den Höhepunkt erreichte seine Krise nach dem Prozess gegen Seefeld und Jourdan, der Mitte März stattfand. Mit ohnmächtiger Verbitterung musste er zuschauen, wie die staatliche Gerechtigkeit die Klosterzelg-Affäre ad acta legte.

Der zuständige Gerichtspräsident hatte entschieden, die Verhandlung unter Ausschluss der Öffentlichkeit durchzuführen. Nicht einmal die Medien waren zugelassen. Es gelte, die Privatsphäre einer angeklagten Person und ihrer Angehörigen zu schützen. (Vor allem ihrer Angehörigen, dachte Amberg.) Georg Haberthür, der Staatsanwalt, der vor der Strafkammer für die drei Morde Recht und Sühne zu fordern hatte, umschiffte elegant die Klippe, die Salome Samhofer für den Prozess bedeutete. Die alte Hexe musste wegen psychiatrisch attestierter Verhandlungs- und Schuldunfähigkeit nicht einmal vor Gericht erscheinen.

Amberg, der als Zeuge aufgeboten war, fragte sich, ob es den Ankläger schwerfiel, eine mehrfache Mörderin ungeschoren davonkommen zu lassen. Wahrscheinlich nicht. Haberthür hatte seine Theorie über die Motive der Verbrechen modifiziert. Der Plan zum grossen Umlegen, behauptete er jetzt, sei allein von Seefeld entwickelt worden. Er habe die psychisch kranke Salome Samhofer instrumentalisiert, um seiner obskuren Sekte den Löwenanteil des Verkaufserlöses von Klosterzelg zukommen zu lassen. Ein feiner Dreh, wahrhaftig. Die Linigers und die Ellenbergers waren aus dem Schneider, zumal der Ätti nicht widersprach. Dieser schwebte während des Prozesses ohnehin in anderen Sphären und beschwor den Zorn des Himmels auf die Brut, die sich anmasste, ihn, den Heiligen des Herrn, zu richten. Sein Verteidiger griff nicht ein. Er beschränkte sich darauf, auf verminderte Zurechnungsfähigkeit zu plädieren.

Dass bei dieser Inszenierung die Gerechtigkeit auf der Strecke blieb, störte niemanden. Höchstens Amberg. Der Gerichtspräsident empfand sein Verhalten als ungebührlich. Immer wieder unterbrach er seine Zeugenaussage als zu weitschweifig und unerheblich. Er wollte nur wissen, wie es gewesen war, als Amberg im Sartorius-Haus auf den toten Paul Salvi und Monate später im oberen Lüsseltal auf die angekettete Leiche von Alois Peters gestossen war. Nur das, mehr nicht, denn er war bekanntlich, wie ihm der Richter ungeduldig erläuterte, bei keinem der drei Morde dabei gewesen. Dafür habe man verlässlichere Aussagen. Es gehe nicht an, dass der Zeuge in seinem subjektiv erklärbaren Groll gegen die Untersuchungsbehörden unhaltbare Beschuldigungen in den Raum stelle. Wenn er nun nicht endlich die Fragen des Gerichts beantworte, kurz und präzise, müsse er ihn mit einer Ordnungsbusse belegen. Was er schliesslich auch tat, nicht ohne vorher die Gerichtsschreiberin anzuweisen, einiges aus dem Protokoll zu streichen.

Das Verfahren endete, wie Jakob Amberg bereits bei seiner Befragung auf der Staatsanwaltschaft am 6. Januar geahnt hatte. Roland Seefeld wurde lebenslänglich hinter Gitter geschickt, Jean-Baptiste Jourdan erhielt, trotz grösster Bedenken des Gerichts, eine bedingte Strafe und Salome Samhofer wurde der Obhut der Psychiatrischen Klinik übergeben. Damit waren die Geschehnisse rund um Klosterzelg, die drei Menschen das Leben gekostet hatten, juristisch abgehakt.

Auf dem Rückweg vom Gericht ging Jakob Amberg durch die Innenstadt zum Marktplatz. Als er dort Früchte kaufte, schaute er hinüber zum Rathaus, dessen ältester Teil im späten Mittelalter erbaut worden war. Er betrachtete nachdenklich die Figurengruppe zwischen dem goldenen Dachreiter und der grossen Uhr an der Fassade. Unter dem grimmigen Krieger im Harnisch, der eine Basler Fahne trägt, stehen die beiden Stadtheiligen, König Heinrich und seine Gemahlin Kunigunde, dazwischen die Muttergottes. Das heisst: Nach der Reformation im 16. Jahrhundert mochten die Basler der Jungfrau nicht länger einen Platz am Sitz der städtischen Obrigkeit gönnen. Man hatte ihr ein Schwert in die rechte und eine Waage in die linke Hand gegeben und sie kurzerhand zur Justitia umfunktioniert. Die goldene Krone hatte man ihr gelassen und ausserdem darauf verzichtet, ihr die Augen zu verbinden. Möglicherweise liegt den Baslern wenig an einer Rechtsprechung, die blind ist für Ansehen, Reichtum und Stand von Täter und Opfer, dachte Amberg erbittert.

XIV.

Irgendwann gegen Ende April gewann Jakob Amberg sein seelisches Gleichgewicht wieder zurück. Er versuchte, ein Auskommen als freier Journalist zu finden. Er schrieb für kleine Zeitungen, Quartierblätter und halboffizielle Anzeiger von Agglomerationsgemeinden. Er berichtete über Veranstaltungen, verfasste Nachrufe auf verstorbene mehr oder minder prominente Lokalgrössen und akquirierte bei ansässigen Firmen Inserate und Publireportagen. Er nutzte diese Kontakte, um sich auch für die Gestaltung von Jahresberichten anzudienen. Die Arbeit war mühsam, wenig attraktiv und nicht besonders gut bezahlt, aber möglicherweise liess sich darauf etwas aufbauen.

Die Tatsache, dass sich Lukas Liniger ungestraft des Besitzes von Klosterzelg erfreute, erbitterte ihn nach wie vor, gewiss, aber sie bereitete ihm keine schlaflosen Nächte mehr. Er glaubte, das Ärgste überwunden zu haben. Es bestand Anlass zur Hoffnung, dass seine Wunden allmählich vernarben würden.

Bis zum Sonntag, den 19. Juni. Er hatte gründlich ausgeschlafen, denn am Vorabend war er bis nach Mitternacht auf einem Dorffest im oberen Baselbiet gewesen, über das er in einem lokalen Blatt berichten sollte. Er fühlte sich zerschlagen, hatte wohl auch zu viel getrunken und so entschloss er sich nach dem Frühstück zu einem Spaziergang nach Klosterzelg. Es war nun mehr als ein Jahr her, seit er mit Salvi Karl Peters auf seinem Hof aufgesucht hatte. Möglicherweise ging es ihm darum, die Gespenster der Vergangenheit endlich zu bannen.

Frühsommer. Ein blauer Himmel, durch den Schwalben wie kleine Pfeile schossen, spannte sich über das Land. Das Zufahrtstor zum Hofgut war verschlossen, versehen mit einem Schild: Privatbesitz. Amberg kletterte über den Zaun in den Obstgarten, wo einst Karl Peters' Braunvieh unter den Bäumen geweidet hatte. Die Kühe waren inzwischen wohl versteigert worden. Das Gras stand schon recht hoch. Sattes Grün durchsetzt mit gelbem Löwenzahn. Überdüngt, aber hübsch anzusehen. Ein kleines Paradies, hoch über der Stadt, die sich zu beiden Seiten des Rheins ausbreitete. Amberg betrachtete das Bauernhaus. Hans-Joachim Vollmer, Hoch- und Tiefbau, hatte vorzügliche Arbeit geleistet. Mit frisch gekalktem Verputz, das Fachwerk braunrot gestrichen, stand der dreihundert Jahre alte Hof da. Man hatte in einige Fenster Butzenscheiben eingesetzt. Die Renovation bewies Sinn fürs Historische. Sie musste teuer gewesen sein und Amberg frag- te sich, ob es dem reichen Lukas Liniger gelungen war, vom kantonalen Denkmalschutz einen Beitrag für die Instandset- zung des Gebäudes zu erhalten. Die Hände in den Taschen vergraben, stand er da und betrachtete das Bijou, das diesem durch seine Herkunft begünstigten Zeitgenossen dank Mord und Totschlag zugefallen war. Nein – noch hatte er nichts bewältigt! Gar nichts! Er spürte, wie ihn angesichts dieses Hauses jene ohnmächtige Wut erfasste, die er überwunden geglaubt hatte.

Er hörte das Auto, bevor es in Sichtweite war. Instinktiv trat er einige Schritte zurück und beobachtete, versteckt hinter einem Apfelbaum, wie sich ein Mercedes dem Haus näherte. Er kannte den Wagen. Es war das Dienstfahrzeug der Sartorius-Schenkung. Eine Situation wie seinerzeit im Lüsseltal, als er, ein ungebetener Zaungast, Ätti Seefeld und seine Kinder Salomonis observierte. Die Ereignisse schienen sich zu wiederholen. Aber es war nicht Salome Samhofer, die aus dem Auto stieg, sondern ihr Erbe, Lukas Liniger – zusam- men mit Hanna, dem Mädchen, das im Mai des vergange- nen Jahres wie eine Sternschnuppe in Jakob Ambergs Leben aufgetaucht war. Für eine kurze Zeit nur, um ihn dann, am Tag seiner Verhaftung, zu verlassen. Er hatte damals gelit- ten wie ein Hund. Er hatte den Tatsachen nicht ins Auge zu blicken gewagt und sich die einzig vernünftige Erklärung versagt: dass sie ihn benutzt hatte, wie ihn alle anderen in diesem Spiel um Klosterzelg benutzt hatten. Eine klassische Verdrängung, die sich jetzt nicht mehr aufrechterhalten liess.

Er erkannte sie sofort wieder, obwohl sie sich verändert hatte. Das Jeansmädchen war zur eleganten jungen Frau geworden. Sie trug ein Kleid, wie es Modezeitschriften für einen Ausflug aufs Land empfehlen mögen. Liniger bot ihr den Arm. Sie lehnte ihren Kopf an seine Schulter und so standen sie vor ihrem neuen Heim: ein glückliches Paar, am Ziel seiner Träume. Ein Paar – ohne Zweifel. Die vertrauliche Geste sagte alles. Henriette Renard hatte im Januar von der bevorstehenden Heirat Linigers gesprochen, ohne dass er sich Gedanken über die Braut gemacht hätte. Die Erkenntnis, dass es Hanna war, traf Amberg wie ein Schlag. Hanna, die ihn auf der Strasse zwischen Breitenbach und Laufen aufgefunden und in der Folge in seiner Wohnung im Ahornhof fast täglich besucht hatte. Ihre Gespräche fielen ihm ein: ihre hartnäckige Neugierde auf alles, was mit Klosterzelg zusammenhing. Sie hatte ihn ausgepresst wie eine Zitrone und ihn dann, als es nichts mehr zu erfahren gab, seinem Schicksal überlassen, obwohl ihm ihre Aussage möglicherweise die Untersuchungshaft und die pastellgrüne Isolierzelle in der Klinik erspart hätte.

Er hatte sie geliebt. Amberg stand im Schatten des Apfelbaumes, wie gesagt, unfähig, sich zu rühren. Ihm war speiübel.

Inzwischen war ein weiterer Wagen vorgefahren, ein Jeep, aus dem ein Mann stieg. Er war untersetzt und kräftig und sah aus wie ein Bauer. Liniger begrüsste ihn wie man einen Untergebenen begrüsst. Auch Hanna gab ihm die Hand. Herablassend. Zu dritt betraten sie das Haus. Wahrscheinlich war es der Pächter, der den Hof bewirtschaften sollte. «Es wird wieder wie früher werden», hatte Henriette Renard gesagt. In der Tat – wie früher: Herren und Knechte. Die Wiederherstellung der gottgewollten Ordnung, mit der die Linigers und ihresgleichen in den letzten paar hundert Jahren so gut gefahren waren.

Amberg ging über den Hof in Richtung Zufahrtstor. Jemand rief seinen Namen. Er wandte sich um. Liniger stand am offenen Fenster im Erdgeschoss, ein stattlicher, blond-gelockter Mann mit Kinnbart. Neben ihm Hanna. Sie starrten sich an. Schweigend. Die junge Frau hielt Ambergs Blick stand. Keine Regung in diesem Gesicht, das er einst mit seinen Lippen und Händen ertastet und das er so gut zu kennen geglaubt hatte. Liniger zog sie an sich und lachte. «Sie hätten sich das ersparen können, Amberg!», rief er.

Es war mehr, als er ertragen konnte. Er spuckte aus und ging, nur noch eine komische Figur.

Am nächsten Morgen rief Amberg die Verwaltung der Evangelisch-reformierten Kirche an. Er behauptete, in derselben Fasnachtsclique wie Liniger zu sein. Man wolle den Bräutigam nach der Trauung mit Trommeln und Pfeifenspiel überraschen. Ob man ihm mit Angaben über Zeit und Ort weiterhelfen könne. Die Sekretärin gab ihm bereitwillig Auskunft. Für die Feier habe man am Freitag, 24. Juni, um 15 Uhr das Münster reserviert. Ja, Pfarrer Ellenberger werde das Paar trauen. Wie die Braut heisse? Sartorius, Joan Sartorius.

Joan Sartorius. Der Name verwirrte Amberg. Sartorius – wie die Schenkung. Johann Balthasar, der Stifter, war der letzte seines Geschlechtes in der Stadt gewesen. Sein Sohn Caspar Emanuel, der während der Französischen Revolution nach Paris emigriert und später nach Amerika ausgewandert war, galt als verschollen. Amberg hatte sich seinerzeit in der Klinik eingehend mit der Familiengeschichte befasst. Wo war Joan, die ihm gegenüber die deutsche Version des Namens, Hanna, verwendet hatte, einzuordnen? Er entschloss sich, Henriette Renard um Auskunft zu bitten.

Er wählte die Nummer der alten Frau. Sie beantwortete seine Fragen widerstrebend. Sie wusste nicht viel, keine Details, aber es genügte. Joan Sartorius stammte tatsächlich von jenem Caspar ab, der sich Ende des 18. Jahrhunderts mit seinem Vater zerstritten hatte. Sie war US-Amerikanerin, die Tochter wohlhabender Geschäftsleute, aufgewachsen in Baltimore. Sechzehnjährig wurde sie von den Eltern in die Schweiz geschickt, in ein alpines Lyzeum, dasselbe, in dem Lukas Liniger kurz vor der Matura stand. Durch Zufall, so Henriette Renard, entdeckten die jungen Leute ihre gemeinsamen Wurzeln in der «guten» Basler Gesellschaft. Nach dem Tod ihrer Eltern, sie kamen bei einem Autounfall ums Leben, als Joan neunzehn war, entschloss sich die junge Frau, in Europa zu bleiben. Die Beziehung zu Liniger wird dabei den Ausschlag gegeben haben. Sie immatrikulierte sich an der Universität Zürich, verbrachte aber häufig die Wochenenden in Basel bei Lukas Liniger, der sie ihr im vergangenen Dezember vorgestellt habe. Joan Sartorius sei eine entzückende junge Frau, sagte Henriette Renard, zurückhaltend und ernst geworden durch den tragischen Tod ihrer Eltern. Eine Persönlichkeit.

Hanna als Waisenkind. Na ja. Amberg fiel ein, dass sie damals, als Paul Salvi kurz vor seinem Tod im Ahornhof aufgetaucht war, vehement das Recht von Johann Balthasar Sartorius bestritten hatte, seinen Sohn zu enterben. Später hatte sie damit kokettiert, von Caspar Emanuel abzustammen. Er, Amberg, hatte das für eine ihrer vielen Geschichten gehalten.

Lukas Liniger habe lange Zeit keine Ahnung gehabt, dass es sich beim Mörder von Karl Peters und Paul Salvi um Alois gehandelt habe, den illegitimen Sohn von Salome Samhofer, behauptete Frau Renard.

«Um seinen Onkel», warf Amberg ein.

Die alte Frau stutzte. So habe sie die Sache noch nie betrachtet, sagte sie schliesslich.

«Zu welchem Zeitpunkt wusste Liniger, dass der junge Peters der Schlagetot war?»

«Erst als es zu spät war. Sonst hätte er wenigstens Paul Salvis' Tod verhindern können.»

«Woher wissen Sie das?»

«Von ihm selbst. Er hat mir erzählt, wie er und seine Verlobte erst dank», sie zögerte, «dank Ihrer Initiative erfahren haben, dass seine Grossmutter einen illegitimen Sohn hatte, der zum Mörder wurde.»

«Den die Grossmutter zum Mörder machte», korrigierte Amberg. «Sie wollen mir also sagen», fuhr er fort, als Frau Renard schwieg, «Lukas Liniger und Joan Sartorius hätten erst im November des vergangenen Jahres, als ich aus der Psychiatrischen Klinik ausbrach und die Leiche Alois Peters bei den Kindern Salomonis entdeckte, die Zusammenhänge um die Mordfälle rund um Klosterzelg begriffen?»

«Ja, genau das will ich Ihnen sagen!» Frau Renards Stimme klang schrill. «Ich habe keinen Grund zu glauben, dass mich die jungen Leute anlügen.» Sie war nun ernstlich erbost. «Überhaupt brauche ich Ihre Fragen nicht zu beantworten. Es wäre auch für Sie an der Zeit, einen Schlussstrich unter die ganze Sache zu ziehen, nachdem der irdischen Gerechtigkeit Genüge getan worden ist.»

Die irdische Gerechtigkeit. «Vermutlich haben Sie recht», sagte Amberg, «ich will einen Schlussstrich ziehen.» Er legte den Hörer auf.

XV.

Jakob Amberg trat ans Fenster. Der Blick auf den Rhein und Kleinbasel mit den Höhenzügen des südlichen Schwarzwalds im Hintergrund war der einzige Luxus seiner sonst schäbigen Mansardenwohnung am Totentanz. Unter ihm querte die Fähre an ihrem Stahlseil den Strom. Das Lachen einer Gesellschaft, die sich ans Grossbasler Ufer fahren liess, drang bis zu ihm herauf. Er überhörte es. Die Hände in den Hosentaschen vergraben, stand er da und dachte nach.

Klosterzelg – das war die Geschichte eines Bauernhofs, der heute als Bauland einen Wert in zweistelliger Millionenhöhe verkörperte. Es war eine Geschichte voller Leidenschaft, Hass, Macht, Gier und Gewalt, die um 1940 ihren Anfang genommen hatte, als sich die junge Salome Ellenberger vom Sohn des Pächters ihres Vaters schwängern liess. Aber so wie Frau Renard den Schluss dieser Geschichte erzählte, stimmte sie nicht. Sie mochte daran glauben. Amberg wusste es besser. Matthäus und Lukas Liniger, Vater und Sohn, waren von Anfang an über den Inhalt von Paul Salvis Verhandlungen mit dem Bauern informiert gewesen. Sie hatten, um es mit den Worten von Karl-Heinz Valk von den LIDA-Werken zu sagen, Salome Samhofer, geborene Ellenberger, in Marsch gesetzt. Sie sollte den Kauf von Klosterzelg durch die Sartorius-Schenkung verhindern. Sie mussten sich sicher gewesen sein, dass die bösartige Greisin den Willen und die Möglichkeiten hatte, Karl Peters zu stoppen, und sie nahmen dafür auch Mord und Totschlag billigend in Kauf. Paul Salvi musste sterben, weil er offenbar ihren Machenschaften auf die Spur gekommen war. Dass der Doppelmörder der illegitime Sohn der Ahnfrau war, scheinen sie allerdings nicht gewusst zu haben. Vorerst wenigstens. Die Alte hat ihren Fehltritt ein Leben lang als Geheimnis gehütet. Selbst vor ihren nächsten Angehörigen.

Joan Sartorius, alias Hanna, die Verlobte von Lukas Liniger, übernahm es, nachzuforschen, wer der Schlagetot war, den die wahnsinnige Grossmutter zur Hand hatte. Die Kenntnis, in welchem Verhältnis er zu Salome Samhofer stand, muss für die Linigers von existenzieller Bedeutung gewesen sein. Der Unbekannte wusste möglicherweise zu viel, was sie selbst in Gefahr bringen konnte. Auf der Suche nach ihm kreuzten sich die Wege von Joan mit jenen Ambergs im Lüsseltal, der in derselben Sache unterwegs war. Um an seine Informationen heranzukommen, liess sie sich mit ihm ein und scheute auch nicht davor zurück, Zärtlichkeiten mit dem verliebten Gimpel auszutauschen. Ihre Überraschung war zweifellos echt, als sie von Amberg hörte, die Alte, deren Identität er damals, anders als sie selbst, noch nicht kannte, sei die Mutter von Alois Peters.

Es muss für die Linigers ein Schock gewesen sein, als sie realisierten, dass der versoffene Vagant aus dem Schwarzbubenland gewissermassen zur Familie gehörte. Gleichzeitig wurde ihnen klar, dass Alois, als direkter Nachkomme von Karl Peters, der legitime Erbe von Klosterzelg war. Wenn es gelang, ihn auszuschalten, war man einen wenig verlässlichen Mitwisser los. Gleichzeitig stellte man sicher, dass das Hofgut über Salome Samhofer, der einzigen lebenden Verwandten von Alois, an deren Tochter Adelheid, die Mutter Lukas Linigers, weiter vererbt wurde. Klosterzelg würde zum Familienbesitz. Das war zweifellos besser, viel besser, als das Land von den LIDA-Werken kaufen zu lassen und der Öffentlichkeit zur Verfügung zu stellen. Damit stand das Todesurteil für Alois Peters fest. Dass die Linigers die alte Salome anstifteten, den missbrauchten Schlagetot an seiner Kette im Kellerverlies der Kinder Salomonis verhungern zu lassen, war, auch wenn sich das wohl nicht mehr beweisen liess, wahrscheinlich.

Sie hatten von Anfang an gewusst, dass Jakob Amberg kein Mörder war, dass er weder Karl Peters noch Paul Salvi umgebracht hatte. Und gleichwohl liessen sie es zu, dass er für Monate inhaftiert wurde. Sie hätten auch seine Verurteilung zu einer langjährigen Zuchthausstrafe in Kauf genommen. Sie hätten es nicht nur in Kauf genommen, für sie wäre es die ideale Lösung gewesen. Amberg war ein Nonvaleur, eine vernachlässigbare Grösse, ein nützlicher Idiot, der die Zeche für ihre Schandtaten bezahlen mochte.

Und noch waren sie nicht fertig mit ihm. «Sorgen Sie dafür, dass der Scheisskerl von der Bildfläche verschwindet!», hatte Matthäus Liniger Professor Valk angewiesen. Amberg wusste zu viel. Er sollte nach Brasilien oder sonst wohin gehen. Man hatte veranlasst, dass er seine Stelle im Forum für Erwachsenenbildung verlor. Man würde seine Versuche, in Basel beruflich wieder Fuss zu fassen, auch in Zukunft zu verhindern wissen. Jakob Amberg war den Linigers, ohne es zu wollen, in die Quere geraten. Zufällig. Nein, sie hassten ihn nicht persönlich. Er störte nur. Wie ein lästiges Insekt. Er musste weg. Wenn es nicht anders ging, würde man wohl auch vor radikalen Lösungen nicht zurückschrecken. Genauso wie bei Paul Salvi.

Woher nahmen sie das recht, in sein Leben und das anderer einzugreifen? Fühlten sie sich dazu legitimiert, weil sie dank rücksichtslosem Streben und einer über Generationen hinweg geschickt betriebenen Heiratspolitik zu Macht und Reichtum gekommen waren? Glaubten sie, die Regeln von Gesetz und Anstand hätten für ihresgleichen keine Gültigkeit, weil es bereits vor mehreren Hundert Jahren welche gab, die ihren Namen trugen und Bürgermeister, Landvögte oder Grosskaufleute waren? War es so einfach?

Noch immer stand Amberg am Fenster und starrte hinunter auf den Rhein. Professor Hannes Fahrländer hatte ihn seinerzeit davor gewarnt, einen Blick hinter die Kulissen der Kulissen zu werfen. Er würde nicht mehr entdecken, hatte der Arzt prophezeit, als eine städtische Gesellschaft und ihre Exponenten, wie es sie überall gebe. Er hatte recht gehabt. Natürlich. Es gab sie auf der ganzen Welt, diese Familien und Sippen, die, wenn es ihren Interessen dienlich war, auf den Lauf der Dinge Einfluss nahmen und, wenn nötig, Existenzen vernichteten. Bedenkenlos. Was scherte sie das kleine Glück der anderen? Amberg spürte, wie die Erbitterung der vergangenen Wochen und Monate einem kalten Zorn wich, einem Hass, der wie ein Geschwür in ihm wütete, und einem wilden Wunsch nach Rache. Er hätte schreien mögen wie ein Tier: laut und unbeherrscht. Er zitterte am ganzen Körper und ballte die Fäuste. Er setzte sich an seinen Tisch, auf dem sein Notizbuch lag. Er las seine letzten Einträge, «Streife die Vergangenheit ab, wie eine Schlangenhaut» und «Das Leben geht weiter», die Sandra Felders und Carmen Heyers kleine Lebensweisheiten festhielten. «Ich bin nicht nichts», schrieb er jetzt und darunter: «Genug ist genug!» Seine Behausung beengte ihn. Er brauchte Luft. Er stürmte das Treppenhaus hinunter und trat auf die Strasse.

Montag, 19. Juni, kurz vor 11 Uhr, ein warmer Frühsommertag. Auf dem Trottoir vor dem Café Fiume an der Ecke Totentanz/St. Johanns-Rheinweg standen Tische und Stühle. Hier trafen sich die Menschen, die im Quartier wohnten und arbeiteten. In den schmalen Häusern hatten vor Zeiten Fischer gelebt, kleine Leute, die in der Vorstadtgesellschaft zur Mägd organisiert gewesen waren. Sie hatten gemeinsam ihre Feste gefeiert, nachts eine Scharwache gestellt und von der Obrigkeit das Recht erhalten, Bagatelldelikte selbstständig zu bestrafen. Noch immer war im Viertel etwas wie ein dörflicher Geist spürbar. Amberg hatte beobachtet, dass man sich persönlich kannte. Auch jetzt unterhielten sich zwei junge Frauen, die ein paar Häuser entfernt eine Kleiderboutique betrieben, bei einem Espresso mit einem alten Mann, der in der Strasse wohnte.

Amberg setzte sich an einen freien Tisch. Er starrte hinüber zur Predigerkirche. Sie allein war vom längst abgebrochenen Dominikanerkloster, das einmal hier gestanden hatte, übrig geblieben. Auf dem Platz davor, dort, wo auf einer kleinen Grünfläche eine janusköpfige Skulptur ihre zwei Gesichter stadteinwärts und stadtauswärts wandte, war einmal ein Gottesacker gewesen. Die frommen Väter hatten um die Mitte des 15. Jahrhunderts einen Künstler, wohl aus dem Kreis von Konrad Wirz, beauftragt, die Friedhofmauer mit einem Totentanz zu bemalen. Lange Zeit hatte dort der grosse Gleichmacher die Menschen, angefangen beim Papst und beim Kaiser, quer durch alle gesellschaftlichen Schichten, mit Flöte und Fiedel aufgefordert, ihm hüpfend und springend ins Fegefeuer zu folgen.

Es waren dann die Bewohner der St. Johanns-Vorstadt gewesen, die 1805 in einem Akt zivilen Ungehorsams die Mauer abgebrochen hatten – nicht um das grosse Memento mori zu zerstören, sondern um mehr Licht und Luft in ihre düsteren Häuserreihen zu bringen. Ein paar Kunstfreunden war es gelungen, noch einige Fragmente der Malereien zu retten, alles in allem Bruchstücke von dreiundzwanzig Tafeln, die heute im Historischen Museum am Barfüsserplatz ausgestellt sind. Jakob Amberg erinnerte sich an ein paar der Todgeweihten: an den Bischof, den Ratsherrn, die Edelfrau und den Kaufmann. Er lächelte böse. Wenn es nach ihm ginge, so konnte man den Reigen mit einer weiteren Darstellung ergänzen: mit dem reichen Mann, der sein Erbe fahren lassen und stattdessen mit dem grinsenden Gerippe tanzen musste. «Der Tod und der Erbe», flüsterte er.

«Haben Sie etwas zu mir gesagt?», fragte der Kellner, der den bestellten Tee brachte.

«Nein», Amberg schaute ihn verwirrt an, «ich muss mit mir selbst gesprochen haben.»

Nach einer schlaflosen Nacht holte Amberg die Pistole hervor, die ihm Marianne Hochstrasser gegeben hatte. Er hatte sie bei seinem Umzug von Salvis Wohnung an den Totentanz mitgenommen. Ironie des Schicksals: Seinerzeit, im Café Huegenin hatte er sie eingesteckt, um zu verhindern, dass Marianne ihr absurdes Urteil an Hans-Joachim Vollmer vollstreckte. Die Waffe sollte nicht gegen einen Menschen gerichtet werden.

In der Armee hatte Amberg zu schiessen gelernt. Allerdings nur mit einem Sturmgewehr. Die Pistole, die er dem Polizisten bei seiner Flucht aus der Klinik abgenommen und mit der er Jourdan und Seefeld bedroht hatte, war die erste

Handfeuerwaffe gewesen, die er je besessen hatte. Wenigstens vorübergehend.

Er ging in eine Waffenhandlung und kaufte Munition. Dann liess er sich mit der Funktion von Mariannes vernickelter Pistole vertraut machen. Der Geschäftsinhaber übernahm persönlich diese Aufgabe. Er stellte keine Fragen. Das klingt erstaunlich, ist aber wahr und wird wohl seine Gründe in der Handels- und Gewerbefreiheit haben. Am Mittwoch radelte er ins nahe Elsass und übte sich im Gebrauch der Waffe: weitab von den nächsten Dörfern, im Eichwald, in einem stillgelegten Steinbruch. Er schoss so lange auf kopfgrosse Steine, bis er sicher war, sein Ziel nicht zu verfehlen.

XVI.

Am Morgen des Johannisfestes berühren die ersten Strahlen der Sonne, die an diesem Tag über der Hohen Möhr im Schwarzwald aufgeht, die Kirchen von Riehen und St. Theodor im Kleinbasel und fallen durch das mittlere der drei Fenster der Krypta des Münsters, genau auf jene Stelle, an der vor dem Bildersturm von 1529 der Altar gestanden war. Das ist kein Zufall. Wie viele alte Sakralbauten war auch das Münster von seinen Baumeistern auf den Sonnenaufgang am Mittsommertag ausgerichtet worden, so wie man bereits in vorchristlichen Zeiten zahlreiche Heiligtümer geostet hatte. Die Kirche deutete schon früh das heidnische Sonnenwendfest mit einer Johannisfeier ins Christliche um. Nach ihrer Auslegung war der Täufer genau sechs Monate vor Weihnachten, der alten Wintersonnenwende, auf die Welt gekommen. Seit einigen Jahren zelebrierte auch Pfarrer Gaudenz Ellenberger-Davatz am 24. Juni bei Sonnenaufgang einen von zahlreichen Gläubigen seiner reformierten Gemeinde besuchten Gottesdienst mit Gebet und Gesang. Er nahm damit eine mittelalterliche Tradition wieder auf. Damals beging man den Tag mit einer vorabendlichen Vigilfeier und einer zusätzlichen Messe um Mitternacht und in den frühen Morgenstunden. Johannis galt als eine Art Sommerweihnacht.

Sommerweihnacht – das war ohne Zweifel ein angemessener Termin für die Hochzeit von Lukas Liniger, dem Erben von Klosterzelg. Kam hinzu, dass seine Braut, Joan, nach dem Täufer benannt war.

Freitag, 24. Juni, 14.45 Uhr. Jakob Amberg beobachtete, halb verborgen hinter einer der vielen Kastanien am kleinen Münsterplatz an der Nordseite der Kathedrale, die Hochzeitsgäste, die gekommen waren, um die Vermählung von Liniger mit Joan Sartorius zu feiern. Er sah viele bekannte Gesichter. Natürlich Matthäus Liniger und seine Frau Adelheid. Professor Chrétien war da, Hans-Joachim Vollmer und Henriette Renard vom Stiftungsrat der Sartorius-Schenkung. Ferner Karl-Heinz Valk von den LIDA-Werken in Begleitung einer attraktiven Rothaarigen und Georg Haberthür, der Staatsanwalt. Ausserdem zwei Regierungsräte und viele andere, die Rang und Namen hatten in Wirtschaft, Politik, Wissenschaft und Kultur. Man kannte sich seit den gemeinsamen Jahren im vornehmen Humanistischen Gymnasium (das es heute nicht mehr gibt). Man hatte dort nicht nur alte Sprachen erlernt, sondern auch nützliche Seilschaften begründet und Netzwerke fürs ganze Leben geknüpft. Auch der für den Gesellschaftsklatsch zuständige Journalist der «Basler Zeitung» war anwesend. Gaudenz Ellenberger, der Onkel des Bräutigams, war nicht zu sehen. Er befand sich wohl bereits im Münster, wo er die Trauung vornehmen sollte.

Endlich fuhr auch das Brautpaar vor, standesgemäss in einem Oldtimer samt Chauffeur. Liniger im schwarzen Jackett mit Nadelstreifen und dunkelgrauen Hosen, Joan Sartorius – Hanna – in einem weissen, handgestickten Kleid, vermutlich Haute Couture. Im Arm trug sie ein Bouquet mit Lilien, den Blumen, die für Glauben und Reinheit standen.

Sie betraten das Münster, aus dem frommer Gesang und Orgelklänge drangen. Drinnen lobte und pries man Gott. Kein Wunder, denn die Vermählung des Paares berechtigte zur Hoffnung, dass die Dynastie der Linigers auch weiterhin Bestand haben würde. Für Zeit und Ewigkeit. Dann Stille. Wahrscheinlich predigte jetzt Pfarrer Ellenberger und beschwor den Segen des Himmels auf die beiden.

Der Münsterplatz war leer. Die wenigen Neugierigen, die dem Einzug der Hochzeitsgäste beigewohnt hatten, waren weg. Ein sonniger Freitag im Juni. Der Wind bewegte leise die Blätter der alten Kastanien. Unter den Bäumen spielten Licht und Schatten miteinander. Jakob Amberg schaute hinauf zur Fensterrosette an der Nordfassade, die über der Galluspforte als Glücksrad gestaltet war. Dem Betrachter wird die Launenhaftigkeit des Schicksals vor Augen geführt: Zehn Figuren, die aufsteigen zum Thron im Zenit, um kurz darauf zu stürzen. Er ging weiter, der mit zahlreichen Skulpturen geschmückten Aussenseite des Chores entlang, in die Halle zwischen dem grossen und kleinen Kreuzgang. Etwas mehr als ein Jahr zuvor war er hier gestanden mit Pfarrer Ellenberger, der versucht hatte, ihn über Paul Salvis Ermittlungen im Zusammenhang mit Klosterzelg auszuhorchen. Über dem Ort mit seinen zahlreichen Grabplatten, die an längst verstorbene Basler erinnerten, lag die Melancholie der Vergänglichkeit. Vor Bettina Eichins Skulpturengruppe blieb er stehen, genauer vor der in Bronze gegossenen Trommel mit Totenlarve und Mantel, die wie zufällig dastanden, als seien sie eigens für ihn bereitgestellt worden. Er tastete nach der Pistole in seiner Jackentasche.

Nach etwa fünfundvierzig Minuten trat er hinaus auf den Platz und blieb zehn Meter vor dem Hauptportal des Münsters stehen. Er war jetzt gewissermassen die Spitze eines stumpfwinkligen Dreiecks, dessen Grundlinie begrenzt wurde durch die in roten Sandstein gehauenen St. Martin und St. Georg an den beiden gotischen Türmen. Hoch über ihm, im Giebel über dem Eingang, bildeten die Muttergottes mit Kind und das Stifterpaar Heinrich und Kunigunde, die auf die Szene hinunter schauten, ein zweites, vertikal angelegtes Dreieck. Die Zeit verlor ihre Bedeutung. Jakob Amberg stand da, allein auf dem weiten Platz, in Erwartung seiner Tat.

15.55 Uhr. Der Siegrist öffnete die beiden Türflügel. Unter jubelnden Orgeltönen erschienen Lukas Liniger und seine Braut auf der Schwelle. Die Helle des Nachmittages blendete sie und sie brauchten zwei Sekunden, bis sie Amberg erkannten, der die Pistole auf den Bräutigam richtete.

Dann geschah alles sehr schnell: Während Joan ihr Lilienbouquet, als sei es ein Schild, schützend vor die Brust hob, packte Liniger die junge Frau an den Schultern und schob sie vor sich. Jakob Amberg traute seinen Augen nicht. Es war unfassbar: Der Mann benutzte seine Braut als Kugelfang. Er war bereit, sie um seines lieben Lebens willen zu opfern, so wie er Paul Salvi und die Peters, Vater und Sohn, für seine Vorteile geopfert hatte.

Die Mündung der Pistole zeigte nun auf Joan. Sie sprühte vor Zorn. Aber ihr Blick meinte nicht Amberg. «Feigling!», zischte sie. Mit einem Ruck befreite sie sich aus Linigers Griff. Mit einem hässlichen Geräusch riss ihr teures Hochzeitskleid an der Schulter, dort, wo sich ihr Bräutigam festgeklammert hatte. Sie gab ihm eine schallende Ohrfeige. «Feigling!», wiederholte sie, diesmal laut. Dann wandte sie sich Amberg zu und starrte zuerst auf den kleinen, vernickelten Tod, den er in den Händen hielt, und dann in sein Gesicht.

Jakob Amberg schüttelte kaum merklich den Kopf. Nahm sie seine spöttische Verachtung wahr? Sie schlug die Hände vors Gesicht. Sie zitterte am ganzen Leib. Weinte sie? Aus Erschütterung über die Situation? Aus Scham? Aus Wut?

Amberg steckte die Pistole ein und ging über den Platz zum Münsterberg Richtung Freie Strasse. Nur wenige hatten die Szene beobachtet: die paar Hochzeitsgäste, die direkt hinter dem Brautpaar standen, vielleicht zwei oder drei Passanten auf dem Münsterplatz. Niemand versuchte, ihn aufzuhalten.

Das Ganze hatte nicht länger als dreissig Sekunden gedauert, dreissig Sekunden, die Linigers künftiges Leben prägen würden. Nein, seine Ehre war ihm nicht abhandengekommen, er hatte nie eine besessen. Was er verspielt hatte, war seine gesellschaftliche Reputation, das Lebenselixier, auf das er und seinesgleichen so grossen Wert legten. Joan Sartorius würde sein Verhalten am Hochzeitstag weder vergessen noch verzeihen. Auch seine Freunde und Bekannten nicht. Hinter seinem Rücken würde man über ihn reden. Er würde der stillschweigenden Verachtung jener Kreise preisgegeben sein, zu denen er gehörte – gehört hatte. Vordergründig würde man die Sache totschweigen. Mit einer Anzeige war nicht zu rechnen. Wohl niemand hatte ein Interesse daran, dass der Fall vor Gericht behandelt und später in den Medien verbreitet würde.

Jakob Amberg hatte nicht zum Mörder werden müssen, zu einem Schlagetot, wie der arme, missbrauchte Alois Peters. Lukas Liniger hatte sich selbst verurteilt. Er ganz allein hatte die Waage der geschändeten Jungfer Justitia in ein ungewohntes Gleichgewicht gebracht.

Die Erzählung «Klosterzelg» spielt in Basel und zum Teil im solothurnischen Schwarzbubenland. Die geschilderten Örtlichkeiten sind auf jedem Stadtplan und jeder Karte zu finden. Ausgenommen davon ist das Hofgut Klosterzelg. Ein solches Landstück existiert ebenso wenig wie das Haus der «Kinder Salomonis», einer frei erfundenen Sekte. Reine Fiktion sind ferner die LIDA-Werke und die Sartorius-Schenkung. Keiner der in Basel ansässigen multinationalen Konzerne und keine der verschiedenen gemeinnützigen Stiftungen haben mir als Vorlage für meine Geschichte gedient. Ausschliesslich Kopfgeburten sind auch die Akteure im Umfeld der LIDA-Werke und der Sartorius-Schenkung im mörderischen Spiel um Klosterzelg. Allfällige Ähnlichkeiten mit Personen, die in Basel oder im Schwarzbubenland leben, sind zufällig und von mir in keiner Weise beabsichtigt.   W. R.

Autor

Werner Ryser lebt in Basel. Er ist Redaktor des «akzent magazins», Zeitschrift für Kultur und Gesellschaft in der Regio Basiliensis. Er ist Co-Autor der beiden Bücher «Basel – Porträt eines Lebensraums» und «Dreiland – Porträt eines Lebensraums».

Walliser Totentanz

In einer barocken, grossen Erzählung wird das Schicksal der Kräuterfrau Magdalena Capelani von Münster und ihrer Angehörigen zwischen 1462 und 1529 geschildert. In den Familienroman verwoben werden historisch belegte Ereignisse im spätmittelalterlichen Wallis, in der Schweiz, in der europäischen Geschichte. Aufgrund historischer und volkskundlicher Quellen entsteht, prall und detailreich, ein vielschichtiges Bild des damaligen Lebens und Treibens im alpinen Raum: der kriegerischen Auseinandersetzungen, Pestzüge und Hexenverbrennungen, der Sitten und Unsitten, des Glaubens und Aberglaubens.

2. Auflage
612 Seiten, kartoniert
CHF 29.80, EUR 24.80
ISBN 978-3-7245-1758-0

Kommissär-Ferrari-Krimis im Friedrich Reinhardt Verlag

Anne Gold: **Tod auf der Fähre**

Kommissär Francesco Ferrari liebt Basel, seine Stadt. Sie ist beschaulich und friedlich. Zumindest meistens. Ein Anruf reisst ihn am frühen Morgen aus seinen Gedanken und führt ihn an den Tatort. Der Tote ist ein berühmter Künstler aus der Basler Schickeria. Und ehe sich der Kommissär versieht, steckt er mitten in einem undurchsichtigen Sumpf von Korruption, Macht und bedingungsloser Liebe.

3. Auflage
212 Seiten, gebunden
mit Schutzumschlag
CHF 29.80, EUR 26.80
ISBN 978-3-7245-1433-6

Auch als Taschenbuch
erhältlich
2. Auflage
CHF 14.80, EUR 9.80
ISBN 978-3-7245-1691-0

Anne Gold: **Spiel mit dem Tod**

2. Auflage
288 Seiten, gebunden
mit Schutzumschlag
CHF 29.80, EUR 26.80
ISBN 978-3-7245-1471-8

Auch als Taschenbuch
erhältlich
CHF 14.80, EUR 9.80
ISBN 978-3-7245-1762-7

Anne Gold: **Requiem für einen Rockstar**

280 Seiten, gebunden
mit Schutzumschlag
CHF 29.80, EUR 26.80
ISBN 978-3-7245-1538-8

Auch als Taschenbuch
erhältlich
CHF 14.80, EUR 9.80
ISBN 978-3-7245-1794-8

Anne Gold: **Und der Basilisk weinte**

2. Auflage
316 Seiten, gebunden mit Schutzumschlag
CHF 29.80, EUR 26.80
ISBN 978-3-7245-1610-1

Anne Gold: **Helvetias Traum vom Glück**

320 Seiten, gebunden mit Schutzumschlag
CHF 29.80, EUR 26.80
ISBN 978-3-7245-1680-4

Anne Gold: **Das Auge des Sehers**

368 Seiten, gebunden mit Schutzumschlag
CHF 29.80, EUR 26.80
ISBN 978-3-7245-1763-4

Weitere Bücher im Friedrich Reinhardt Verlag

Dani von Wattenwyl: **Der Maulwurf**

Denis Benz ist ein junger, mässig erfolgreicher Schauspieler von 30 Jahren. Der Umstand, dass er aus einer gutbetuchten Berner Familie stammt, lässt ihn grosszügig über seine berufliche Mittelmässigkeit hinwegsehen. Eines Morgens meldet sich der Schweizer Geheimdienst bei ihm. Denis Benz soll auf einer Kreuzfahrt Informationen über einen argentinischen Drogenschmuggler einholen. Auch ein Schweizer wird verdächtigt, in diesem Kartell auf oberster Ebene mitzumischen. Dabei handelt es sich ausgerechnet um den Sohn eines Bundesrates. Denis Benz nimmt den Auftrag an. Doch schon bald entpuppt sich die harmlose Kreuzfahrt als sein persönlicher Albtraum.

2. Auflage
440 Seiten, gebunden mit Schutzumschlag
CHF 34.80, EUR 28.80
ISBN 978-3-7245-1681-1

Dani von Wattenwyl: **Die Brigade des Falken**

523 Seiten, gebunden mit Schutzumschlag
CHF 34.80, EUR 28.80
ISBN 978-3-7245-1698-9

Peter Zeindler: **Urknall**

Der Kunsthistoriker Benjamin Lorant lebt seit 20 Jahren in Genf. Im September 2008 nimmt ein Unbekannter, der sich unter dem Namen Petrow vorstellt, überraschend Kontakt zu ihm auf. Er spricht Lorant auf dessen Vergangenheit an, offensichtlich informiert darüber, dass er vor 20 Jahren seine Identität gewechselt hat und als Agent des DDR-Geheimdienstes in Genf zum Einsatz hätte kommen sollen. Allerdings fiel dieser Auftrag genau in die Zeit des Mauerfalls, sodass Lorant Gefangener seiner falschen Biografie blieb. Petrow benützt sein Wissen über Lorants Herkunft, um ihn zu erpressen: Er soll seine Beziehungen zu einem Wissenschafter des CERN ausnützen und herauszufinden versuchen, wie der grossangelegte Versuch, den Urknall zu rekonstruieren, sabotiert werden könne.

304 Seiten, gebunden mit Schutzumschlag
CHF 34.80, EUR 28.80
ISBN 978-3-7245-1700-9